CEMETERY AND
THE URBAN CHANGES OF
MODERN SHANGHAI，1909-1937

公墓与近代上海的城市变迁

（1909—1937）

李彬彬 / 著

上海社会科学院出版社
SHANGHAI ACADEMY OF SOCIAL SCIENCES PRESS

本书为教育部人文社会科学研究青年基金项目“公墓与近代上海的城市变迁(1909—1937)”结项成果,项目编号:14YJC770016。

序

近代中国处于从传统走向现代的转型时期，社会生活的诸多方面均发生了剧烈变动。随着西俗东渐和城市化的发展，与民众日常生活关系密切的丧葬制度与习俗亦出现了前所未有的变迁。作为丧葬文化的重要组成部分，中国传统墓地经历了由传统到现代的嬗变，西式公墓逐渐兴起。然而，学术界有关近代新式公墓发展的著作还较少见。李彬彬博士撰写的这部《公墓与近代上海的城市变迁(1909—1937)》，是目前近代中国公墓研究领域较为全面和深入的研究成果。

作为近代中国最早开埠的城市，上海不仅是西式公墓发轫的城市，而且是近代中国新式公墓发展最为典型的城市。近代上海公墓的发展，无疑是近代中国公墓发展历程的缩影。故将近代上海公墓作为研究对象，不仅可以弄清近代中国公墓发展的基本历程及其特点，而且可以从多个侧面探究近代中国城市变迁的历史轨迹。

作为从西方引入的近代丧葬方式，西式公墓承载着多重历史文化内涵。它是近代中国中西文化交融的产物，既反映了中国近代社会习俗的演变与民众丧葬观念的变迁，也体现了西方风俗习惯在华的传播及为国人接受的程度，故透视上海公墓的发展，可以探寻近代上海丧葬习俗的变迁及民众丧葬观念的演变。它是伴随着上海城市化进程而兴起的，是市政建设的组成要素和城市化进程的重要标识，故透视上海公墓的发展，也可以从侧面展现上海城市近代化的历史进程。它对近代上海城市空间的拓展及民众日常社会生活产生了重要影响，并渗透着国家政权的社会控制与整合的意向，故透视上海公墓建设，同样可以揭示蕴含其中的国家与社会之复杂互动关系。

正因近代上海公墓在中国近代城市化和社会变迁历程中有着多重的标本意义,故其要求研究者必须对其进行多视角的透视。本书以1909—1937年的上海公墓为考察对象,尝试从社会文化史的角度,考察近代上海公墓发展演变的轨迹,揭示围绕公墓建设与管理所出现的政府与民间的互动关系,进而探寻公墓建设对于近代上海社会生活与城市观念的影响。同时,着力从现代化的视角,探究公墓建设对上海城市现代化进程的社会意义。这种自觉运用多视角探究上海近代公墓的研究路径,无疑是可行而有效的。

正因近代上海公墓在中国近代城市化及社会变迁历程中有着多重的标本意义,故其还要求研究者对其进行跨学科的探究。本书运用历史学的方法,对近代上海华人公墓的缘起、公墓建设中国家与社会的互动、公墓象征性空间的构建、公墓与上海都市文明的建构及公墓与丧葬文化的变迁等方面,进行了比较系统的梳理;同时借鉴社会学和民俗学的方法,运用国家与社会理论、空间政治理论、社会记忆和仪式理论,尝试对近代上海公墓问题进行跨学科的剖析。这种自觉运用跨学科方法探究上海近代公墓的研究路径,同样是可行而有效的。

本书最大的亮点,就是运用多视角和跨学科的方法,提出了一些富有创意的新观点。如上海华人公墓的产生既缘起于租界西式公墓的示范,也是城市现代化和市民意识自觉的产物;如公墓建设过程中,国家和社会之间并没有出现权力对抗,而是相互渗透、相互影响,呈现一种良性的互动,共同促进了近代上海公墓的建设;如在特殊的政治环境下,烈士公墓成为构筑国家民族历史记忆的空间载体以及政府进行权力构建的场域;如公墓促进了国人丧葬观念的变迁与丧葬陋习的革除,深刻影响了近代上海城市的公共空间,成为都市公共性增长的重要表征;等等。这些富有创见的新观点,极大地深化了人们对近代公墓问题的认识,显然具有较高的学术价值。

历史资料是历史研究的必要基础。研究者下了很大功夫搜集整理前人较少使用的上海租界、财政局、银行、同乡团体等的原始档案资料,以及丰富的近代报刊资料及地方志资料,从而将对近代上海公墓的探究建立在翔实的史料基础上,保障了其基本立论的可靠性和核心观点的可信性。这种踏实的实证学风和严谨的治学态度,无疑是值得肯定并需要保持下去的。

左玉河

2020 年 11 月 25 日于北京

目　　录

绪　论

一、选题缘起

近代中国社会处于由传统向现代转型的初期，社会生活的诸多方面均发生了剧烈变动，丧葬作为与民众日常生活关系密切的社会习俗，在西方近代文明的浸润下亦出现了前所未有的变迁。作为丧葬文化的重要组成部分，中国传统墓地经历了由传统到现代的嬗变，西式公墓逐渐兴起并发展起来。

上海是中国现代公墓的重要发源地。上海自开埠以后，西式公墓便在租界内逐渐兴起。随着西俗东渐及开放程度的增加，上海民众对中国传统丧葬礼俗不断进行反思和批判，丧葬观念逐渐发生变化。部分开明人士开始提倡仿效西式公墓，进行墓制改革，近代新式公墓随之兴起。

1909年在上海虹桥路创建的万国公墓，既是近代上海第一个华人自主建设和管理的新式公墓，也是近代中国最早的新式公墓。上海华人公墓创建之后，逐渐形成了一套比较成熟的管理制度。近代上海公墓正因创办时间最早并且管理较为完善，故具有相当重要的典型性，值得深入研究。

公墓是近代中国中西文化交融的产物，既反映了中国近代社会习俗的演变与民众丧葬观念的变迁历程，也体现了西方风俗习惯在华传播及为国人接受的程度。通过近代上海公墓的考察，可以探寻近代上海丧葬习俗的变迁及民众丧葬观念的演变。

公墓关乎城市的市政建设、社会生活、生态环境，它是社会史、城市史研究不可或缺的重要内容。公墓是伴随着上海城市化进程而兴起的，并内化为城市文明的重要组成部分，是上海城市化进程的重要标识之一。公墓制度的建构对近代上海城市空间的拓展、市政建设的发展及民众日常社会生活，均产生了重要影响。公墓建设渗透了国家政权为构建一个现代国家而进行的社会控制与整合的意向。通过对近代上海公墓的考察，可以揭示近代上海都市文明的生长，以及近代中国国家与社会的互动关系。

上海是中国近代城市化的典型，公墓又是近代上海城市化进程的标识之一，近代上海公墓更是近代中国公墓发展历程的缩影。故解剖近代上海公墓这只麻雀，既可以弄清中国近代公墓发展历程及其发展中的相关问题，又可以从一个侧面考察上海都市化发展及发展中的诸多面向，还可以探讨中国丧葬礼俗从传统走向现代的基本历程。因此，近代上海公墓在中国近代城市化及社会变迁历程中有着多重的标本意义，是我们观察近代城市变迁轨迹的一个独特窗口，故值得深入研究。

生老病死是人生的自然现象，墓地是人生的最后归宿，是生者与死者精神沟通的空间载体。公墓的建设与管理，与城乡民众的社会生活息息相关。随着中国城市化进程的加快，城市公墓建设管理问题日益突出，并引起政府和社会的广泛关注。现代意义的公墓发轫于上海，考察近代上海公墓的发展轨迹，揭示围绕公墓建设与管理出现的国家与社会的互动关系，探寻公墓建设对于社会生活与观念变迁的影响，总结近代公墓管理中的成功经验，对于正在变革中的中国城市丧葬观念、丧葬礼俗及建设中的中国公墓制度，均具有重要的借鉴意义。

二、研究现状

近代上海公墓，是学术界近年来日益关注的研究领域，陆续出现了一些相关研究成果。本书拟在系统梳理国内外学术界相关研究成果的基础上，确定自己的研究起点和关注重心，进而对上海公墓问题进行多层次多角度的探讨。目前学术界对上海公墓及其相关问题的研究，主要体现在四个方面：

(一) 义冢与丙舍研究

叶落归根，归葬家乡，是旅居他乡者的愿望。传统中国因交通的限制，人们难以及时将死者灵柩运回故里安葬。为了成全客死异地的同乡"叶落归根"之遗愿,同乡团体在上海置有墓地,即义冢,临时安葬死亡同乡的尸骨。此外,同乡团体还在上海建立临时停放棺柩的建筑,即丙舍。

上海开埠后,英、法、美等国纷纷开辟租界,不少义冢被圈入界内。随着租界建设的开展,加上中西丧葬习俗的差异,这些义冢遂成为中外冲突的焦点。比较激烈的有:1874 年和 1898 年法国公董局以开筑马路、有碍卫生及兴建学校为由,先后制造的两次"四明公所血案";1922 年,法公董局扩建中法学校,欲收购毗邻的同仁辅元堂义冢而引起的民间团体的抗议等。中西冢舍冲突是学者们研究近代上海墓制的一个重要方面。

美国学者顾德曼在《家乡、城市和国家——上海的地缘网络与认同(1853—1937)》一书中的"政治冲突:宁波墓地风波"章节中,从殖民政治及民族主义的角度,对两次四明公所事件进行了研究。作者认为,1874 年骚乱的导火索并非墓地本身的问题,其实质上是在法帝国主义猖獗及公众反法情绪的背景下,一次偶然事件引发的民众骚乱。骚乱"达到了捍卫神圣的宁波坟地,使其免遭法国人侵占的目的,公董局深感沮丧"。对于 1898 年法国以公共卫生为借口再次挑起的冲突,顾德曼尖锐地指出了其殖民性本质:"公共健康为外国市政当局在中国土地上的扩张提供了重要途径。"顾德曼进一步分析说,在第二次四明公所事件中,上海同乡团体采取了一种成熟的策略,即从政治上推进罢工、罢市和抵货运动发展。该事件反映了上海商人的政治化以及中日甲午战后民众民族主义情绪的上升,同乡组织被证明是发动民众捍卫中国主权运动的中坚力量。[①]

赵宝爱在《近代城市发展与义冢、丙舍问题——以上海为个案》一文中,对华洋冢舍冲突的性质作了分析。他认为,华洋冢舍冲突的缘起在于殖民文化霸权,保冢与反侵略的民族情绪交织在一起,使华洋冢舍冲突问题复杂化和政治化。作者在揭示华洋墓地冲突中殖民主义特征的同时,还强调租界当局的管理思路毕竟反映了近代城市发展的客观要求,推动

① [美]顾德曼:《家乡、城市和国家——上海的地缘网络与认同(1853—1937)》,宋钻友译,周育民校,上海古籍出版社 2004 年版,第 116—130 页。

了上海市政当局加强对殡葬的管理和对冢舍的调适，并且当局还仿照西方在沪的殡葬设施，兴建面向各阶层的现代公墓、殡仪馆，使得上海的殡葬服务逐渐呈现多元化特征，从而促进了上海民间的殡葬服务向近代化转型。①

随着近代上海都市化的开展，中国传统墓葬习俗的弊端逐渐凸显。华洋墓地冲突，不仅反映了西方列强的殖民扩张，也显现了国民意识、传统习俗与城市化进程的不相适应。吴健熙对此进行了较为深入的研究。他通过分析第二次四明公所事件中的种种矛盾，如“乡情反帝与殖民霸权、暴力冲突与和平调处、近代化市政建设与国民落后意识及风俗习惯间的矛盾”，认为四明公所事件既反映了殖民者无视中国人民的权利与尊严，不惜以诉诸武力的方式攫取非法利益，以致激起旅沪宁波籍人士为主的上海各阶层民众奋力抗争的政治性一面，同时也反映了西方近代化观念意识与国人落后的风俗习惯间矛盾与冲突的“文化性”一面。因此，以旅沪宁波籍人士为主的中国民众的乡情反帝，是理性中有非理性；而以法租界当局为代表的法国殖民者的霸权行为，是非理性中有理性。②

熊月之在《异质文化交织下的上海都市生活》一书中，从社会生活、文化冲突与城市管理体制角度研究四明公所事件，认为法国列强殖民扩张的强烈欲望和野蛮行径是导致冲突的重要原因，但传统的丧葬习俗与都市卫生相矛盾，这也是四明公所事件的一个关键因素。他认为随着城市化速度的加快，公共卫生问题日益突出，义冢和丙舍的存在无疑会危害公众的健康，不利于上海的公共卫生建设。法国租界当局的要求有其合理性，所以“总理衙门与法国驻华公使最后商定的解决方案中，包括关于四明公所内日后不得掩埋新尸或停放棺柩的规定在内”③。

上海都市的近代化，不仅体现在物质层面，还表现为人们观念意识的进

---

① 赵宝爱：《近代城市发展与义冢、丙舍问题——以上海为个案》，《长沙民政职业技术学院学报》2005年第1期，第11—14页。

② 吴健熙：《对第二次四明公所事件中诸现象之考察》，《史林》2001年第4期，第92—98页。

③ 熊月之：《异质文化交织下的上海都市生活》，上海辞书出版社2008年版，第307—315页。

步。日本学者夫马进在《中国善会善堂史研究》一书中，专门研究“上海的都市近代化与义冢问题”，着重论述了在近代上海都市化建设中，上海善堂在处理由于义冢而引起的冲突过程中，中国传统的价值观念和思维方式逐渐转变的情况。他指出，人们开始从力保主权、开拓市场、确保卫生等新价值观、新“公益”观的角度来思考传统的义冢和善举，推动了“善”的观念的重组。①

（二）近代上海租界公墓研究

上海开埠以后，寓居上海的外侨日益增多，他们中很多人由于种种原因客死上海。因路途遥远，客死中国的外侨尸体很难远涉重洋运回自己的国家，只能就地安葬。为了给这些客死异域的侨民灵魂提供安息之所，在沪洋人开始在上海营建新式公墓。这些新式公墓为时人提供了了解西方习俗的窗口，也是今人研究近代上海外侨社会生活的重要领域。

法国学者安克强对上海租界公墓作了深入的研究。他在《上海租界公墓研究（1844—1949）》一文中，考察了上海公共租界和法租界公墓的创建和管理体制，研究了租界当局制定的死亡人口政策，以及其如何利用各种特权确定安葬死者的场所，从而揭示殖民主义在上海的运作情况。②

郑祖安在《“山东路公墓”的变迁》一文中，对近代中国首个外国公墓——山东路公墓进行了个案研究。文章对山东路公墓的筹建、营葬以及安葬者的身份特征等情况作了介绍，具有一定的史料价值。③

有关上海租界公墓的研究，还见于反映外侨在近代上海社会生活的相关著作中。如王健在《上海犹太人社会生活史》一书的“上海犹太人的人生礼仪和社交生活”章节中，对来自不同国家、源于同一民族的犹太人在上海的死亡及墓葬情况进行了研究，并通过丰富的史料，反映了犹太公墓在上海

① ［日］夫马进：《中国善会善堂史研究》，伍跃、杨文信、张学锋译，商务印书馆2005年版，第617—642页。

② ［法］安克强：《上海租界公墓研究（1844—1949）》，《中国海洋大学学报（社会科学版）》2008年第5期，第23—28页。

③ 郑祖安：《“山东路公墓”的变迁》，《档案与史学》2001年第6期，第69—72页。

的创办情况及犹太教的丧葬礼仪。①

汪之成在《近代上海俄国侨民生活》一书中,阐述了20世纪前半期俄国侨民在上海的墓葬礼俗,及其在租界公墓的安葬情况。他指出,俄国侨民去世一般葬在上海两租界的公墓中,如静安寺公墓、虹桥路公墓、卢家湾公墓、八仙桥公墓等,但墓穴的大小和墓碑的好坏差别很大,俄侨中的部分贫民则无法葬入外国公墓。②

陈祖恩在《上海日侨社会生活史(1868—1945)》中,对上海的日侨墓地的建立、经营管理以及日侨的丧葬习俗进行了阐述。③曹大臣的《日本人在中国的墓地(1871—1945)》一文,则通过考察日本人在上海、青岛、东北等地的墓地,论述了1871年至1945年间日本人在华墓地的阶段性特征,指出在中日和平期间,日本居留民死者主要葬于专有墓地,少数葬于军队墓地或租界外侨公墓,墓地的设置有条约规定,由领事馆、居留民团体或寺院管理,其功能以追悼死者为目的;战争期间,尤其是九一八事变以后,日军在占领区广建忠灵塔、英魂碑以及神社,并举行盛大的军祭仪式,日军的墓地成为军国主义的象征和法西斯主义符号。④

此外,上海图书馆编《老上海风情录》之《外侨辨踪》卷,对上海公共租界内的主要外侨公墓,如山东路公墓、八仙桥公墓、静安寺公墓等作了简要介绍,并附有许多珍贵的图片资料,其中有各式风格的墓穴,展示了上海租界内欧美各国的社会风俗民情。⑤

(三) 上海华人公墓与葬俗变迁研究

伴随着西俗东渐,中国的传统风俗和价值观念有了较大改变,近代上海墓制也经历了由传统到现代的演变。谢世诚、伍野春、华国梁的《民国时期公墓制的创建与演变》一文,考察了民国时期公墓制度的创建与演变,对公

---

① 王健:《上海犹太人社会生活史》,上海辞书出版社2008年版,第251—257页。
② 汪之成:《近代上海俄国侨民生活》,上海辞书出版社2008年版,第137—139页。
③ 陈祖恩:《上海日侨社会生活史(1868—1945)》,上海辞书出版社2009年版,第146—154页。
④ 曹大臣:《日本人在中国的墓地(1871—1945)》,《历史研究》2011年第3期,第112—129页。
⑤ 上海图书馆编:《老上海风情录·五·外侨辨踪卷》,上海文化出版社1998年版,第88—92页。

墓在上海及中国其他城市的推行情况进行了介绍，并分析了民国时期公墓发展缓慢的原因：政治和军事的干扰；财政支绌；积习难改。①该研究成果是国内较早关注公墓问题的文章之一，拓展了殡葬文化的研究领域。

杨国华、陈明锋的《社会转型视野下民国新式丧葬礼俗的实施》一文，同样考察了民国时期上海及中国其他城市的公墓建设情况。作者指出，新式丧葬礼俗在一定程度上反映了民国时期社会文化变迁的广度与深度。公墓制度是民国时期新式丧葬礼俗的重要组成部分，公墓制度的推行，对中国殡葬改革起到了重要的推动作用。②

近代上海华人公墓的兴起，在一定程度上缘于对上海租界公墓的效仿，折射出西方近代文明对中国民众日常生活及观念变迁的深刻影响。陈蕴茜、吴敏在《殖民主义文化霸权与近代中国风俗变迁——以近代上海公墓为中心的考察》一文中，从西方殖民入侵的角度，围绕华洋墓地冲突所引发的民族矛盾，以及在此影响下华人公墓的兴起与发展，分析了殖民主义文化霸权对近代中国社会风俗的影响。③

学术界有不少学者在论及民国时期丧葬礼俗改革时，对近代上海公墓有所涉及。左玉河的《婚丧嫁娶》一书在论述民国时期的丧俗改革时，指出在推广新式丧礼的同时，国民政府及民间团体对旧式丧葬礼俗中影响突出、危害严重的弊端加以禁革，如在上海及其他城市推行公墓制度，对于遏止民间的恶风陋俗起到了一定的促进作用。④王夫子的《殡葬文化学——死亡文化的全方位解读》一书在论及“民国时期的殡葬变化”时，对西方殡葬文化的传入及上海公墓制度略有涉及。⑤万建中、李少兵等人的《中国民俗史·民

① 谢世诚、伍野春、华国梁：《民国时期公墓制的创建与演变》，《民国档案》1995年第2期，第119—125页。

② 杨国华、陈明锋：《社会转型视野下民国新式丧葬礼俗的实施》，《贵州文史丛刊》2008年第1期，第41—44页。

③ 陈蕴茜、吴敏：《殖民主义文化霸权与近代中国风俗变迁——以近代上海公墓为中心的考察》，《江海学刊》2007年第6期，第131—136页。

④ 左玉河：《婚丧嫁娶》，中国文史出版社2005年版，第287—294页。

⑤ 王夫子：《殡葬文化学——死亡文化的全方位解读》（下），中国社会出版社1998年版，第593—595页。

国卷》[①]、严昌洪的《20 世纪中国社会生活变迁史》[②]等著作，在论述国民政府推行丧葬礼俗的变革时，也都对民国时期新式公墓制度在上海及中国其他城市的试行情况，分别进行了简要阐述。

近代上海公墓的研究，还散见于有关上海民俗研究的论著中。袁燮铭在《上海：中西交汇里的历史变迁》的"晚清上海婚丧习俗的变迁"章节中，论述了租界内西人的丧葬习俗对上海传统丧葬礼俗的影响。[③]仲富兰在《上海民俗——民俗文化视野下的上海日常生活》一书中，论及上海丧葬习俗的演变时，指出中国步入近代社会以后，丧葬礼俗开始了循序渐进，但就本质而言具有革命意义上的变化。以文明卫生为前提的新式丧葬礼仪发端于上海，现代公墓的规模性营建成为近代上海丧葬习俗的特征之一。[④]此外，由尹继佐总主编的《民俗上海》丛书在论及上海社会风俗时，对现代公墓的建立情况均有所涉及。

艾萍的博士学位论文《变俗变政——上海市政府民俗变革研究(1927—1937)》在论述上海市政府的丧葬礼俗改革时，对公墓问题有所关注。作者对租界西式公墓制度与中国传统的墓制进行了比较研究，揭示了西式公墓的现代性。同时，着重阐述了南京国民政府统治时期上海公墓的筹建以及管理体制建设。[⑤]

王琳的硕士学位论文《上海万国公墓变迁研究(1909—1949)》，将万国公墓作为个案研究，通过详述万国公墓的经营发展脉络，展现了近代中国丧葬文化的变迁。[⑥]

(四) 墓碑与碑文研究

五卅烈士公墓、无名英雄墓、"一·二八"忠烈墓等，是近代上海著名的

---

① 万建中、李少兵等：《中国民俗史·民国卷》，人民出版社 2008 年版。

② 严昌洪：《20 世纪中国社会生活变迁史》，人民出版社 2007 年版。

③ 袁燮铭：《上海：中西交汇里的历史变迁》，上海辞书出版社 2007 年版，第 113—118 页。

④ 仲富兰：《上海民俗——民俗文化视野下的上海日常生活》，文汇出版社 2009 年版，第 87—98 页。

⑤ 艾萍：《变俗与变政——上海市政府民俗变革研究(1927—1937)》，博士学位论文，华东师范大学，2007 年，第 155—167 页。

⑥ 王琳：《上海万国公墓变迁研究(1909—1949)》，硕士学位论文，华东师范大学，2014 年。

纪念性公墓。《文史资料选辑》第 22 辑最早介绍了五卅烈士公墓和纪念碑的有关资料，如墓址、面积、设计等情况，内容较简单。①之后，陆米强对五卅烈士公墓及纪念碑的建立和沿革作了详细介绍，并对其碑文进行了抄录。这些碑文记录了五卅运动的历史背景和五卅惨案的经过，生动地展现了当年可歌可泣的历史画卷。②

陆米强还对江湾“一·二八”忠烈墓纪念碑的碑文进行了抄录。该碑文主要记载了日本侵略上海和进犯江湾的历史，反映了“一·二八”事变时十九路军在江湾抵抗日军侵略的史迹，以及当地爱国民众捐款集资建造江湾“一·二八”忠烈墓的经过。③

五卅烈士公墓和“一·二八”忠烈墓的碑文，体现了中国民众对殖民者侵略的憎恨和不屈不挠的抗争精神。烈士公墓不仅是爱国志士的埋葬地，也是民众表达爱国主义情感的公共空间，成为民族主义的象征符号。这些研究成果，为上海公墓的研究提供了新的研究视角，但作者只是单纯对碑文的内容进行了介绍，没有对公墓的民族主义象征意义进行阐释。

从上述学术史的回顾中可以看出，目前学术界对近代上海公墓的研究尽管有了一些相关成果，但从总体上看还较为薄弱。现有的研究成果多关注于四明公所事件中的墓地风波、近代上海公墓制度的建立，以及上海公墓所体现的殖民主义文化特征、租界的公墓研究等，上述研究成果为上海公墓的研究奠定了基础。但近代上海公墓的兴起与发展，蕴含着丰富的社会文化内涵，从多方面折射出近代上海的城市变迁，诸如公墓与近代上海都市文明的发展、公墓对城市公共空间及社会生活的影响，以及公墓建设中国家与社会的互动关系等问题鲜有涉及，尚未引起研究者的高度关注。因此，近代上海公墓问题有着很大的研究空间，值得全面而系统地进行探讨。

---

① 《五卅烈士墓和纪念碑》，中国人民政治协商会议上海市委员会文史资料工作委员会编：《文史资料选辑》总第 22 期，上海人民出版社 1979 年版，第 73 页。

② 陆米强：《五卅殉难烈士墓碑与碑文》，《档案与史学》2001 年第 6 期，第 67—68 页。

③ 陆米强：《江湾“一·二八”忠烈墓纪念碑的由来》，《档案与史学》2003 年第 3 期，第 72—73 页。

三、研究资料

(一) 档案资料

档案作为历史上的个人、机构、组织在活动中所形成的文件,是历史事件的原始记录,具有极高的史料价值。上海市档案馆收藏了大量有关晚清及民国时期的公墓档案,其中既有工部局、公董局、上海市政府、上海市财政局、上海市卫生局、上海市工务局等政府部门和市政机构的行政档案,也有会馆、公所、旅沪同乡会等民间团体的档案。这些原始档案提供了大量公墓建设和管理的信息,是研究近代上海公墓建设与发展情况不可多得的第一手文献史料。

上海市档案馆编译出版的《工部局董事会会议录》,比较完整地记载了公共租界(包括其前身英租界)最高决策机构工部局董事会有关界内重大事项召开的历次会议的情况。其记载的连续性、详细性及时间跨度之长在国内现存的会议记录类档案中首屈一指。其中包括了大量的上海租界公墓建设管理事宜,是研究上海租界公墓的重要史料来源。

(二) 报刊资料

报刊的信息量大、具有连续性和时效性,能够比较直观地反映当时社会生活的变迁。近代以来上海出版业之发达冠全国之首,各大报纸杂志如《申报》《新闻报》《佛学半月刊》《佛教日报》等对公墓问题也比较关注。报刊经常发布上海市政新闻,刊载有关公墓建设管理的信息。报刊也是民众评论时事,表达思想的平台,发表大量民众讨论公墓问题的文章,从中可以窥见社会各界对上海公墓问题的看法。这些资料为本书研究了解近代上海公墓的建设管理及民众丧葬观念的变迁提供了第一手文献史料。

政府公报是刊登特定历史时期内的行政文件、政令法规的行政刊物,是重要的文献资料。1928—1937 年间,国民政府、上海市政府及各部门刊印了多种公报和具有公报性质的连续出版物,如国民政府内政部编印的《内政公报》、国民政府行政院卫生部发行的《卫生公报》、上海市政府编印的《上海市政府公报》等,这些公报记载了上海市政府有关公墓建设和管理方面的情况，同样具有重要的史料价值。

(三) 资料汇编

民国时期所编撰的《上海指南》《上海市年鉴》《上海市统计》《上海市政概要》《上海市市政报告》《佛教公墓概况便览》等资料汇编，包含了大量有关近代上海公墓的原始资料，为本书奠定了重要的史料基础。

(四) 地方志资料

晚清和民国时期编纂的上海地方志资料较为完备，其中《中国地方志丛书·上海市自治志》《上海乡土志》《法华乡志》等记载了上海的义冢、丙舍及公墓的相关情况，有着重要的史料价值。

1990年以来，上海各区县及上海地方志办公室等编纂的一系列新方志，如《北桥志》《宝山县志》《卢湾区志》《长宁区志》《上海通志》《上海租界志》《上海宗教志》等收集了有关公墓的资料，对于上海公墓的研究也有一定的参考价值。

四、研究方法与视角

本书以辩证唯物主义和历史唯物主义方法论为指导，坚持实事求是的原则，在依据确凿史料的基础上，运用历史学、社会学和民俗学的方法，通过多学科多领域视角，系统分析近代上海公墓的发展历程及其社会意义。

(一) 国家与社会的视角

有关国家与社会的理论，目前国内学术界在借鉴哈贝马斯、黄宗智等有关市民社会理论的基础上，形成了两大派别：一是以萧功秦、夏维中等人为代表的“思辨派”；二是以马敏、朱英等人为代表的“实证派”。“思辨派”主要在文化领域考察市民社会，如萧功秦认为国家政权严重阻碍了市民社会的发展；夏维中认为，从历史上看，中国中央高度集权为基础的大一统，始终是构建市民社会的强大障碍。“实证派”则运用西方市民社会和公共领域的理论、框架来进行商会实证研究，进而提出自己近世市民社会和公共领域的理论模式，并探讨了国家与市民社会的关系；提出晚清市民社会雏形与封建国家之间形成的，是一种既互相依赖，又互相矛盾、摩擦的复杂关系，其中依赖的一面又占据着主导地位。无论是“思辨派”，还是“实证派”，都认为中国近世市民社会与国家之间主要是一种良性互动关系。[①]死亡是人生的最终归宿，与每个人都息息相关。传统墓地所导致的公共问题，引发了民间社会广泛参与墓制改革，仿效租界建立新式公墓，促进了国家与社会的互动。本书运用国家与社会的理论，研究近代上海公墓的发展轨迹和运行机制，揭示公墓建设中所蕴含的国家与社会的互动关系。

(二) 公共空间的视角

自福柯探讨“空间与权力”的关系后，公共空间问题逐渐成为后现代地理学、人类学的研究重点。国外学界关于公共空间的论著主要有《空间与政治》《空间、知识、权力——福柯访谈录》等，着力揭示空间的政治性特征。[②]国内学术界也关注了公共空间在社会发展中的特殊功能，如杨念群主编的《空间·记忆·社会转型:“新社会史”研究论文精选集》等。[③]公共空间理论为本书解读近代上海烈士公墓所具有的象征性空间功能，提供了重要视角。

(三) 社会记忆的视角

社会记忆作为社会心理学的研究范畴早已受到国外学术界的重视，代表性著作有《论集体记忆》[④]《社会如何记忆》[⑤]等。国内史学界赵世瑜、孙江、黄东兰、陈蕴茜等学者对于社会记忆问题也进行了深入研究。[⑥]这些研究成果，将“记忆”社会化、政治化，为本书探讨上海公墓历史记忆的建构问题，提供了理论和研究视角。

---

① 徐松如、潘同、徐宁:《关于国家、地方、民众相互关系的理论与研究状况的概述》，唐力行主编:《国家、地方、民众的互动与社会变迁》，商务印书馆 2004 年版，第 587—589 页。

② [法]亨利·勒菲弗:《空间与政治》(第二版)，李春译，上海人民出版社 2008 年版；米歇尔·福柯、保罗·雷比诺:《空间、知识、权力——福柯访谈录》，包亚明主编:《后现代性与地理学的政治》，上海教育出版社 2001 年版。

③ 杨念群主编:《空间·记忆·社会转型:“新社会史”研究论文精选集》，上海人民出版社 2001 年版。

④ [法]莫里斯·哈布瓦赫:《论集体记忆》，毕然、郭金华译，上海人民出版社 2002 年版。

⑤ [美]保罗·康纳顿:《社会如何记忆》，纳日碧力戈译，上海人民出版社 2000 年版。

⑥ 赵世瑜:《传说·历史·历史记忆——从 20 世纪的新史学到后现代史学》，《中国社会科学》2003 年第 2 期；黄东兰:《岳飞庙:创造公共记忆的“场”》，孙江主编:《事件·记忆·叙述》，浙江人民出版社 2004 年版，第 158—176 页；陈蕴茜:《崇拜与记忆:孙中山符号的建构与传播》，南京大学出版社 2009 年版。

(四) 仪式理论的视角

仪式是人们社会活动中的重要内容之一。著名人类学家维克多·特纳对仪式象征本质的揭示①,格尔兹对巴里人"斗鸡"仪式的考察②,都启发人们注意仪式在展示现实世界以及向民众灌输意识方面的作用。国内学术界关于仪式的研究也相当深入,代表性的著作有郭于华主编的《仪式与社会变迁》、刘晓春的《仪式与象征的秩序:一个客家村落的历史、权利与记忆》等,从仪式与象征入手探讨社会与文化及其变迁。③纪念性建筑与纪念性仪式密切相联,公墓的空间职能一般要通过一定的仪式来呈现,本书关注以公墓为场域的仪式,就是受仪式理论启发的结果。

(五) 都市文明的视角

近代上海处于中西文明交会的前沿,公墓的产生既缘起于租界西式公墓的示范,也是都市文明的产物。近代上海公墓促进了丧葬礼俗与观念的变迁,有利于公共卫生和都市面貌的改善,是都市文明的重要体现。公墓建设与管理中的民间参与,是都市社会公共性增长的重要表征,增进了都市文明的内涵。本书从都市文明的视角,研究近代上海公墓的现代性,探讨近代上海都市文明的演进与公共性的增长。

五、研究内容

(一) 研究对象的界定

"公墓"是本书核心的概念。《不列颠百科全书》中将"公墓"定义为"规划出来供埋葬死者之用的土地"。"公墓反映地理条件、宗教信仰、社会观念以及美学和卫生上的考虑,有时因陋就简,有时富丽堂皇,甚至超过生者的居住区。公墓也可能被奉为'圣地'即禁区。"④

---

① [美]维克多·特纳编:《庆典》,方永德等译,上海文艺出版社 1993 年版。

② [美]克利福德·格尔兹:《文化的解释》,纳日碧力戈等译,上海人民出版社 1999 年版。

③ 郭于华主编:《仪式与社会变迁》,社会科学文献出版社 2000 年版;刘晓春:《仪式与象征的秩序:一个客家村落的历史、权利与记忆》,商务印书馆 2003 年版。

④ 美国不列颠百科全书公司编著,中国大百科全书出版社不列颠百科全书编辑部编译:《不列颠百科全书》国际中文版(第 3 册),中国大百科全书出版社 1999 年版,第 540 页。

中国"公墓"起源于氏族墓地，部落成员死后葬在一起，并举行一定仪式。"公墓"一词最早出现于《周礼·春官》:"冢人掌公墓之地，辨其兆域而为之图。先王之葬居中，以昭穆为左右，凡诸侯居左右以前，卿、大夫、士居后，各以其族。"此处所说的"公墓"，是君王、诸侯、王室子弟之墓，以血缘关系为纽带，按照宗法等级关系排定墓位。[①]由政府或官绅为贫苦无葬地之人死后建立的具有慈善性质的义冢，也是公墓的一种类型。此外，尚有一种公墓是地处都市，隶属于各地同乡会馆公所的义冢，这种墓地在安葬对象上给予地域限制，只安葬客死在该地的同乡人。以上是古代的"公墓"。

本书所要研究的"公墓"，是近代意义上的新式公墓，与传统的"公墓"意义不同。近代公墓是指不以地缘和宗亲关系为限制，有相当的设施和经营管理规模的公共墓地，一般由政府、私人或团体负责经营，丧家缴纳一定费用，以使墓地常年受到照料。

本书研究的时间断限，以 1909—1937 年为主，上限确定为 1909 年，是以上海首个中国人创办的万国公墓为起点，上海墓葬开启了近代转型的步伐；下限确定为 1937 年，是以国民政府撤出上海，上海被日军占领为标志，上海华人公墓发展进入日伪统治的特殊时期，公墓发展的进程出现较大波折。但为了分析近代上海华人公墓的缘起，必须首先考察外国人在租界内创办西式公墓的情况，故将时限追溯至 1844 年(首例西式公墓的出现时间)。

本书的研究对象以近代上海华人公墓为主，租界公墓的情况主要作为背景加以阐述。

(二) 研究思路与框架

本书以 1909—1937 年的上海华人公墓为考察对象，试图从社会文化史的角度，揭示近代上海公墓发展演变的轨迹和运行机制，以及围绕公墓建设和管理出现的政府与民间的互动；探讨公墓建设对于近代上海公共空间、城市现代化及社会生活与观念变迁的影响。除了绪论部分之外，本书分五章及

① 徐吉军、贺云翱:《中国丧葬礼俗》，浙江人民出版社 1991 年版，第 231 页。

结语分别予以阐述：

第一章《移风易俗：近代上海华人公墓的缘起》，主要阐述近代上海华人公墓兴起的背景问题。通过追溯中国传统墓葬习俗及其在上海都市化过程中所引发的公众卫生和生存空间问题，说明传统墓制改革的必要性，进而论述上海租界公墓的兴起及其管理制度，以及上海民众对传统丧葬礼俗的反思，探讨近代上海华人公墓兴起的社会背景。

第二章《共建互动：近代上海公墓建设中的国家与社会》，主要阐述民间社会与政府在近代上海公墓建设中的作用和地位问题。上海自开埠以来，由于特殊的政治形势，地方自治思想、市民参与意识较为突出，社会精英尤其是民间社团在市政建设中发挥了重要作用。公墓作为市政建设的重要组成部分，在其形成和发展历程中，上海的民间团体扮演了重要角色。但随着南京国民政府在上海统治的确立，市政当局明显加强了社会控制，加强了对公墓建设的统筹管理。然而，国家和社会之间并没有出现权利的对抗，二者相互渗透、相互影响，呈现一种良性的互动，共同促进了近代上海公墓的建设和发展。

第三章《政治与记忆：公墓象征性空间的构建》，主要运用空间政治、社会记忆、仪式等理论来分析公墓的象征性空间的构建问题。由于所处的特殊时代背景，以五卅公墓、无名英雄墓等烈士公墓为代表的纪念性公墓，成为近代民族主义的象征空间。纪念性建筑和纪念仪式联系在一起，通过纪念仪式的操演，这些烈士公墓成为构筑国家民族历史记忆的空间载体。在特殊的政治环境下，烈士公墓还成为国民政府进行权力构建的场域。

第四章《个案研究：万国公墓与近代上海都市文明》，对万国公墓进行个案分析。万国公墓是近代上海华人公墓的典型，见证了上海华人公墓的建立与发展历程。其经营成功，不仅促进了国人丧葬观念的变迁与丧葬陋习的革除，而且深刻影响了近代上海城市的公共空间，成为都市公共性增长的重要表征，是都市文明的重要体现。

第五章《传统与现代的融合：公墓与近代上海丧葬习俗的演变》，主要从公墓的规划和丧葬礼俗的变革两个方面，考察公墓如何将中国传统元素与西方元素相融合，揭示近代上海丧葬习俗中西交融的特征。

结语部分对公墓与近代上海公共性的建构、公墓与近代上海城市的现代化、公墓与近代上海丧葬文化的变迁等问题进行总结，揭示公墓建设在近代上海城市发展和社会变迁的历程中所具有的多重社会意义。

第一章　移风易俗:近代上海华人公墓的缘起

上海开埠之初仍然保持了中国传统的墓葬习俗,墓地为家族或家庭所有,此外尚有大量的义冢和丙舍存在。传统墓地既不利于城市公共卫生,也不利于市政建设,故日益成为城市化发展的障碍,墓制改革成为必然趋势。上海租界公墓制度的引入,为华界墓制改革提供了重要范式。随着西俗东渐和上海城市化的发展,沪上有识之士对传统丧葬礼俗进行了反思和批判,民众丧葬观念逐渐发生变化,开始认同并仿效西式公墓,上海华人公墓由此得以兴起。

第一节　都市化与冢舍问题的凸显

“上海五方杂处,侨寓之民实多于土著。故各处之旅沪者,皆立会馆以通声气。宁波人最多,所立者为四明公所;粤人次之,所立者为广肇山庄、潮惠会馆;他若湖南、楚北、泉、漳、浙绍、锡金、徽宁、江宁、江西等处,各有会馆。”①这些会馆、公所的成立很大程度上缘于国人浓厚的乡土观念和强烈的归根意识。叶落归根,归葬家乡是旅居者的最大愿望。“中国的葬仪要求死者葬在家乡,在祠堂供有牌位。这样,死者的灵魂才能享受家庭的舒适、晚辈的祭品和追思。”②然而,传统中国因交通的限制,难以及时将死者灵柩运回故里安葬。为了满足客死异地的同乡“叶落归根”之遗愿,上海的同乡

---

① 李维清著,吴健熙标点:《上海乡土志》,上海古籍出版社 1989 年版,第 108 页。

② [美]顾德曼:《家乡、城市和国家——上海的地缘网络与认同(1853—1937)》,宋钻友译,周育民校,上海古籍出版社 2004 年版,第 4 页。

会馆、公所均将殡葬事务作为主要任务之一。凡故乡离沪较远,一时难以扶柩还乡者,即由会馆、公所设立丙舍寄厝;凡无力运棺返籍者,则由会馆、公所购置场地建设义冢,安葬同乡死者的尸骨。此外,上海善堂林立,像普善山庄、同仁辅元堂等慈善团体也用募集到的善款辟建义冢,收埋无主尸骸或贫穷无力安葬者。

对逝者而言,死而不能入土为安是极大的不幸;对生者而言,为贫者提供棺木和厚葬,或者在寻得适宜安葬地点前,暂时安置遗体于棺内,都是极大的善举。冢舍承担着为同乡、同行和无主尸骸提供丧葬服务的职能,也是城市联络乡情的重要手段。政府对此十分支持,常常免征义冢的捐税以示褒扬。然而,随着上海城市建设的开展,义冢与丙舍问题日益突出,逐渐演变为中外冲突的焦点,租界内围绕冢舍问题的冲突时有发生。随着上海华界市政建设的推进,冢舍问题不仅成了租界当局要面临的问题,也是华人自身不得不正视的问题。

一、冢舍与公共卫生

义冢大多处于城市民众生活区附近,而且埋葬方式比较简陋,多数没有深埋。这势必给城市公共卫生造成严重影响,影响民众生活健康。据1872年《申报》载:"迩来坛夫埋葬,每每土坎不肯掘深,棺木入土未及一半即以挖起半棺之泥浮覆棺面,日炙雨淋,几如未葬。在秋冬寒冷时尚无妨碍,一经入夏,道殣愈多,坛内所埋无非新死之人,其棺稀缝薄板为烈日一曝,尸腐蛆生尽出于外,血水漂流,形殊可惨。在死者固已无知,而路过之人一闻其秽,疫气顿染,遂多急症不治者。然尚可掩鼻疾趋以避其秽也,若邻近居民及田中工作之辈,万不能挈家迁避,又不能逐日提防。沴厉所侵,辄多夭札。闻该处乡民已节次恳求分局司事设法深埋,无奈习惯自然,势难骤改。"①这种情况至民国初期仍依然相当严重,"闸北新民路向有二十七保十图、十一图之义冢所葬大小棺柩不下数千具,现届天时渐热,棺柩上面只盖有薄泥,一

① 《论善堂义冢切宜深埋事》,《申报》1872年7月15日,第1版。

经日炙，秽气不免发泄，殊碍公众卫生。”①

随着上海城市化的加速和商业的繁荣，来沪谋求发展的人数急剧增多，死亡人数也随之上升，义冢经常不堪负担，城市公共卫生进一步面临巨大隐患。据《申报》载：引翔乡十图新石桥西一所义冢，“由二马路某布号主吴君捐金购置者，乃年来遗骸日众，并不埋藏”，“因乏人随时检查，妥为深埋”，“腐棺山叠，枯骨暴露，腥臭之气随风腾布。冢左为自杨树浦北首高廊桥至江湾之官道，每日早晚在各厂工作之男女由此经过者不下千人，当此天气炎热之时，秽气蒸发，易致疫病”，“以致慈仁美举转为造疫祸根，遗地方上无限之忧苦。”②

更有甚者，上海存在很多无主荒冢，弃棺现象严重，给附近居民的卫生造成恶劣影响。据《申报》载：“南市王家坛义冢在万裕码头里街居中地段，历年以来堆积尸棺高逾屋宇。前经有人筑篱于外，禁止浮厝，讵迩来仍有暴露尸棺横放空地，以致尸秽逼人。”③又载：南市“万裕码头与王家码头里街交界处，有泥墩一座，约二亩有奇，因历年堆储垃圾，积成高墩，有人复将棺木抛弃其上，以致愈积愈高。天晴则尘沙飞布于几榻食物之中，天雨则积秽成渠，沟水无从泄泻，臭恶之气，行人掩鼻，而附近居户受害尤深”④。

随着上海人口的增加，城区死亡人数上升，丙舍棺柩存放空间日益紧张。《申报》常刊载各公所发布的催柩安葬的通告，便是这种现象的证明。“停棺不葬本干例禁，其中诚不无找寻墓地迁柩还乡，不得不暂行寄停者。然因有殡房为寄柩之所，以致迁延不葬者尤比比皆是。幽阴之气，足酿疫疠。城区城内人烟日盛，实不得再建殡房，致与卫生有碍。”为此，上海城自治公所于1910年呈请上海知县限制殡房：“凡城自治区域内，所有寄顿灵柩收取寄费之殡房，不论会馆公所一律收取地方捐，并定存柩之额数，实行取

① 《迁葬新民路义冢》，《申报》1917年5月3日，第10版。
② 《义冢无人检查之为害》，《申报》1915年5月25日，第11版。
③ 《议迁无主荒冢》，《申报》1907年8月19日，第19版。
④ 《瑞观察照会总工程局文：为议迁荒冢事》，《申报》1907年8月21日，第18版。

缔,以重卫生。且限制本区域内,不得再行添建殡房。”①尽管如此,上海城区丙舍数目仍然呈现增长的趋势。

如前所述,近代上海城市化的发展,造成了城区人口的激增,居民死亡人数随之上升,冢舍的数量必然随之增加。不合理的规划和埋葬方式,给上海城市的生态系统造成了越来越大的压力,传统的墓葬习俗亟待变革。

二、冢舍与城市空间的拓展

路政是城市的动脉,是城市基础设施的重要组成部分。上海在开埠前城厢内外街道狭窄,大多形同羊肠,“阔只六尺左右”②。北门外“野田旷地之余,累累者皆冢墓也”③。随着近代上海城市化的发展和城市功能结构的改变,城市街道的建设与管理亦发生根本性的变化。

上海近代意义的路政肇始于租界,租界当局在进行殖民统治的同时,移植了西方国家的交通工具、交通手段和路政管理方法。这些新式交通管理办法,对习惯于中国传统生活的华人社会来说,是陌生而新鲜的,因而必然会对其产生畏惧与本能的抗拒。上海租界在道路建设和管理过程中遭遇到许多阻碍,其中有不少就是由于华人不适应租界近代路政管理模式而引发的冲突,迁墓平坟问题就是典型的例证。许多华人执着于传统习惯和思维,以有碍民间风水为由,对租界的路政建设坚决加以阻挠。西方殖民当局了解到中国人对坟墓寄托的特殊感情之后,为了避免激烈的华洋冲突,在开始阶段采取退避态度,一度表示尊重华人的传统文化习俗。如英租界1845年颁布的《土地章程》规定:“商人租定基地内,旧有华民坟墓,租户等不得践踏破坏。”④1854年颁布的《土地章程》也规定:“租地内如有华民坟墓,未经该民依允,则不能迁移。”⑤

---

① 杨逸纂:《上海市自治志·公牍乙编》,“整顿风俗案”,成文出版社有限公司1974年版,第728页。

② [日]峰源藏:《清国上海见闻录》,蒯世勋等编著:《上海公共租界史稿》,上海人民出版社1980年版,第623页。

③ 王韬著,陈尚凡、任光亮校点:《漫游随录·扶桑游记》,湖南人民出版社1982年版,第51页。

④ 史梅定主编:《上海租界志》,上海社会科学院出版社2001年版,第682页。

⑤ 史梅定主编:《上海租界志》,上海社会科学院出版社2001年版,第685页。

然而，随着租界路政建设的开展，租界内华人的冢舍问题日益突出，最终演化为中外冲突的焦点之一。[①]法公董局成立之初，即对租界内的坟墓强烈不满。董事会在1862—1863年的年度报告中明确表示："为了消灭这些坟墓，绝不在任何尝试面前后退，不管这种尝试有多么艰巨。这些坟墓是传染疾病的巢穴，特别在炎热季节。"出于卫生方面的考虑，"同时也是为了能够方便道路网的施工"，法公董局试图消除租界内华人的坟墓和棺材。[②]

租界当局多数情况下无视中国习俗，他们或任意掘起坟墓，或直接向坟墓的所有者施加压力，在仍然无法得逞的情况下，则再向中国当局施加压力，迫使他们迁移。事实上，租界的建设很多都是在掘起或破坏坟墓的基础上开展的。有竹枝词为证："四围马路各争开，英法花旗杂处来。怅触当年从冢地，一时都变作楼台。"[③]《申报》对此也有所记载："通商以来，沪城西北门外之冢墓，被逼迁葬者，不知几千万家，虽孝子慈孙，亦无可奈。"[④]

经过严厉的整顿与统筹规划，租界的路政建设取得了明显效果，与华界形成了鲜明对比。时人作过这样的比较："租界马路四通，城内道途狭隘。租界异常清洁，车不扬尘，居之者几以为乐土；城内虽有清道局，然城河之水秽气触鼻，僻静之区坑厕接踵，较之租界几有天壤之异。"[⑤]

在租界殖民当局推行的近代路政的强烈刺激下，华界开始仿效租界路政模式，兴办自己的新式路政。从19世纪70年代开始，以租界之法治理路政，逐渐成为华界有识绅商时常谈论的话题。到19世纪90年代，华界绅商终于化议论为行动，在城厢内外、闸北、吴淞和浦东相继成立了马路工程局，具体负责新式马路的辟设。1905年，全国地方自治运动兴起后，上海绅商在地方政府的支持下成立了"上海城厢内外总工程局"，将开拓马路、清洁街道列入市政建设的重要项目之中。

---

① 参见[美]顾德曼：《家乡、城市和国家——上海的地缘网络与认同(1853—1937)》，宋钻友译，周育民校，上海古籍出版社2004年版，第116—130页。

② [法]梅朋、傅立德：《上海法租界史》，倪静兰译，上海社会科学院出版社2007年版，第323页。

③ 龙湫旧隐稿：《前洋泾浜竹枝词》，《申报》1872年6月13日，第2版。

④ 《义冢出租辩》，《申报》1878年4月8日，第5版。

⑤ 李维清著，吴健熙标点：《上海乡土志》，上海古籍出版社1989年版，第68页。

随着上海市政建设的开展和城区面积的拓展,原来位于城市郊外的墓冢逐渐处于闹市,成为上海城市发展的障碍。尽管上海市政当局欲效法租界当局迁墓平坟,但民众囿于传统丧葬伦理或风水说,经常起而维护墓冢,反对市政当局的做法。传统的墓冢成为上海城市化进程中的社会问题之一。

如1906年沪宁铁路车站案中,义冢成为矛盾激化的焦点。坐落于宝山县的同仁堂一义冢,适当沪宁铁路上海站东北之冲,"不但为推广车站货厂所必需,实为叉道汇车必由之路",经过再三勘查,上海道台与总工程局发布圈用保安堂义冢的指示,"照章拨给官价",求"彼此有益于公"。堂董陆文麓等则依照传统的理念极力保守义冢,请求免让。总工程局一方面对此加以肯定,"陆董等经理堂务以保守冢地为宗旨,坚忍不移,实属难能可贵",同时又强调"铁路为国家自强要政,该处又为叉道汇车所必需"。保安堂董陆文麓等"伏思掩骼埋胔,善举所重。如果可以永安,亦何敢轻言移动?今万不得已而妥议迁埋,仍所以慰幽魂而安白骨"。最终,双方以"国家自强""有益于公"为前提谋求妥协,双方约定:"一、让地照时价,期有益于公;二、迁费需优给,备购地运埋;三、迁时须延长,免草率从事。"在此基础上,保安堂将义冢迁移至别处。①

再如1907年的上海西门外迁冢筑路问题,也一度成为社会各界关注的焦点。上海县城西门外交通闭塞,只有一条马路南达徐家汇,旁通江南制造局,"平时车马拥挤,别无支路堪以绕避。"1907年,法租界当局借机在西门外的方浜桥至西南的斜桥之间铺设路面电车轨道。越界筑路是租界当局扩张租界的惯用伎俩,西门外的绅商担心如此一来,其沿线地域可能落入法国人的势力范围。为了对抗法租界公董局的活动,西门外绅商与总工程局商议筹划"在西南门之间相度地势,广辟马路,务使南达制造局石灰港等处,东至西区、南区一带,西至法界,脉络贯通,无隔阂迂曲之患",以此阻止法租界当局的扩张。但资金成为一大难题,他们看中了位于西门外斜桥附近的30亩同仁辅元堂义冢地,认为"该处人烟稠密,尸气薰(熏)蒸,于地方卫生本不相

---

① 杨逸纂:《上海市自治志·公牍甲编》,"筹议沪宁铁路车站圈用保安堂义冢地办法案",成文出版社有限公司1974年版,第423—426页。

宜。且适将西门外马路与陆家浜路隔断，不便交通，似不妨另择僻静之地，妥为迁葬。将该地召变，除酌提迁葬费外，余充筑路之用”。同仁辅元堂董事商议后对此也表示赞同：“惟事关开拓市场，力保主权，自应请拨官款，以资兴筑。如官款无可指拨，万不得已，则请以斜桥转角义冢迁埋。即以该地变价，除提购地、迁葬费外，余充筑路之用。”然而，该议案再次遭到了陆文麓等人的反对。陆文麓以四明公所事件中宁波人坚守义冢的义举、1899年与美国议定的章程中“凡筑路不能穿过义冢”的规定，对西门外筑路议案进行抵制。他强调，沪宁铁路圈用义冢，因奉督抚宪台的命令，“保安堂实在万不得已而议迁，此外他处义冢地无论大小仍应一体保护，不得援以为例。”总工程局议会对此进行了相应批驳，指出四明公所事件及1899年章程皆是对外问题，不能相提并论；义冢自应保护，但应视具体情况而言：“冢地安善，以不迁为保护；冢地当要冲，或处洼下，以迁为保护。”由于迁冢筑路不仅事关市政建设，且为力保主权所必需，同仁辅元堂多数董事表示赞同迁冢筑路。①

传统墓地不仅影响华界市政建设，还在一定程度上成为上海经济繁荣、力保主权的障碍。“上邑西南门外坟冢累累，触目皆是，以致埠地不能开拓，市廛不能兴起，实阻塞固有之利源。”斜桥以西，肇家浜以北一带，“因冢墓日多，居民不愿与鬼为邻，相率迁徙，而外人则人弃我取，遂得筑成吕班路、金神父路等马路。盖有人斯有土，既已无人，土地于何能保？”因此，1910年，上海城自治公所呈请上海知县：“凡城自治区域内不论公私土客，自本年九月起，不得再行添置墓地，以示限制。”②

从上述案例可以看出，在上海城市建设过程中，义冢问题曾经成为中外冲突的焦点，民众为了守住义冢不惜付出血的代价。然而，随着近代上海都市化的发展，民众开始自主进行城市建设并力保主权，墓制被纳入都市行政，传统的丧葬观念受到了一定冲击。“义冢问题正是在传统价值观与近代价值观从正面发生冲突、产生矛盾中出现的问题。”③一些开明人士不再囿

① 《西门外迁冢筑路问题》，《申报》1908年3月26日，第18—19版。
② 杨逸纂：《上海市自治志·公牍乙编》，“整顿风俗案”，成文出版社有限公司1974年版，第728页。
③ [日]夫马进：《中国善会善堂史研究》，伍跃、杨文信、张学锋译，商务印书馆2005年版，第637页。

于传统的丧葬观念,而是从力保主权、开拓市场、便利交通、公共卫生这些新价值观角度来看待传统的义冢。这说明传统墓葬逐渐成为上海城市现代化发展的窒碍,墓制改革势在必行,这些为近代上海华人公墓的兴起奠定了现实基础。

第二节　西俗东渐:上海租界公墓的引入

近代上海公墓最早出现于租界。上海开埠以后,寓居上海的外侨日益增多,他们中很多人由于种种原因客死上海。因路途遥远,客死中国的外侨尸体很难远涉重洋运回自己的国家,只能就地安葬。死亡是通向天堂之门,西方殖民者对沪上侨民的死亡极为重视。为了给这些客死异域的侨民灵魂提供安息之所,在沪洋人开始在上海营建西式公墓。租界公墓制度的引入,为近代上海带来了新的丧葬方式,促进了人们丧葬观念的变革,也为近代上海华人公墓的兴起提供了重要范式。

一、租界公墓的兴起与扩张

(一) 公共租界公墓

1843 年 11 月 17 日,根据《南京条约》,上海开始了对外开埠的历史,欧美各色人等远涉重洋,陆续来到上海滩,或工作,或经商,或旅行,开启了一段奇特的异域生活。但生死乃是人生无法回避的基本问题,在当时的交通条件下,外侨客死中国以后,他们的尸体很难远涉重洋运回自己的国家。因此,如何处理外侨在异国他乡最后归宿的善后问题,不久便成为在沪洋人亟待解决的问题。与中国传统的土葬方式不同,西方通常将死者的坟墓集中建在教堂内或附近,或者选择专门的地方开辟公墓。上海的外侨沿袭了此俗,在开埠不久便将公墓建设提上了日程。

1. 山东路公墓

1844 年 4 月 12 日,上海外国侨民在英领馆召开第一次“公众会议”,讨论购置墓地问题,11 人到会,由英领事巴富尔担任主席。会议选出巴富尔、麦都思和义记洋行经理怀逸思三人组成公墓管理委员会，起草公墓章程，并于江海关后购置墓地十亩半。[①]购地款由英国政府支付一半，其余部分由外侨出资捐助，出资者名义上为公墓的股东。但由于这块土地靠近外滩，处于外侨社会生活的中心地带，公众感觉以此作为墓地不太妥当。1846 年，广隆洋行看中此地，认为地理位置优越，有利于经营，于是将其西面方向，即距离外滩稍远的一块 14.1 亩的土地与之交换。双方交易成功，麦都思出面办理了相应的租地手续。这块土地的位置位于今山东路、汉口路、山西中路、九江路之间，因葬的都是外国人，这里一直被国人称为“外国坟山”，即上海第一座外国公墓——山东路公墓。[②]

山东路公墓的格局和环境良好，墓区中央建有小教堂，墓地以此为中心有序排列，各墓风格不一，但都竖有墓碑，上书墓主生卒年月、生平简历。公墓环境优美，绿树成荫，没有墓地常有的那种阴森可怕的感觉。[③]

山东路公墓自辟建以后，是第一个建立，又是当时唯一的一个公墓，因此外侨死后来此安葬者源源不断，公墓很快便不能满足需要。同时，随着租界的扩张和日益兴盛，山东路公墓位置渐渐处于市中心，不利于市容与环境卫生，工部局遂决定另觅他处建造坟地，并于 1868 年 6 月宣布关闭山东路公墓。[④]此后除了一个特例外，就再也没有开放过。这一特例的情况是：一位叫 A. H. 伊文斯的老太太，于 1885 年 2 月逝世。她儿子早在 1867 年就葬在山东路公墓里，所以她死前坚持要求死后与儿子葬在一起。鉴于老太太的高龄和强烈愿望，工部局经开会讨论后作出特别的“让步”，同意让她葬在儿子的墓旁。这是自 1868 年后公墓唯一一次对外重新打开，以后不再有过第二次。[⑤]

然而，该公墓并没有被闲置。1869 年，工部局董事会议决在该公墓建筑一座干燥的地下墓穴，作为临时存放那些准备运往本国的尸体之用，附有

---

① 汤志钧主编：《近代上海大事记》，上海辞书出版社 1989 年版，第 20 页。
② 郑祖安：《“山东路公墓”的变迁》，《档案与史学》2001 年第 6 期，第 69—70 页。
③ 邢建榕编著：《老上海珍档秘闻》，上海辞书出版社 2007 年版，第 78 页。
④ 上海市档案馆编：《工部局董事会会议录》（第 3 册），上海古籍出版社 2001 年版，第 673 页。
⑤ 郑祖安：《“山东路公墓”的变迁》，《档案与史学》2001 年第 6 期，第 70 页。

以下规定：

在将尸体存放地下墓穴之前，在任何情况下，都必须取得工部局的许可证；应由教堂司事证明尸体是封在密封的铅制箱子内的；所有箱子均应正确加以编号，并将死者姓名的第一字母清楚地用油漆写在箱子外面；工部局的教堂司事和工程师必须对死者进行准确登记；在死者的朋友申请时，应将登记的副本交给他们。但在搬走以后，必须将其交还；存放在停尸小礼拜堂内的任何尸体，超过二年以上，必须加以埋葬；存放在地下墓穴的尸体，每具每年收费 5 两。①

除了最早建立的因素之外，山东路公墓还因安葬众多名人及其家属，成为当时上海历史深厚、地位重要的特色公墓之一。这些著名人物或重要人物及其家属主要有：

文惠廉(William Jones Boone)，美国圣公会派往中国的第一个主教，在虹口设立传教据点，于 1848 年向上海道提出要求，得以开辟上海美租界的创始人。他于 1864 年逝世，葬于此公墓内。

稗治文(Elijah Coleman Bridgman)，1830 年到广州，第一个来中国的美国传教士，1847 年来到上海，与另一位传教士克陛存一起，将《圣经》翻译成汉文。

韩德森(James Henderson)，1861 年被伦敦布道会派到上海，担任上海仁济医馆的医务负责人。1864 年任上海亚洲文会的副会长。

奚安门(Henry Shearman)，是上海开埠后第一份英文报纸《北华捷报》的创始人，1855 年逝世，葬在山东路公墓内。

史亚实(Arthur Smith)，法国人，语言学家。1851 年为编写法华词典来到中国，被法国驻上海领事馆聘为翻译。1854 年至 1855 年任英、

① 上海市档案馆编：《工部局董事会会议录》(第 3 册)，上海古籍出版社 2001 年版，第 730 页。

美、法三方联合管理海关第一任法方税务司。

亨利·德特·大卫(Henry Tudor Davies),1859 年上海海关税务司,1863 年和赫德、费士来同任总税务司。

约翰·海柴林顿(John Hetherington),逝世于 1848 年,是到上海的第一个英国建筑师。

海利塔·玛丽·阿利国(Henrietta Mary Alcock),阿利国(Rutherford Alcock)的第一个妻子。阿利国于 1844 年来华,1846 年被委任为英国第二任驻上海领事,1854 年主持建立了上海租界工部局。1859 年后,他先后出任英国驻日本、中国的公使。海利塔·玛丽·阿利国随丈夫来上海后,于 1853 年去世。

爱伦·杰尔勃·麦华陀(Ellen Gilbert Medhurst),麦都思之子麦华陀的第一个妻子。麦华陀在 1839 年 16 岁时随其父亲来到中国,1843 年担任英国驻上海领事馆的翻译。后在该地充任多职,最后于 1871 年正式任驻上海领事。爱伦·杰尔勃·麦华陀死于 1848 年,年仅 17 岁。

简·勃莱克·文极司特(Jane Blake Winchester),死于 1867 年,其夫自 1865 年至 1868 年任英国驻上海领事。①

2. 浦东公墓

1859 年,继山东路公墓之后,工部局以 3 000 美元在浦东购置一块地皮,建造了浦东公墓,其服务对象主要为客死中国的外国船员和士兵。浦东公墓在额满之前即关闭,到 1904 年,它一共为 1 783 名死者提供了墓穴,虽仍有空地但不再接受新棺。②

3. 八仙桥公墓

1863 年,公共租界和法租界联合修建了八仙桥公墓,占地六十亩左

① 郑祖安:《“山东路公墓”的变迁》,《档案与史学》2001 年第 6 期,第 71 页。
② 《上海工部局工务处关于浦东墓地地产文件》,上海市档案馆藏,档号:U1-14-6921。

右。①公墓被洋泾浜一分为二,由两租界共同管理。墓地北面为法国所有,占地二十五亩五分八厘四毫,四周绿篱围绕。为保持公墓的整体起见,两租界商定共同出资造一个小教堂、一扇公墓大门和一间看守人的住房,并且修建一座横跨洋泾浜的桥和马路通向公墓门口。②公墓内设施先进,装有现代化的电灯照明系统,以防备火灾。③法国的八仙桥公墓曾葬有清咸丰年间帮助镇压小刀会起义而死亡的法国官兵。④至 1937 年,公共租界八仙桥公墓共葬有 3 869 座墓穴,剩余 387 座墓穴。⑤

4. 军人公墓

外国公墓中有些用于埋葬军事行动后大量死亡的士兵,客死他乡的士兵通常被埋葬在离营地不远的地方。第一个这样的公墓即军人公墓,位于老城墙附近。这块公墓仅在 1862—1865 年间使用过,该公墓所葬者是太平军进攻上海时期的 305 名英国阵亡士兵。⑥

5. 涌泉路公墓

伴随着租界扩大与外侨人数的增加,外国人在沪死亡人数也在上升,公共租界陆续扩建公墓。1896 年,工部局在涌泉路购置 64 亩土地用以修建新公墓,即涌泉路公墓。⑦由于涌泉公墓比较近便,大多租界居民倾向于选择此公墓,因此 1930 年,涌泉公墓面临满员。为了提供更多的墓穴,工部局卫生处提出清除灌木丛并迁走苦力区,从而为墓穴腾出了一定的空间。⑧

6. 静安寺公墓

建于 1898 年的静安寺公墓,位于静安寺路(今南京西路)海格路(今华山路)东端,为公共租界侨民下葬的主要墓地之一,也是"设施最完善的外国

① [法]梅朋、傅立德:《上海法租界史》,倪静兰译,上海社会科学院出版社 2007 年版,第 240 页。
② [法]梅朋、傅立德:《上海法租界史》,倪静兰译,上海社会科学院出版社 2007 年版,第 244 页。
③⑥ 《卫生处报告:公墓》,《上海公共租界工部局年报》第 6 期,1935 年,第 433 页。
④ 上海市卢湾区志编纂委员会编:《卢湾区志》,上海社会科学院出版社 1998 年版,第 720 页。
⑤ 《卫生处报告:公墓》,《上海公共租界工部局年报》第 8 期,1937 年,第 485 页。
⑦ 《上海工部局工务处关于静安寺墓地地产文件》,上海市档案馆藏,档号:U1-14-6913。
⑧ 《上海公共租界工部局卫生处有关定购墓穴证书的文件》,上海市档案馆藏,档号:U1-16-2443。

墓地"[①]。据《上海市大观》载：静安寺外国公墓有新式火葬炉。公墓最南端矗立着一所浅红色砖瓦砌成的小礼拜堂，堂后即火葬处，建有三间房屋，分别为会客室、火葬室、骨灰供藏室。[②]公墓内配有新式火化炉，是工部局高价从英国引进的上海第一座进口火化炉，设备先进，钢铁制造，炉体使用耐火砖为器材。[③]至1937年，静安寺公墓共葬有5 283座墓穴，尚留有615座穴位。[④]静安寺公墓设施完备，其火葬处成为上海第一处现代意义上的火葬场，推动了近代上海公墓的发展和丧葬习俗的变迁。

7. 虹桥路公墓

随着城市化的扩张，地皮价格不断上涨，工部局在选址时"宁可买不具备通向马路的通道的地皮，其通道可在以后设法提供，因为这样的地皮价格就会便宜"[⑤]。基于这种考虑，工部局董事会于1921年放弃了购买进出口极好，但价格高昂的白利南路地皮，而最终选择了进出口道路条件较差而价格相对合理的虹桥路上的墓址，即后来的虹桥路公墓。[⑥]虹桥路公墓分为两区，西区为虹桥公墓，占地8公顷，为上海的外国人坟地；东区为哥伦比亚路公墓，占地0.58公顷，主要埋葬犹太人。[⑦]虹桥公墓于1932、1933、1935年先后经历了几次扩张。[⑧]至1937年，虹桥公墓已葬墓穴共有2 104座，其中贫民墓穴为139座，剩余墓穴920座。[⑨]

（二）法租界公墓

法租界内，八仙桥公墓不久也同样面临满员的威胁。因此公董局于1905年在紧靠法租界的地方开发了一块新公墓。新公墓位于中国管区内的卢家湾，在租界南面。卢家湾公墓建设初期预计服务几十年，因为只收外

---

① 上海图书馆编：《老上海风情录·五·外侨辨踪卷》，上海文化出版社1998年版，第91页。
② 屠诗聘主编：《上海市大观》（中篇），中国图书杂志公司1948年版，第120页。
③ 上海市档案馆编：《工部局董事会会议录》（第12册），上海古籍出版社2001年版，第485页。
④⑨ 《卫生处报告：公墓》，《上海公共租界工部局年报》第8期，1937年，第485页。
⑤ 上海市档案馆编：《工部局董事会会议录》（第21册），上海古籍出版社2001年版，第661页。
⑥ 上海市档案馆编：《工部局董事会会议录》（第21册），上海古籍出版社2001年版，第713—714页。
⑦ 薛理勇主编：《上海掌故辞典》，上海辞书出版社1999年版，第402页。
⑧ 《上海公共租界工部局卫生处关于虹桥墓地场地与建造问题的文件》，上海市档案馆藏，档号：U1-16-2450。

国人,将来不会有大规模扩建的要求。不仅如此,法国人还借用本土的管理方法来经营这块新公墓。卢家湾公墓提供三种不同期限的墓穴:永久埋葬,25 年期,15 年期。这种制度给公墓的管理带来了一定的灵活性,使墓穴更新成为可能。被移走的尸骨将被安放在集体藏骨堂。然而,卢家湾公墓随后的发展速度超出了设计者的预料,其埋葬数目随着侨民人口的增加而急剧上升,每五年就增加一倍。卢家湾公墓共有 1 377 个墓穴,虽然有墓葬改迁的安排,但仍然不能满足社会的需要。①

为满足侨民丧葬需要,法国公董局董事会于 1933 年开辟徐家汇公墓,并提供免费墓葬。1937 年淞沪会战时,在日军对大世界轰炸中死难的 560 人全被埋葬在那里。虽然战争给公墓带来了不小的压力,但徐家汇公墓仍有大量空间。至 1939 年 9 月,它一共有 738 个单独的墓穴,同时也向乞丐提供墓穴。②

(三) 租界公墓的殖民主义色彩

租界公墓具有明显的殖民主义色彩。首先,公墓的兴起为租界的扩张提供了契机。工部局为了扩建公墓而购置的土地有时并没有立刻使用,而是将它们作为备用土地,以备不时之需。公墓间的空地被修建成运动场或者公园。涌泉路公墓的西南角直到 1921 年底都是运动场。③

如前所述,山东路公墓的总面积为 14.1 亩,尽管公墓于 1868 年宣布关闭,但其周边留有不少空地,因该地处于上海城最中心的地带,寸土寸金。出于建设和管理的需要,租界当局开始屡屡来挖动这里还算宽裕的土地。先是为了拓宽北面东西向狭窄的九江路,动用公墓北沿的可观空地,以增路基。1924 年,工部局卫生处一个下属机关需要办公地,它是与公墓有关的管理机构,于是西南角也被划出一块,造了办公楼。后来这一地区需要设置公共厕所,又在山东路公墓造了一个男厕所,在东北角往南一点,则占地造

①② [法]安克强:《上海租界公墓研究(1844—1949 年)》,《中国海洋大学学报(社会科学版)》2008 年第 5 期,第 26 页。

③ 《上海公共租界工部局总办处关于工部局墓地事》,上海市档案馆藏,档号:U1-3-1183。

了一个女厕所。经过几次“割地”，公墓的面积最后只剩下了 8.1 亩。①事实上，工部局一直面临着为公墓预留的未使用土地的问题。②

其次，租界公墓排斥中国人安葬。工部局董事会对于是否允许华人（限基督教徒）在租界公墓安葬一直持有不同意见，1903 年 5 月 20 日工部局董事会议决议“今后不得将墓穴预售给华人，对要求在外国公墓内安葬华人的申请书，必须送董事会，以便对他们的功过进行研究”③。因此，1913 年之前，只允许部分上等华人基督教徒在租界公墓安葬。到 1912 年以后，随着人口增长和信教人数增多，华人基督教徒所使用的墓地大量增加的情况引起了工部局董事会的关注。1913 年 4 月 16 日的董事会上对此进行了充分的讨论，有人强烈反对在西人公墓中容许华人安葬，但也有人提出“不预告而改变在过去 10 年中工部局所奉行的政策，则必将在社会上引起不满”。于是会议决定在 1913 年内不改变目前的办法，但尽可能劝阻华人的安葬，并计划在下届纳税人大会上，提出工部局拟购置合适的场地作为华人安葬的墓地，此后原来的公墓仅为西人所用。④但事实上，工部局之后没有采取行动。

法租界内公墓只有中国居民被排除在外。但与此同时，法租界当局却把他们的所有死者都埋葬在了中国管区。1900 年法租界扩张之后，禁止租界内举行任何墓葬，规定被严格执行，一直持续到 1914 年的大扩张之后。所有新建的公墓都位于租界周边，南部和西部。⑤

此外，租界公墓对外开放，通常由中国人看守，但中国人不得随意进出公墓，只有“上等华人，可听其入内”⑥。

可见，租界公墓主要服务于在沪的外国侨民，中国人是不受欢迎的，除

① 郑祖安：《“山东路公墓”的变迁》，《档案与史学》2001 年第 6 期，第 72 页。
② ［法］安克强：《上海租界公墓研究（1844—1949）》，《中国海洋大学学报（社会科学版）》2008 年第 5 期，第 27 页。
③ 上海市档案馆编：《工部局董事会会议录》（第 15 册），上海古籍出版社 2001 年版，第 603—604 页。
④ 上海市档案馆编：《工部局董事会会议录》（第 18 册），上海古籍出版社 2001 年版，第 659 页。
⑤ ［法］安克强：《上海租界公墓研究（1844—1949 年）》，《中国海洋大学学报（社会科学版）》2008 年第 5 期，第 28 页。
⑥ 《上海工部局公墓章程摘要》，《东方杂志》第 15 卷第 10 号，1918 年，第 77 页。

非是华人基督教徒,但也限于少数所谓有功的华人基督教徒。如1933年虹桥公墓共安葬200人,其中华人基督教徒仅有12人。①

二、租界公墓的现代性特征

(一) 档案化管理

租界当局对于公墓事务实行档案化管理,备有档案资料。有关安葬事宜,工部局公墓章程规定葬主须持有租界当局批准的死亡执照,方可在公墓内安葬,且死亡执照须进行编号,存于死者号册之中;落葬后,其丧葬事宜须载于墓地号簿及丧葬号簿中,以备稽查。②公墓对于葬者身份、死亡地点、死亡原因等情况分别进行了归档。以山东路公墓为例来分析:

首先,从国籍来看,葬者主要来自英国、美国、德国、法国、荷兰、波兰、瑞士、俄国、爱尔兰、加拿大、澳大利亚、印度,以及出生在中国香港地区的外国人。其中英国人最多,达69人;美国人次之,为27人;再其次是德国人,为11人。法国在上海有自己的专管租界,但一些法国人可能居留在英美租界,死后就葬在其所在租界的公墓里,对此英美租界当局也并不拒绝。"山东路公墓真正称得上是一个国际公墓。"③因此,如同公共租界具有国际性,租界内的公墓也不限国籍,只要是在沪上的外国侨民都予以接受。

其次,从职业来看,公墓内的葬者来自各个社会阶层。据统计,当时公墓内的葬者职业至少有14类:

1. 外交人员。主要是英国驻上海的领事馆人员。此外还有秘书、翻译、牧师。

2. 船上人员。这类人在山东路公墓中所见最多,达30几人。具体职务:船长20名,还有大副、二副和一般水手,另有服务员、出纳员、技师、医生和木匠。

---

① 《卫生处报告:公墓》,《上海公共租界工部局年报》第4期,1933年,第333页。
② 《上海公共租界工部局总办处关于工部局公墓章程》,上海市档案馆藏,档号:U1-3-2604。
③ 郑祖安:《"山东路公墓"的变迁》,《档案与史学》2001年第6期,第70页。

3. 商人及职员。包括洋行的股东、经营者；散商；普通职员，有助理、秘书、会计等。

4. 银行家及职员。

5. 传教士。这部分人当时多兼做其他的工作，如行医和从事文化工作，兼为领事馆牧师等。

6. 医生。有普通医生和外科医生之分，不同部门的医生，如船医、军医。在早期，传教和行医是结合在一起的，即传教士兼医生；医生又兼传教士。有些医生实际就是教会机构派出的。

7. 港务人员。公墓内葬有上海港领港员3名和港务助理1名。

8. 海关人员。包括海关官员和一般职员。

9. 建筑师、工程师。

10. 工匠。公墓内安葬的唯一一个波兰人，其职业为“钟表匠”。

11. 文化人。有语言学家、报人、钢琴师，学术机关、博物馆的管理人和专家等。

12. 警察。公墓中葬有15名公共租界的西捕。

13. 服务人员。一类是社会服务行业的人员，有旅馆的经营者、侍者，仓栈的经营者、管理者；一类是私人性质的服务人员，有仆人、厨师。

14. 军人。包括不同等级的军官和一般士兵。①

再次，死亡情况，主要包括死亡地点和死亡原因。死亡地点，一是死于上海本地，有死于船上的，主要是商船船员、海军军人；有死于办公室的，主要是洋行的商人和职员，也有一般工匠；有死于旅馆的，主要有旅馆侍者、商人、钢琴师、海军军人、义勇队队员、领航员、船上侍者等在上海无固定住所者；有死于酒吧的，主要为无业人员、仓库管理人、船员、军人等；还有死于医院以及寓所的。二是死于外地，有死于上海附近的，如死于吴淞、嘉定、昆山、舟山等地；有死于较远的外省的；有死于海上的；还有死于国外的，公墓

① 郑祖安：《“山东路公墓”的变迁》，《档案与史学》2001年第6期，第70页。

的死者,有 2 名是死在日本的长崎。①

死亡原因主要有江河溺死、事故溺死、战死,如 1854 年租界当局和清军在上海的泥城之战中,有 2 名美国人和 1 名英国人死于该役,葬在山东路公墓;病死,主要疾病是具有急性传染性的霍乱、伤寒和痢疾;暴死、凶死;婴幼儿死亡。②

山东路公墓的葬者中,婴幼儿占有一定比例。公墓中 531 名葬者里有 72 名是 5 岁以下的婴幼儿,占总人数的 13%之多。其中,1 足岁以下的婴儿为 42 名,占总人数的将近 8%; 2 足岁到 5 足岁的幼儿为 30 名,占 5%多一点。公墓对婴幼儿家庭的死亡情况也进行了详细记录,具体死亡情况有"母儿均死""双生子均死""多子女同月死""多子女同年死""多子女隔年死"。其中婴幼儿在出生当天死去的,只有 1 名,其余都是隔了几天,过了几个月或若干年才死去的,说明他们基本上都不是因难产而死,而是在成长过程中,由于各种原因而亡。如得了急性传染性的霍乱、伤寒和痢疾等,以及不能适应环境难以成长而死。这同时也反映出处于那个时代中,即使是在租界,外国人的医疗条件也很有限,特别是对儿童和母亲的医疗救护还难有成效。③

公墓档案记载的死者的身份特征体现了租界公墓的国际性特征,与中国传统墓地的等级性、地域性相比,其具有现代性和进步性。同时,公墓也是城市记忆的载体,公墓档案记载的葬者身份特征和死亡情况也在一定程度上反映了外侨在近代上海的社会生活状态,档案化管理可以扩展公墓的社会功能。

(二) 墓制的规范化

租界公墓有专门的机构管理。山东路公墓建成后,最初由英国领事组成的"上海公墓委员会"管理。1866 年,公墓管理事务转归工部局工务处管理,1904 年则划归卫生处管理。④法租界公墓事务由公董局的公共卫生救济处负

① 郑祖安:《开埠初期上海英美租界外侨的一些情况》,《史林》1996 年第 3 期,第 172 页。
② 郑祖安:《开埠初期上海英美租界外侨的一些情况》,《史林》1996 年第 3 期,第 172—173 页。
③ 郑祖安:《开埠初期上海英美租界外侨的一些情况》,《史林》1996 年第 3 期,第 173 页。
④ 史梅定主编:《上海租界志》,上海社会科学院出版社 2001 年版,第 50 页。

责。租界公墓在售穴、安葬、墓区、祭扫等方面均有严格规定,体制完善。

租界公墓的墓穴实行等级售卖制度,按照等级将公墓划分编号并确定墓穴价格,以八仙桥公墓为例:"第一等坟地为ABCDEFGKLRS及T二百四十五号至五百十七号;第二等坟地为HJMNOPQT及T第一号至二百四十四号。"墓穴的价目分别为:"第一等坟地:二十两;第二等坟地:十两;预购坟地:十两。"公墓的建筑形式不同,价格也有所区别:"平墓:五两;穹形墓:廿五两;穹形墓小儿者:十二两半。"①

墓穴一经出售,所有权不得随意转让。1904年3月9日,麦克贝恩夫人申请购买静安寺公墓中的54个墓穴,工部局董事会对此申请书讨论了相当长的时间,认为此项申请是不合情理的,并作出决定:"墓穴只能按那些有实际需要的上海居民提出申请的日期出售,其所有权是不可转让的,如果墓穴最终不是由申请书上列出姓名的人使用,则这块地皮要归还给工部局。"②

公墓按照严格的作息时间举行葬礼,并须遵守相应的丧葬礼仪和规章制度。法租界公墓每年5月1日至9月30日间,下午5时后,10月1日至4月30日间,下午4时半后,概不准举行下葬或起葬。③公共租界公墓规定下葬时间为周一至周六上午8点到11点半、下午1点到5点;周日为休息时间,不举行葬礼;"只准军队、海员和工部局乐队在葬礼上演奏;除了神职人员和至亲,送葬者必须步行进入公墓。"④

由于不同的宗教观念和习俗,墓葬制度中存在着明显的文化差异和冲突。西方人对于宗教问题十分敏感,规定葬礼只能举行基督教礼仪。⑤1899年9月,日本董事西卷先生致函工部局董事会,请求允许日本人在公墓内举行火葬并在小教堂内举行日本宗教仪式。此事遭到了礼记牧师的反对,来信称如果公墓的教堂"在某一时候被用于举行非基督教徒的仪式,他和本地的其他牧师今后就不能在这里举行任何仪式"。10月11日董事会议最后

---

① 《上海工部局公墓章程摘要》,《东方杂志》第15卷第10号,1918年,第78页。

② 上海市档案馆编:《工部局董事会会议录》(第15册),上海古籍出版社2001年版,第648页。

③ 《法租界公董局管理徐家汇公墓章程》,《上海法租界纳税华人会会报》第2卷第9期,1937年5月16日,第139页。

④⑤ 《上海公共租界工部局总办处关于工部局公墓章程》,上海市档案馆藏,档号:U1-3-2604。

决定:“向纳税人会议提议授权工部局建造一所专供举行基督教仪式的教堂,在该新教堂建成后,目前的这所教堂就对西人租界的一切人员开放。”①

两租界对于墓碑的设立也制定了相关制度,公共租界工部局规定:未经许可不得随意建立、移动、修理或清扫墓碑;穹形墓,在死者葬后四个月之后方可设立石碑;平墓,死者葬后六个月方可设立墓碑;废弃的墓碑,必须应要求从公墓上移走,经提前通知后仍未移走将由工部局自由处置。②法租界公董局规定:“凡欲设立墓碑,应先向公董局工程处捐领营造执照;凡欲移动改变或修理墓碑者,应先领照。该项执照应于执行工程时,交与守墓人备查。应俟埋葬四个月后,方准设立墓碑。”③

由于去公墓扫墓的人要找到各自要去的墓地往往非常困难,为便于人们祭扫,上海纳税人会议秘书致函董事会,要求“在大门口备有编成索引的墓地登记册以便人们较容易地找到所要找的地点”。这一要求得到工部局董事会的批准。1923 年,卫生处推行墓地索引登记制度,由公墓主管人保持最新内容,祭扫者向公墓看门人申请即可取得。④

卫生防疫是市政建设的重要内容之一,一直为租界所重视。出于公共卫生原因,租界当局规定:“入葬之尸身,应装在棺内封固,方准运入墓内。”⑤在准予埋葬在租界公墓以前,丧家须持有说明死亡原因的医生证明。⑥然而,一些贫民突然死亡或者未经医生诊治,无法出示医生所开具的死亡证明书,必须经过死亡检查,否则不准举行葬礼。对此,1886 年 3 月 12 日工部局董事会会议决定:“今后凡有人死亡,而又未能出示医生死亡证明书者,应立即通知有关领事,领事团应指定医生进行死亡检查。而且由于卫生方面的原因,尸体必须尽早埋葬,不应拖延。”⑦特殊情况,一般由工部局卫生官进行

① 上海市档案馆编:《工部局董事会会议录》(第 14 册),上海古籍出版社 2001 年版,第 505—507 页。

② 《上海公共租界工部局总办处关于工部局公墓章程》,上海市档案馆藏,档号:U1-3-2604。

③⑤ 《法租界公董局管理徐家汇公墓章程》,《上海法租界纳税华人会会报》第 2 卷第 9 期,1937 年 5 月 16 日,第 139 页。

④ 上海市档案馆编:《工部局董事会会议录》(第 22 册),上海古籍出版社 2001 年版,第 622 页。

⑥ 上海市档案馆编:《工部局董事会会议录》(第 5 册),上海古籍出版社 2001 年版,第 591 页。

⑦ 上海市档案馆编:《工部局董事会会议录》(第 8 册),上海古籍出版社 2001 年版,第 665—666 页。

验尸并出具证明,然后埋葬。如1886年6月12日,有一名小孩未经医生诊治就突然死亡,因此无法获得死亡证明书。小孩的父亲是西班牙人,他请求他的领事出具证明。但因为没有验过尸,领事不肯出具证明,而那位父亲又不愿请求验尸,因此尸体一直放在那里没有掩埋。最终,由卫生官进行验尸并出具证明后埋葬。同时,董事会将此事提交领事团,请领事团以后在相似情况下能作出安排,设法获得死亡证明书,以防延误埋葬,有碍公共卫生。①

公墓内传染病死者的埋葬,租界当局也有相关规定。从卫生防疫的角度,传染病死者应立即埋葬,但有人希望把死者尸体放在礼拜堂内做祷念仪式。1895年8月13日,教堂司事就此提请董事会制定具体办法,会议决定:"凡医务鉴定表明是由于传染病致死者,由医院或其住处移出后,教堂司事应立即将尸体埋葬。"②

公墓周围的环境也为租界当局所重视,1867年工部局准备筹建新公墓,12月10日,上海工部局测量员致函工部局:"……据我查明,已知的屠宰场有11个,其中7个与新公墓路毗连。这些屠宰场污秽不堪,条件很差,既没有下水道,也没有供水设备。"因此他强烈建议在新公墓开放之前,"迁走左右贴近这条新路的屠宰场。因为它们是一大公害。"③

（三）园林化风格

19世纪初,伴随着教会特权的消失和浪漫主义思想的兴起与蔓延,以及公共健康理念的出现,西方城郊公墓和乡村公墓相继兴起,代表忧郁和再生的柳树取代死亡的面具成为坟墓的新标志。人们开始希望在草坪上而非空地上修建亲属和自己的坟墓,随之而来的园艺修饰改变了墓地的原有景观,墓地"最终走向充满各种植物的纪念性花园",成了城市中一道新风景。④受此影响,租界当局在进行墓园的规划时,选址远离居民区,注意环境卫生,体现优雅、恬静的园林化风格。墓道两旁皆种植花草树木,工部局每

---

① 上海市档案馆编:《工部局董事会会议录》(第8册),上海古籍出版社2001年版,第682页。
② 上海市档案馆编:《工部局董事会会议录》(第12册),上海古籍出版社2001年版,第490页。
③ 上海市档案馆编:《工部局董事会会议录》(第3册),上海古籍出版社2001年版,第622页。
④ 王云:《上海近代园林史论》,上海交通大学出版社2015年版,第140—141页。

年向英国订购适宜本地气候的花卉、树木种子装饰各公墓。[①]山东路公墓在1868年宣布墓葬已满,对外不再接收新棺时,公墓的格局和环境还是比较良好的:中间是一个颇有美感的公墓小教堂,以此为中心,各墓围绕,有序排列。墓区中小道畅通无阻。在公墓的周边即墓区的周围,留有相当的空地,先前间种着垂柳和樗树,后来还添加种植了银杏树。[②]再如浦东公墓,1868年该公墓从英国订购花卉种子以装饰墓园;[③]又因该公墓地段泥土非常粗劣,只长一些杂草,工部局不惜花高价铺上草皮,以消除杂草。[④]

19世纪末的租界公墓内已普遍种植树木和草坪,公共部分由管理部门组织种植,墓穴周围由穴主私人种植。然而,因缺乏统一规划和管理,通常种植较乱。这是因为19世纪时租界市政公墓由两租界各自的公墓委员会和工务部门管理,公墓园地的日常维护通过招标发包。1898年开始,公共租界的公墓园地由园地部门负责。园地监督阿瑟接收公墓园地管理工作后,对公墓的种植及景观作出评价并建议:"从造园的角度来看,几个老公墓是非常差的,缺乏长远考虑,树木和灌木被各自的拥有者不加区别的进行种植,草木混杂,毫无美观可言。新公墓(静安寺公墓)也仅有少量的树木沿主路种植,我建议对公墓的植物进行调整,以使其整齐美观。"之后几年,阿瑟依次对士兵公墓、静安寺公墓、山东路公墓和浦东公墓的植物进行较大幅度的调整,补充种植乔灌木,调整花坛和花境,植物景观很快成为各个公墓的主要特色。1904年他还在静安寺公墓种植鸢尾及其他新引进的多年生植物,进行展示。1904年之后,市政公墓的安全和火化管理由工务部门分别移交给警务和卫生部门,建筑和庭院维护仍由工务部门负责。1929年1月以后,所有公墓的园地工作由工务处园地部门划归卫生部门。[⑤]租界当局雇用专门的园丁定期对墓园进行维护:"整理各人之墓,勿听野草蔓延,坟地内

---

① 上海市档案馆编:《工部局董事会会议录》(第3册),上海古籍出版社2001年版,第673页。
② 郑祖安:《"山东路公墓"的变迁》,《档案与史学》2001年第6期,第72页。
③ 上海市档案馆编:《工部局董事会会议录》(第3册),上海古籍出版社2001年版,第681页。
④ 上海市档案馆编:《工部局董事会会议录》(第3册),上海古籍出版社2001年版,第618页。
⑤ 王云:《上海近代园林史论》,上海交通大学出版社2015年版,第143—144页。

宜清洁有序,勤于修葺,坟周围饰之细草,宜常剪之,坟前枯萎之花、破毁之品及空瓶等,亦立取去。”①

法租界方面,1910年后的公墓园地先后归专职园艺师、园艺主任和公园种植处负责。②为整齐划一,法租界公墓规定“每墓之面积,规定为二公尺乘八公寸,墓碑及碑之周围装饰物,无论如何不得超过上定面积。墓上概不得有凳、椅、荫蔽物、凉棚等之设备”;“凡墓碑或碑旁装饰物,如有损坏时,应由其家属修理或撤除之”;公董局有权清除一切破碎祭品、枯萎花卉、残物及损坏墓碑;严禁在墓上栽植树木,但可在规定之面积范围内,栽植小干植物,公董局有权掘除或修剪溢出墓界之植物。③

经过数十年的维护,租界公墓均具有了风景式公墓的特征。从景观角度考量,静安寺公墓是所有租界公墓中最好的。公墓平面呈凸字形,主入口位于南京西路,墓园内一条宽近30米、长100余米的林荫大道,两旁列植32株高大悬铃木,浓荫蔽日;道路的尽端是殡葬礼堂和火化间;道路东西两侧是墓葬区,地势平坦,树群环植,东区北侧树林前是大理石骨灰陈列室。1924年公共租界辟建更大的虹桥路公墓时,所采用的布局与静安寺公墓相似,入口处为一散植大树的半圆形草坪观赏区,公墓林荫大道上种植常绿树木,从林荫道上分出支路通向各个墓葬区,墓葬区以铺设草坪为主,一些空地被辟作花坛和花境,公墓四周种有灌木绿篱和成排树木。法租界的几个公墓内,以草坪为主,树木不多,总共才有300余株树木,割草和少量草花种植是日常管护的主要工作。④

上海解放后,对几个面积较大、环境较好的租界公墓进行了有效利用,分别将八仙桥公墓改建为淮海公园,静安寺公墓改为静安公园,虹桥路公墓一部分用作市政苗圃。⑤

园艺修饰不仅改变了公墓的景观,也改变了租界公墓的功能,人们在公

---

① 《上海工部局公墓章程摘要》,《东方杂志》第15卷第10号,1918年,第75—76页。

②④⑤ 王云:《上海近代园林史论》,上海交通大学出版社2015年版,第144页。

③ 《法租界公董局管理徐家汇公墓章程》,《上海法租界纳税华人会会报》第2卷第9期,1937年5月16日,第139页。

墓内感受到的不仅仅是悲伤,风景式公墓兼具游览的功能,吸引了不少游人。为彰显公墓的神圣性和尊贵性,租界当局对出入墓园有严格限制。工部局有如下规定:(1)公墓开放时间:5月1日到9月30日,上午7点到下午7点;10月1日到4月30日,上午8点到下午5点;(2)儿童有成人看护方可入内;(3)游人在墓园内必须要规范自己的言行,不得随地吐痰;(4)狗不得入内;(5)任何人不得在火化期间进入火化室;(6)未经批准不得于葬礼进行时在公墓拍照。①

公董局也有类似规定:5月1日到9月30日,上午7点到下午7点;10月1日到4月30日,上午8点到下午5点,为公墓开放时间,任人参观。除丧车外,任何车辆概不得开入墓内;凡十二岁以下之幼童,应在成人监察之下,方准入内;凡犬类既已用绳牵在手中者,亦不准入内;凡欲在墓内摄影或摄影制片者,应先经公董局市政总理处书面核准;墓内不准奏演任何音乐。②

租界公墓采用园林式规划,绿树成荫,环境优雅。对此,黄协埙在《淞南梦影录》中称赞道:"外国坟在三马路直街。西人之客死沪上者,丛葬于此。绿树荫浓,不见天日,虽曰义冢,亦一清净世界也。"③

(四) 新式丧葬礼仪

租界公墓相继建成,新式丧葬理念和墓制随之而至,推动了近代上海民众丧葬观念的变迁。1875年11月,吕宋国使臣发兰呵在上海病逝,葬于法租界八仙桥公墓,其葬礼引起沪上民众的围观。《申报》对此进行了详细报道:使臣尸身在新门外天主教堂入殓后,"将柩置于马车上,法国派捕为领队之人,其第一队俱中国人,穿白衣头戴红缨帽,手持十字架,左右二侍者衣帽相同,手持白烛;第二队则小孩十人,年约十四五岁,头戴红小帽、红排须、白晶帽结,身穿白衣,中有少年作领袖者,衣衫亦同;第三队即法国牧师,头戴金花土地帽,身穿白衣,共十二人,分左右而行,手捧天主教中之书;另有洋

---

① 《上海公共租界工部局总办处关于工部局公墓章程》,上海市档案馆藏,档号:U1-3-2604。

② 《法租界公董局管理徐家汇公墓章程》,《上海法租界纳税华人会会报》第2卷第9期,1937年5月16日,第139页。

③ 顾炳权编著:《上海风俗古迹考》,上海书店出版社2018年版,第545页。

人金线盘花衣帽在后押队，而钦使之灵柩在其后焉。另有送殡者数十人，其各领事衙门官员及中国之商人、外国之水师均免冠步送至八仙桥左近之外国坟安殡后始散，亦可谓一时之盛矣。”①

1886年6月26日，瑞典驻沪领事官赖加楞君在上海逝世，举行盛大出殡仪式，“沪上各国领事咸戴大帽、身穿金线衣，偕各翻译、各副领事以及各公廨大写办公，各西人、各西商，同挈眷属，或乘马车，或坐东洋车”前往送葬。“沪上中西新闻纸馆访事人”纷纷前往观看。在出殡队伍中“有西国鼓吹手一班，计二十四人；团兵一队，约二十余名；领事署外预备玻璃马车一辆，内放西国官商所送之各式花球，光耀夺目，车面罩衣服两件，如地毯式”。赖领事灵柩“放在双马车所拖之炮架上。至十点钟时，发引。西乐在前导引，后有团兵拥护花球、马车及灵柩车，最后送丧各西人咸坐马车迤逦往东折，而南至江西路，过三洋泾桥北吉祥街，由法大马路而西过南八仙桥，而至红房子西国坟山。中西各官皆至，俄顷花球车至堂前，一西人先将地毯铺于堂中地上，再将花球铺在毯上。安置既毕，灵柩亦至，六西人将棺抬放花上，有一神甫穿白衣、戴祭帽转至柩前诵经。各西人在旁静听，无或喧哗。诵经毕，六人抬柩至墓，各领事即将所铺花球各携一个而出，送至窆所，各将花球铺盖棺面，神甫又诵经。工匠人等俟诵毕，即盖石板，旋覆以泥，葬事遂毕。执绋者分道弛回，计有马车五十三辆，东洋车不计其数，一路观者尤为热闹”。《申报》报道“此番丧仪之盛至于如此，亦可谓备极哀荣矣”。这场大出殡吸引了众多观者，为维持秩序，英法巡捕的捕头各自带领华洋巡捕沿路驱逐闲人。②

1902年，出身于清末官宦世家，从未观西人丧仪的孙宝瑄，在日记中记叙了自己首次赴教堂参加西式丧礼的印象：“是日晡，余以铅宁之丧，往天主堂。石芝偕其二子先在。须臾，灵輀至门，舁其棺而入者，皆其朋友也，合古人执绋之义。历阶至中堂，陈于木龛内，侍者五六人，白衣执烛，绕棺而行。神甫峨冠博裳出，喃喃诵经。久之，复舁出至车中，鼓乐前导，往至葬所。是

① 《钦使出殡》，《申报》1875年11月27日，第2版。
② 《瑞员殡仪》，《申报》1886年6月27日，第3版。

日,送殡者男女甚众,半皆我国人。余亦随往。葬所在南泥城桥之南,闬闳洞开,方广数十亩,皆西人没我国者之墓,石器纵横,花树杂生。铅宁棺至迤南垣下,有多人掘坎以待。坎列横木,棺陈其上。神父复持小册祷诵,洒水其上,乃下棺。朋友亦相助洒水。其妻杂众中,掩面哭甚悲。"①

外侨扫墓习俗也成为沪上一道独特的风景,每年 4 月 26 日和 5 月 30 日是租界美国侨民及驻军祭扫墓地的习俗节日,他们会在这天前往埋葬美国侨民的墓地装饰墓穴。②

租界公墓内的墓葬奇观及丧葬习俗,给沪上华人留下了深刻印象:"西例饰终之礼,俱从简略,棺制甚小,亦有以铅为者。既葬,即平其土,不封不树,惟立一小碣,书其生平事迹而已。"③

如上所述,租界公墓多分布于上海城区周围,规划合理,布局整齐,环境幽雅,合乎节俭、文明、卫生的要求,其现代化的管理模式,为后来华人公墓提供了重要参考。租界公墓举行的西式葬礼,仪式简单、庄严,重在表达对逝者的纪念与哀思,与中国繁杂的丧葬礼仪,尤其是停柩不葬、浮厝等陋习相比,无疑具有进步性和现代性。这些均给上海民众以很深的触动,人们的丧葬观念开始发生变化。部分上海开明人士提出借鉴西式公墓制度,改良丧葬风俗:"筹集款项,觅一清净广大之地,以为葬所,仿西国墓场之制。"④

第三节　沪上华人对传统墓制的反思

中国传统墓地不利于近代市政建设的开展,确实有改革的必要。租界公墓的兴起则为华界公墓的建设提供了示范样本。在此形势下,部分有识之士开始对传统墓地存在的弊端进行了反思和批判,提倡新式公墓,为近代上海华人公墓的兴起奠定了思想基础。

---

① 孙宝瑄:《忘山庐日记》(上),上海古籍出版社 1983 年版,第 472—473 页。

② 上海图书馆编:《老上海风情录·五·外侨辨踪卷》,上海文化出版社 1998 年版,第 88 页。

③ 顾炳权编著:《上海风俗古迹考》,上海书店出版社 2018 年版,第 545 页。

④ 李维清著,吴健熙标点:《上海乡土志》,上海古籍出版社 1989 年版,第 74 页。

一、土地资源的浪费

中国人长期以农业立国，对土地有着深深的眷念，在丧葬上表现为对土葬的偏爱。土葬符合汉族人民的生活习惯和慎终追远的伦理情感，人们认为死后埋葬于土地之中，是灵魂得以安息的最好方法，即“入土为安”，土葬因此成为中国传统社会最主要的埋葬方式。但中国古代的墓葬没有统一规划，乱葬滥葬现象比较严重。除了偏好土葬之外，中国人的丧葬观念深受风水之说影响，使得许多山明水秀的地方出现碑冢错落的景象，造成了土地资源的极大浪费。1848 年，外国人眼中的上海是“到处是坟墩”①。有人对此现象进行了讥讽：“私墓制度，在我国行之很古，但皆任私人经营，穴之深浅、坟之高低、地点之是否适宜，悉任自便，鲜有注意及之者。此类多为私墓，为我国旧时最通行之墓制，累累青冢，到处可遇，若计以数，恐较四万万生存之国民数为尤夥，谑者喻‘民国’为‘墓国’，实非过论。”②

中国传统的墓葬制度造成了土地资源的极大浪费，成为经济发展的重要障碍之一。时人对此认识深刻：私墓“所占土地必多，影响于农务至巨”③。“我国以农产立国，世所公认，气候温和，土地膏腴，而每年所入农产物除自给外，输出有限。由是而国日以贫，民日以困。但推其原因，以坟墓而荒废地土者，亦十之二三……以我崇邑论，每家各有私墓一二，占地六七亩不等，综计全邑，所费甚巨，推算全国，更不知凡几。若将此种坟地垦植农物，则一年收入大可作正式之用也。”④

因此，时人从国家利益出发，呼吁改革传统的丧葬方式和墓葬制度，推行公墓制度。“我国今日，生产不足，经济破产”，如果实行公墓制度，“亦未始不是救济之道”。⑤公墓可“节省地基，增殖农产”⑥。人们还提出了具体的公墓实施办法：“由地方市政局画出一定田地，为公共坟场，人民不得自由营

---

① [法]梅朋、傅立德：《上海法租界史》，倪静兰译，上海社会科学院出版社 2007 年版，第 13 页。
② 毛子正：《公墓浅说》，《医药学》第 6 卷第 5 期，1929 年，第 55 页。
③ 瑶：《提倡公墓之重要》，《新闻报》1929 年 3 月 28 日，第 21 版。
④⑥ 古瀛剑侠：《公墓建议》，《申报》1921 年 11 月 25 日，第 22 版。
⑤ 兆兰：《公墓问题》，《医光汇刊》1930 年第 2 卷，第 51 页。

葬”;“每一坟茔,占地须有一定面积,由市政局适宜规定之,不得任意多占地亩”;并且公墓土地可循环利用,以节约用地,“坟茔丛葬达一定之数,即不许再葬。最后之墓如过百年,即一律填平,以该地另作他用”。①

为减少墓制改革的阻力,有识之士主张推行渐进式的变革:“先自一家始,由明达者陈述利害,晓以大义,乃推而至于一族一姓,以迄一乡一邑。合全邑所有私墓者之主人翁组织一公墓联合会,公同叙议进行事项,若购买坟墓,选择地址,与夫种种费用之负担是也。”②

二、迷信风水

中国人传统的墓葬观念深受风水之说的影响,人们普遍认为墓地风水不但事关先人的冥福,而且承载着子孙后人的祸福。故在家族墓地的选择中,风水相墓是不可缺少的环节,这个习俗在民间久盛不衰。近代上海也不例外,凡遇殡葬必请堪舆先生前来择吉壤、选良辰,甚至不惜重金求购风水宝地。且惑于风水说,中国自古停柩不葬之风十分盛行,常有丧家因一时找不到风水宝地,为寻觅吉壤佳穴竟长期停柩不葬。对此,有上海竹枝词云:“客堂停柩惯多年,尘满灵台帮帖前。命不通兼无好地,误听风水葬迁延。”③

沪上有识之士对中国传统风水现象纷纷进行了揭露和反思:“邑人旧见拘执风水之说,牢不可破。每有葬事,审慎择地,必求所谓牛眠之地者,以至暴露日久,枯骨飘零,为子孙者能自安乎?”④

宁波旅沪同乡团体对传统的墓葬风水观也进行了批判:“往俗惑于风水,谋求吉地,迟延久厝,厥后门祚衰薄,无力营葬者有之。时至今日,见闻广阔,骈葬、叠葬、丛葬、火葬,皆未闻有风水之说也,而其族之盛,其邦之强,有胜于吾人者矣。”⑤

① 耿光:《坟墓改良之研究》,《申报》1923年4月5日,第22版。

② 古瀛剑侠:《公墓建议》,《申报》1921年11月25日,第22版。

③ 秦荣光:《上海县竹枝词》,顾炳权编著:《上海历代竹枝词》(上),上海书店出版社2018年版,第252页。

④ 李维清著,吴健熙标点:《上海乡土志》,上海古籍出版社1989年版,第74页。

⑤ 《旅沪甬人征求建筑公墓意见》,《申报》1924年8月4日,第14版。

为"免除拘忌,打破迷信",沪上有识之士提出废除私墓而提倡公墓。①"巫觋蛊惑,兴风水向背之说,而迷信之观念益深",为推行公墓制度"所可避免之事实也"。②

三、文明与卫生的危害

民国初期,上海部分有识之士还从近代城市文明及公众健康的角度,对传统墓制进行了反思。中国卫生会指出:"上海城区一带,行路之人,每见道旁两侧棺木林立,昔日犹筑小厝,以蔽风雨,今则往往遮盖全无,且棺木不良,尸骸暴露,行者掩鼻,细察之,则蝇蚋从缝隙出入,自是伤心惨目,不忍闻睹。夫以文明中区之上海,而尚容此上古陋俗,亦愧称文明矣,又岂止有玷文明而已哉!信可谓不卫生之极者也。"③也有时人撰文对浅葬恶习进行批评:"葬埋不深,棺椁浅露,秽气流溢,恒易致疾";"坟墓往往近人居宅,墓中霉菌,若由虫携出土外,因风传布,有碍卫生";"井泉之侧,大河之旁,亦有坟茔,饮料受尸毒之侵入,足致时疫"。④

"葬埋之制,自当以民众之健康保持,与夫国家之生存条件为本旨。故在卫生行政上,亦不容稍有疏忽也。"⑤因此,人们从公众健康角度,提出"禁止私葬,以防基地之膨胀,而免疫疠之传染"⑥。同时提出设立公共墓地,由市政府统一规划,民众不得自由营葬。墓地的选址须以维护公众健康为准则,"周围半里以内,须禁人家居住,以免有妨卫生";"凡为饮料水之井池近旁,不得有坟场,至少当在二里以外。尤有宜注意者,即人死后须从速入葬,寻常之病,冬不得过七日,夏不得过三日;如为传染病,须在二十四小时以内,此于卫生尤大有关系也"。⑦

公墓的实行无疑对于公共卫生的改善大有裨益,人们盛赞公墓之举为

---

① 古瀛剑侠:《公墓建议》,《申报》1921 年 11 月 25 日,第 22 版。
② 瑶:《提倡公墓之重要》,《新闻报》1929 年 3 月 28 日,第 21 版。
③ 中国卫生会:《埋葬与卫生》,《申报》1922 年 9 月 19 日,第 20 版。
④⑦ 耿光:《坟墓改良之研究》,《申报》1923 年 4 月 5 日,第 22 版。
⑤ 英若:《土葬与公众卫生》,《东方杂志》第 16 卷第 6 号,1919 年 6 月,第 123 页。
⑥ 苏莽:《上海市政改革之要点》,《新上海》1925 年第 1 期,第 66 页。

文明卫生之表现:"使殁者得以安葬,生者免受传染,仁风广播,日进文明,岂惟上海之荣,抑亦中国之光也。"①

总之,随着近代上海城市化进程的开展,传统墓制愈来愈不适应现代文明的发展,民众的丧葬观念也经历了由传统到现代的嬗变,墓制改革势在必然。即如时人所言,传统私墓没有定则,"漫不加以限制,或邻近水源,妨碍饮料的清洁;或占地过广,减少农田的生产;甚或野田浮厝,骸骨暴露,其影响于国民之健康生计者甚巨。若不亟谋改良,诚将贻患无穷。此今日之所以大声疾呼,提倡公墓制度者!"②

在上述形势下,1909 年,近代中国首个华人公墓——万国公墓应运而生。随后,上海商界、宗教界以及同乡团体等各界民众掀起了兴建新式公墓的热潮。南京国民政府成立后,公墓的规划也成为政府市政建设的重要组成部分,在政府的宣传和政策推动下,近代上海华人公墓获得了进一步发展。

小　　结

近代中国社会处于由传统向现代转型的初期,社会生活的诸多方面均发生了剧烈变动,丧葬作为与民众日常生活关系密切的社会习俗,在西方近代文明的浸润下亦出现了前所未有的变迁。作为丧葬文化的重要组成部分,中国传统墓地经历了由传统到现代的嬗变,西式公墓逐渐兴起并发展起来。

上海是中国现代公墓的重要发源地。上海开埠之初,在很大程度上沿袭了传统的丧葬制度,墓地为家族或家庭所有,此外尚有大量的义冢和丙舍存在。冢舍承担着为同乡、同行和无主尸骸提供丧葬服务的职能,也是城市联络乡情的重要手段。然而,随着城市化发展的加速,传统墓地既不利于城市公共卫生建设,也不利于市政建设的拓展,故逐渐成为城市化发展的障

① 中国卫生会:《埋葬与卫生》,《申报》1922 年 9 月 19 日,第 20 版。
② 兆兰:《公墓问题》,《医光汇刊》1930 年第 2 卷,第 50 页。

碍，改革墓制成为必然趋势。西式公墓在租界的逐渐兴起，冲击了中国传统丧葬礼俗。租界公墓的合理规划和制度化管理，为华界提供了良好的示范样本。随着西俗东渐及城市化的发展，上海民众对中国传统丧葬礼俗不断进行反思和批判，丧葬观念开始发生潜移默化的微妙变化。部分开明人士开始提倡仿效西式公墓，进行墓制改革，近代新式公墓随之兴起。近代上海华人公墓既缘于租界的示范效应，也是城市化发展和市民意识觉醒的产物。

第二章　共建互动:近代上海公墓建设中的国家与社会

近代上海处于中西文明交会的前沿,是市民意识萌发较早的中国城市。清末地方自治兴起后,上海市民的社会参与意识有了较大的进展。由地方精英组成的社会团体非常发达,在很多方面代替了政府对地方公共事务的管理职能,在上海城市建设中发挥了重要作用。有学者指出:"清末民初,上海地区的民间组织是现代城市公共事业的主要提供者,它比上海地方政府有着更为悠久的历史。"①公墓关乎市政建设和公众健康,首先引起了民间社会的关注。上海市民及团体创建了类型多元化的公墓,有力推动了近代上海公墓的发展,从侧面反映出近代上海都市社会公共性的增长。1909—1927年,上海市政当局没有对公墓建设形成统一的规划和有效的管理,近代公墓主要由民间社会自主创办并独立管理。

南京国民政府统治上海后,开始颁布实施"大上海"计划,加快上海市政建设,强化上海市政管理,借以树立政府的权威。因此,上海市政府一方面强化了市立公墓的规划与筹建,另一方面加强了对民间公墓的统筹管理,逐渐将公墓的建设管理纳入由政府控制的轨道。此后,上海华人公墓的发展呈现从民治逐渐纳入官治的轨迹。在此过程中,政府与民间表现为一种良好的互动关系,共同促进了近代上海公墓的发展。

---

① 王名、刘培峰等:《民间组织通论》,时事出版社2004年版,第376页。

第一节　公共性的承担:上海民间社会与公墓建设

日本学者小浜正子将包括教育、社会福利、治安、基础设施等公共职能所涵盖的领域设定为公领域[①],并且认为民间组织在近代上海公领域中承担了重要公共职能,以此为中心形成了都市的公共性[②]。公墓是都市社会公共设施的重要组成部分,属于城市公领域,也是一种新型的公共空间,蕴含丰富的社会内涵。近代上海公墓建设过程中广泛的社会参与,使得民间社会成为近代上海公共性的重要承载主体。

一、公墓制度的民间建构

近代上海公墓建设始于民间,且民间社会在公墓建设过程中一度发挥着主体作用。据上海市卫生局1935年统计,上海市注册公墓为18座,其中市立公墓仅2座,其余皆由私人或民间团体创建。[③]民间社会相继建立了类型多元的公墓,推动了近代上海都市化进程,在一定程度上弥补了政府公共职能的不足,是民间社会承担公共性的重要表征。

(一) 民间商业性公墓

近代上海较早创建的华人公墓,多为民间商业性公墓。这些仿效西式公墓制度建立的商业性公墓,以营利为目的,大多设施完善,交通便利,经营良好,效益可观。笔者选取了其中较有影响的公墓,概述其发展状况。

1. 万国公墓

万国公墓,初名薤露园,浙江上虞人经润山所创之公墓。经润山是上海地产商,曾与黄楚九合办过楼外楼、新世界等游乐场。1909年10月,经润山改革传统墓制,在沪西徐家汇购地20亩,仿效西式公墓制度,创建近

---

① [日]小浜正子:《近代上海的公共性与国家》,葛涛译,上海古籍出版社2003年版,第7页。
② [日]小浜正子:《近代上海的公共性与国家》,葛涛译,上海古籍出版社2003年版,第287页。
③ 上海市年鉴委员会编:《上海市年鉴(1935)》,“社会事业”,上海市通志馆1935年4月,第42页。

代中国首个华人公墓——薤露园，感叹人生短暂，犹如薤上之露水，“侵晓即晞”。①1913 年，薤露园开始兴工，次年完工，四周建有围墙，园内共计一千余墓穴。②不久，经润山去世。1916 年，上海的沪宁、沪杭铁路两路局决定将沪宁和沪杭铁路接轨，而该工程要穿越“薤露园”。于是，该园被两路局征用。③

1917 年，经润山的妻子汪国贞在原“薤露园”的西边另购地约 55 亩，重建西式公墓。鉴于当时上海租界内的外国公墓近于满员，所剩的空穴售价极为昂贵，汪国贞主持重建的“薤露园”改变经营策略，规定归葬者“不囿国籍、不析宗教”，公墓也更名为“万国公墓”。④1919 年 10 月 7 日，万国公墓经上海县公署查明“规模宏敞，宗旨妥善，舆论均无异议”，准予备案。⑤1922 年，由于入葬人数众多，汪国贞女士在东侧添购 10 余亩土地对万国公墓进行扩建。⑥

万国公墓是园林式公墓，“墓地绿草如茵，鲜花似锦。环境恬静，风景优美。四周由河流环抱，大门正面有小桥，桥上设铁门。入门后一条甬道通向罗马教堂式建筑，是为纪念堂。其后是一座民族形式建筑，名‘追思厅’。室内陈设红木家具，四壁挂诗画屏障，中西合璧，富丽典雅。厅堂之间有东、西厢厅，由穿廊相连。追思厅后面为殡舍，供停放棺柩之用。”⑦

万国公墓是距离上海市区最近的华人公墓，许多外国人及上海的巨商、社会名流相继购建万国公墓墓穴，使其成为上海仅次于租界公墓的上等公墓。万国公墓开创了近代中国公墓制度的先河，对于近代上海丧葬观念的变迁和墓葬制度的变革起到了很大的推动作用。

2. 川沙模范公墓

川沙境内“坟墓满目累累，既高且大。长此以往，良田尽变为山丘，生产日见其短绌”，为谋改良习俗，倡办公墓，以树模范，并设园林以资赏览，1926

①⑥ 胡人凤续辑，许洪新标点:《法华乡志》，上海社会科学院出版社 2006 年版，第 335 页。
② 胡人凤续辑，许洪新标点:《法华乡志》，上海社会科学院出版社 2006 年版，第 338 页。
③ 薛理勇主编:《上海掌故辞典》，上海辞书出版社 1999 年版，第 382 页。
④ 桂笙:《万国公墓记序》，《小说月报》第 9 卷第 6 号，1918 年，第 2 页。
⑤ 《创建公墓准予备案》，《申报》1919 年 10 月 16 日，第 11 版。
⑦ 赵成樑主编:《西区纪事・长宁地名寻踪》，同济大学出版社 2010 年版，第 204 页。

年，陆家骥等发起创建川沙模范公墓园，并经地方官厅批准备案，为川沙县公墓之嚆矢。墓址在川沙九团乡大湾御寇河前柘林营十四墩旧址，占地面积 7.1 亩。该地原为教育局公产，教育局认为提倡公墓"亦通俗教育之一端"，因此允准让渡，地价为 1 500 元。公墓内设有穴位 319 个。①

公墓订有《川沙模范公墓园章程》，组织管理制度完善。公墓事务由理事会负责管理，公墓章程规定"本园发起人与赞成人之认购墓地者，以及将来各墓之祀主均为园友"，理事会由园友公推五人组成，任期三年，连举连任；理事因故缺额时，应即递补；理事在不同时期分管不同的事务，在建设期负有"计划、执行、会计"职责，在保管期负有"监察、值年、会计"职责；理事会还须每年编刊报告公墓事务，并分送给各园友。②

公墓不拘泥于传统习俗，"兆不择牛眠之吉，墓亦无马鬣之封"。公墓环境优雅，"设园林以资赏览"，"名为幽宫，实多生气"。除墓地外，墓园内辟有墓道及甬道，并建有公用房屋，主要有：公祠一所，"中座后龛安设神位，大厅备祭祀或开追悼会之用，东西两次间分为男女休息室"；门房及储藏室，"凡葬用材料乡间不易采办者，本园酌量预为储备"，葬主自愿购买；花房，"培养四时鲜花，既供雅玩，尤便展墓献花之购取"；殡房，"系备葬主中已定葬期而时日未届者短期停放灵柩之用"。③

公墓章程对墓式和葬法也有具体规定："各墓穴方向须照定式，并须墓与地面平，上立碑碣为识"；"各墓一律深葬，或用水泥，或用石料，务取其能历久远"。公墓"每穴价银五十元"，"所收地价，除提充开办设备用费外，余数悉作为公积基金，妥存生息，以充常年经费"，力求"永资保管，不致因其为墓地而日就荒芜也"。④

3. 上海公墓

1926 年 6 月 24 日，上海永茂公司投资创建上海公墓，于宁波路召开股

①② 上海市地方志办公室、上海市浦东新区地方志办公室编：《上海府县旧志丛书·川沙县卷》(下册)，上海古籍出版社 2011 年版，第 832 页。

③④ 上海市地方志办公室、上海市浦东新区地方志办公室编：《上海府县旧志丛书·川沙县卷》(下册)，上海古籍出版社 2011 年版，第 832—833 页。

东成立大会,选举董事会及监察,并讨论起草公墓章程。①公墓位于江湾跑马厅之东北面,占地约200亩,编为十区,为甲、乙、丙、丁、戊、己、庚、辛、壬、癸等号。创办之初有甲、乙、丙、丁四区,“地点高燥,工料坚固,取价低廉”,深得葬户赞许,巨商富绅,纷纷谋葬,几乎供不应求,“有葬满之虞”。因此,该公墓不久便扩充戊、己、庚、辛、壬、癸六区,以满足葬户需要。②上海公墓墓穴不分等级,有单穴和双穴,每穴长度3.66公尺,宽度1.83公尺。公墓内建有宏伟的礼堂及万年台,以为追思纪念之用;有休息室,为葬户男女家属及宾客休息的地方。③

上海公墓交通便利,车马可直达墓地,位置幽静,空气清新,建筑宏丽。布置方面“虽一草一木,亦必具有审美之设计”④。上海公墓环境幽雅,设备齐全,对待葬户服务热情周到,因此受到社会的好评,经营颇有成效。“谋葬拜扫墓陵者,往来道路,车辆百数,途为之塞。参观者佥称碑石巍然,草木森森,竟有世外桃源之象景。”⑤时人刘亦饯君参观上海公墓后咏诗四首盛赞:

漫言客死最心伤,入土为安即故乡,净土不离方寸地,何须重价买山庄。(叙公墓之便利)

绿荫布满树参天,月白风清鬼亦仙,更喜牛羊勿践履,夜台魂魄得安眠。(叙景象之绝妙)

莫道泉台不复春,栽花剪柳四时新,扫除看护都周到,不似荒丘没主人。(叙办理之善美)

世界维新说共和,那知鬼亦友朋多,买来百亩高原地,历尽千秋永不磨。(叙保存之永固)⑥

---

① 《上海公墓成立会记》,《申报》1926年6月27日,第16版。
② 《上海公墓之扩充》,《新闻报》1929年11月14日,第22版。
③ 浪生:《上海公墓及上海殡仪馆营业甚为发达》,《大公报(上海)》1937年7月4日,第13版。
④ 《上海公墓位置幽静》,《新闻报》1929年6月11日,第20版。
⑤ 《近日之上海公墓》,《新闻报》1929年4月12日,第20版。
⑥ 《咏上海公墓诗四首》,《新闻报》1928年9月28日,第25版。

为维持永久，公墓设有保障基金。自 1932 年，“除穴价外，附收墓地永远保养基本金洋十元”①。公墓拟定墓穴一万，至 1933 年已有墓穴八千，每穴七十元，其中十元为公积金，将来穴满可得十万元，“月取息六七百元，以为墓中修扫之用。此款永远不得动用，法至善也”。②

上海公墓“以瘗埋娇妻、爱女之骨为多，如于右任之女公子淑娴、胡朴安之女公子泽平均卜葬于此。尚有一碑，上镌‘爱女娜娜婷婷之墓’，其名氏殊奇丽。更有一墓，葬有生下才二十四小时即夭之孩”③。此外，上海公墓入葬者不乏知名人士。如 1931 年夏，革命作家蒋光慈在上海病逝，葬于上海公墓；④1931 年 9 月 17 日，中共秘密党员杨度在上海病逝，葬于上海公墓，墓碑由清朝及民国政治人物、书画家、篆刻家夏寿田书写，国民党官员及杜月笙、张啸林等上海闻人等均参加了其葬礼；⑤1933 年 9 月 15 日，清末民初外交官吴宗濂病逝于上海，9 月 24 日安葬于上海公墓；⑥1936 年 6 月，画家程瑶笙葬于上海公墓；⑦等等。

上海公墓中最有影响力和最具有纪念意义的当属“四烈士衣冠墓”。“一·二八”事变中，上海市商会童子军团战地救护队第七组组长罗云祥，组员应文达、毛征祥、鲍正武，冒着炮火抢救伤员 100 多名，后遭日军暗害。1935 年 2 月 17 日，上海市商会童子军和中国红十字会在上海公墓内建“四烈士衣冠墓”。⑧上海公墓以“甲字区纪号墓地一方长二十尺、宽十尺零陆寸”相赠，以资纪念。⑨2 月 17 日，各界代表共 700 余人，在上海公墓内举行

---

① 广告：《上海公墓》，《申报》1932 年 2 月 20 日，第 8 版。

② 幽香：《在上海公墓（上）》，《金刚钻》1933 年 9 月 7 日，第 2 版。

③ 子群：《上海公墓参观记》，《新闻报》1929 年 10 月 19 日，第 21 版。

④ 方铭编著：《蒋光慈研究资料》，知识产权出版社 2010 年版，第 147 页。

⑤ 全面抗战开始后，上海沦陷，日寇要在江湾修建飞机场，勒令迁坟，杨度墓被迁往上海西郊华漕乡寅春庙附近，墓碑仍用旧碑。“文革”期间，坟墓被毁。1986 年，杨度墓迁往万国公墓名人区，仍用原墓碑。参见杨云慧：《从保皇派到秘密党员：回忆我的父亲杨度》，上海文化出版社 1987 年版，第 122—123 页。

⑥ 上海市嘉定区政协学习和文史委员会《嘉定文史》编辑委员会编：《嘉定文史》（第 16 辑），2000 年版，第 99 页。

⑦ 际云：《程瑶笙卜葬上海公墓》，《金刚钻》1936 年 6 月 11 日，第 2 版。

⑧ 上海市宝山区地方志编纂委员会编：《宝山县志》，上海人民出版社 1992 年版，第 924 页。

⑨ 《商会致上海公墓办事处函》，《五十团》1935 年第 7 期，第 30 页。

“殉难童子军衣冠墓”落成典礼，由市长代表李大超揭幕。会场设于上海公墓，大门前悬白布横联，上书“四烈士衣冠墓落成典礼”，“左右分悬党国旗，衣冠墓前置主席台，衣冠墓上覆以党国旗，以备揭幕。四周满悬各界挽诔，词多悲悼警惕”。全场由童子军维持秩序，典礼主要包括以下程序：集合、奏哀乐、全体肃立、向党国旗及总理遗像行最敬礼、主席恭读总理遗嘱、静默三分钟、为四烈士致哀、主席报告、揭幕、向四烈士遗像及衣冠墓行敬礼、献花、演说、唱哀歌、礼成。①整个仪式简约庄严，表达了对四烈士的敬意、缅怀和哀悼之情。

4. 中国公墓

中国公墓也是近代上海较有影响的华人公墓。1927 年，上海总商会会长虞洽卿等人筹措资金，在沪闵长途汽车公司吴家巷车站附近地购地 128 亩，创建了中国公墓。②

中国公墓的创办缘于三点：一是上海人烟稠密，廛市如林，人口日增，壤地日少，“倘仍家自为谋，恐郊原难觅隙地”；二是为图永久，“使墓地崭然常新，绵延罔替，不以时势人事之变迁，而有向之巍巍古墓碣断碑残之感”；三是“为俾远离乡井者，得免归骨之长途；近在梓桑者，借化丘首之旧习”。公墓规划富有传统文化气息，大门在南柘路旁，“东向矗立，界以河浜，围以短篱，门楼为新□三间平屋之建筑物，装有铁栅，上为天台山农□楣。两旁石柱砌有联云‘此地卜牛眠，□□百年俎豆，佳城封马鬣，行看万树松楸’”。公墓四周遍栽花木，中央为追思厅，以便葬户开会追悼、领帖祭祀或诵经祈福之用，厅后为两间休息室。公墓定有规章，共有 5 000 墓穴，根据位置之前后，依次排列。墓穴分为甲乙两等，每穴规定长十二尺，宽八尺。甲等墓穴地价银五十两，乙等四十两，一经购定，不得退换。“但购甲等，须在两穴之上，意即所谓双圹也。”每穴限葬一棺，如一棺占用两穴，须妥为营葬，不得浮厝。公墓的建筑，一律用石椁，石料分为玻璃石、矾石、人造石三种，葬户可自行选择。“如葬户自行营葬，其所筑石椁样式，须先经该公墓之鉴定。”购

① 《殉难童子军衣冠墓，昨晨举行落成典礼》，《申报》1935 年 2 月 18 日，第 10 版。
② 薛理勇主编：《上海掌故辞典》，上海辞书出版社 1999 年版，第 386 页。

穴时须填写购穴志愿书，分别记录购穴人、葬者、葬者家属的姓名、籍贯、住址和职业；购穴的数量及墓穴号数；购穴年月日。①

除了上述内容外，中国公墓的特色之处还在于交通便利，车马可直达；土壤优美，穴地高燥；可代办石椁、营葬业务；专门雇有园丁看守墓园，种植花木，维护墓园幽雅整洁；建有殡舍，供葬户暂停灵榇；信教自由，悉听尊便。②

中国公墓墓园内树林郁郁葱葱，景色怡人，是文人笔下赞美的对象。据黄胜年回忆，中国公墓，是其在上海中学三年时间里常去的地方。每天在教室和饭厅之间来回走来走去，只要朝西一望，就可以看见那郁郁葱葱的一片树林。其他的方向都没有那么好的风光。黄胜年存留下来的少年习作的第一首诗，就是描写当时的景色："苍林落日紫光连，暮霭沉沉绕碧天；惆怅晚霞红尽处，依依犹自别炊烟。"③

中国公墓葬者中较有影响的有：1927 年 10 月，淞沪保卫团第一团第五队团员朱耕泉因公殉职，其灵柩寄殡于陆家浜放生局。1929 年 10 月 13 日，淞沪保卫团在中国公墓为其举行公葬，共 300 余人参加葬礼。④

1932 年 10 月，中国公墓安葬了一位因忧国而自杀的爱国人士黄次章。黄次章是浙江宁波人，上海市北公学学生，年方 19 岁。九一八事变的消息传来后，黄次章义愤填膺，课余专心致力于抗日工作，并且瞒着家人报名参加义勇军，希望转赴东北效命疆场，但因年幼未被录取，竟于 10 月 7 日自杀以殉国，并留有遗书："弱国无外交，懦夫岂能立足？近日社会之黑暗，人心之险诈，世界之万恶，诚足骇人听闻！次章一愚懦无用之人，安能忍而处此！故决出此下策，与浊世永别。次章虽自绝，仍望全国同胞共起直追，与暴日一决雌雄，救我将亡之中国，则因次章死而唤起爱国同胞共赴国难之心，次章之死为不虚，次章之目亦可瞑矣！"此次事件当时影响颇大，时人感叹："呜

① 《中国公墓之内容》，《时报》1927 年 12 月 20 日，第 4 版。
② 《中国公墓广告》，《申报》1927 年 12 月 2 日，第 6 版。
③ 黄胜年：《黄胜年诗文集》，原子能出版社 2007 年版，第 234 页。
④ 《淞沪保卫团公葬朱耕泉》，《申报》1929 年 10 月 15 日，第 14 版。

呼！如黄君者，亦足以风矣！”在黄次章自杀的第二年，其父将其葬于中国公墓。①

民国要人岑春煊的外甥女，于立群的长姐于立忱，毕业于北平国立师范大学，曾任《大公报》妇女副刊编辑，1934 年东渡日本，1937 年 2 月回国。因身患肺病，神经错乱，颇为痛苦，有厌世之念，忽然于 5 月 20 日在上海自杀，留有绝笔书“如此国家、如此社会，如此自身，无能为力”。5 月 30 日葬于中国公墓。②

5. 万年公墓

万年公墓位于沪西漕河泾，由上海实业界名流黄楚九创办。该墓起初是黄楚九的私人墓园，“嗣以余地甚多，凡至亲好友之欲卜葬于斯者，亦可分让，因定名曰亲睦公园。位置幽静，交通便利，树木幽深，围墙缭绕，大门以外，两亭翼峙，左名望云，右名歆月，翁仲石马，分列两旁，气象轩昂，规模宏肃”。1927 年，该园改建为万年公墓，对外开放，并陆续添购地基，扩充墓穴。公墓事务以及款项账目一切公开，交由董事会经理保管，“且改组以前所购地亩，及一切建筑物，均由楚九个人出资者，亦自愿全数助入园中，并不收回分文。其董事会系召集葬户家属组织之，俟全园定穴达八成以上时，即行召集。凡葬户家属，均有选举及被选举之资格，以昭公正，而垂久远。”③

1931 年 1 月 19 日，黄楚九病故，其灵柩暂厝于绍兴永锡堂公所。④1933 年 7 月 17 日，黄楚九安葬于万年公墓，执绋者数百人。前往祭奠者有沪上名流虞洽卿、王晓籁等。“自朝至晚，络绎不绝，颇极一时之盛。”⑤黄楚九墓地位于万年公墓中央，为占地最大的一块墓地。其墓园内竖有巨石墓碑，旁边设有几尊石雕，石栏相围，还有石桥一座，别有江南特色。墓园里的墓碑、石栏、石桥等，均用赭色石料打造，十分壮观。“墓园外围则筑以竹篱，隔而

① 郑保华:《因忧国而自杀者——黄君次章》,《申报》1932 年 10 月 26 日,第 13 版。

② 《于立忱移葬中国公墓》,《大公报(上海)》1937 年 6 月 1 日,第 7 版。

③ 《广告:黄楚九创办的万年公墓,一切公开并非营业,欲定穴者请来接洽》,《申报》1927 年 11 月 1 日,第 1 版。

④ 《黄楚九柩今日移厝》,《申报》1931 年 4 月 24 日,第 15 版。

⑤ 《黄楚九安葬万年公墓》,《申报》1933 年 7 月 18 日,第 15 版。

不封，与周围墓地相邻却不隔绝。”①

黄楚九去世后，万年公墓在以褚民谊为首的董事会经营下“一仍其旧，年有进展”，筹建礼堂，添购基地，划定义穴。②

6. 永安公墓

永安公墓位于今古北路上，1928 年由宁波人董杏生创办，“占地 93 亩，朱家浜、孙家浜、牛桥浜等环绕南北”。1932 年后，永安公墓陆续建造礼堂、追思厅、祭奠堂、诵经堂、停柩厅及其他建筑，中西合璧，设备齐全。“进口有高约 10 米，宽约 12 米的古朴牌坊，朝前甬道约 100 米左右，直达礼堂仪门。”墓园环境幽雅，广植冬青、枫树、榆树、松树、柏树。③

永安公墓内不乏社会名流和进步人士，有着一定的社会影响。1932 年“一·二八”淞沪抗战中，代理要塞司令职务的滕久寿壮烈牺牲，炮台的炮兵将他的遗体用棉絮包裹，就地掩埋。3 月中旬，普善山庄蓝十字会来到埋葬滕久寿的地方，找到他的遗体，将灵柩用轮船运到上海，安葬在永安公墓，由第十九路军军长蔡廷锴为主任委员的治丧委员会经办丧事。④

中国民权同盟总干事杨杏佛被暗杀后即葬于此墓。1933 年 7 月 2 日，杨杏佛遗体在万国殡仪馆接受各界吊唁后，下午 3 点发引，前往永安公墓安葬。送葬队伍首先由华捕开道；次为灵车，由其子小佛手抱灵座，并有一侍役扶杨氏遗像；接着为柩车、送殡车数十辆。送殡路线由胶州路经静安寺路、极司非尔路，入海格路，再经徐家汇镇入虹桥路，抵达霍必兰路永安公墓。各界名流如孔祥熙、吴稚晖、蔡元培、何香凝、吴铁城（俞鸿钧代表）、汪精卫（褚民谊代表）均前往执绋，“素车白马，颇尽一时之哀荣”。3 点半左右抵达永安公墓，4 点整举行下葬仪式，葬礼简约肃穆，由中国科学社社友王季梁、胡刚复、丁巽甫、周仁等六人扶柩下车，安放墓地，“徐徐下穴，覆盖安

---

① 曾宏燕：《商·道：黄楚九传》，上海人民出版社 2015 年版，第 312 页。
② 《万年公墓开董事会》，《新闻报》1937 年 6 月 18 日，第 16 版。
③ 熊月之主编：《上海名人名事名物大观》，上海人民出版社 2005 年版，第 518 页。
④ 中国人民抗日战争纪念馆编著：《抗战英烈谱》，团结出版社 2017 年版，第 4 页。

葬”,最后全体来宾环绕墓地,行三鞠躬礼,葬礼告成。①

7. 长安公墓

长安公墓创建于1930年1月,位于沪闵汽车路长安站,汪云赏负责经营,“有职工15人,占地323亩,其中墓穴地112亩,苗圃、房屋、道路等占地211亩,内有两层楼四角大亭子一座,各种房屋17间,宽3米余的道路2.6公里,宽2米余的道路20.54公里。”②

长安公墓立案完备,地质高燥,“穴基丈二长、八尺阔”,每穴售价40元,儿童穴售价32元;公墓水陆交通便利,服务完善,可代为运柩,“停柩殡所不取分文”;且“代筑碑圹,坚固美观”。公墓设有事务所,专门负责“认穴缴款及委托代办工程”等事务的接洽。长安公墓经营良好,供不应求,应葬户需要陆续添购地亩扩充墓穴。③

长安公墓环境幽雅,“奇松古柏参天,百鸟千虫鸣和,超世脱俗浑如天国”。墓碑不仅雕工古朴、俊秀,而且大多数的墓志铭,文笔简约隽永,述说着墓主人的生平经历和品性好恶,为世相百态之合成。如李鸿章的第四代曾外孙女即葬于长安公墓,墓碑记述了其“婚姻不幸,又回娘家不成,终于年纪轻轻在忧郁中死去”④。

长安公墓沿袭传统的墓祭习俗,每年举行秋祭,典礼呈现中西合璧的特色,包括“上香、献帛、献花、献爵、读祝、行三鞠躬礼”等程序。⑤

长安公墓内较有影响的葬者有:1933年2月21日上午9时左右,沪东塘山路正泰橡胶第一厂,“因马达线走电,以致蒸橡皮气缸炸裂工厂全毁,焚毙工人百余名”,正泰橡胶厂为死伤工人善后,24日起超荐亡者三天,在长安公墓为遇难者举行公葬。⑥此外如哲学家李石岑1934年10月病逝,11月

---

① 《杨杏佛昨日安葬》,《申报》1933年7月3日,第11版。

② 上海市上海县北桥乡《北桥志》编写组:《北桥志》,上海市上海县北桥乡人民政府,1987年8月,第215页。

③ 《长安公墓》,《申报》1935年10月22日,第18版。

④ 姚克明:《海上洋泾浜》,学林出版社2004年版,第195页。

⑤ 《长安公墓举行秋祭》,《民报》1935年10月7日,第8版。

⑥ 《正泰橡胶厂惨祸,死伤百余工人之善后》,《申报》1933年2月23日,第9版。

2日，葬于长安公墓。[①]国民政府行政院参事李大年于1935年4月9日在上海病故，4月20日葬于长安公墓，200余人参加葬礼。[②]

8. 普安公墓

1929年，张启熏奉内政部通令，约当地商、学界协商集资创办普安公墓，总面积为141.13亩，其中墓穴面积95亩，未葬墓穴面积15亩，房屋基地2亩，种植农作物面积30亩。[③]

公墓墓址在闵行镇北郊，"水陆交通均能直达，穴基宽大，土质高燥。每穴仅收洋二十元，代运灵柩，收费低廉；立案完备，公团保管，迥非其他私人设立者可比。"[④]

9. 吉安公墓

"墓者，所以安先人之形骸，而以殓藏。吾国重礼之邦，对暴尸于野，以及水火等葬，素为不取。而环顾农村，圹穴连云，有碍农耕，且家道凌夷者，墓门有不胜荒烟蔓草之感。"有鉴于此，1936年，陈晓初、宋夔君、陈花周等发起建立吉安公墓，"以为渠对公益事业之贡献"。墓址位于奉贤县，"横沥以西、三女冈北麓平畴"，占地面积30亩，隔河西临沪杭公路，并建有桥梁，车辆可直达公墓大门，交通便利。"进内左为殡舍，右为工役宿舍，中间甬道两旁为事务、会计、会客室。甬道东进至十字路口，两旁皆为墓穴之地，碑铭罗列，森林菜圃点缀其间。"越过十字路转向东南，建有宽敞的礼堂，供祭扫者礼拜使用。公墓甬道"满种古柏，益增思念"。吉安公墓可谓"无物而不备矣"。[⑤]

10. 久安公墓

久安公墓位于浦东洋泾区盛家行，占地面积60亩。[⑥]1931年4月6日，

---

① 《李石岑氏明日出殡》，《申报》1934年11月1日，第15版。

② 《行政院参事李大年今日出殡》，《申报》1935年4月20日，第13版。

③ 上海市上海县北桥乡《北桥志》编写组：《北桥志》，上海市上海县北桥乡人民政府，1987年8月，第215页。

④ 《普安公墓》，《申报》1935年10月27日，第19版。

⑤ 上海市地方志办公室、上海市奉贤区人民政府地方志办公室编：《上海府县旧志丛书·奉贤县卷》，上海古籍出版社2009年版，第603页。

⑥ 上海市地方协会编：《上海市统计·卫生》，上海市地方协会1933年版，第23页。

张上珍、许宝铭等呈请上海市政府批准设立。[①]该公墓共有3 000墓穴,并建有门楼、礼堂、凉亭等,设计颇佳,前来定穴者非常踊跃。[②]

久安公墓设收费区和义务区。鉴于洋泾区地方辽阔,“警团暨救火会员事出非常,一旦因公捐躯,若不予以表扬,实不足以资激励”,公墓董事会在义务区划出一部分为洋泾区地方警团暨救火会员因公殉职烈士墓区,“以资激励而崇先烈”。[③]

11. 普益公墓

普益公墓于1935年建成,墓地位于真大路,即大场和真如之间,交通便利,乘沪太路和交通路两线汽车均可直达。共计80余亩,3 000余穴,每穴定价40元,设计周密完备。[④]该公墓向宝山县政府呈准设立,并经上海市社会局核准备案,由普善山庄董事会负永久保管之责,社会名流王一亭为董事长、施畊尹为总经理。[⑤]

1935年10月1日,普益公墓举行开幕典礼,王一亭、王晓籁、袁履登、罗坤祥等社会名流和大场公安局长刘达民、区长陆剑荪等百余人参加了开幕礼。在王一亭介绍公墓的创办情况后,王晓籁发表演说,特别肯定了普益公墓响应国民政府新生活运动号召,打破国人散葬的旧俗,提倡集团安葬。[⑥]

上述公墓设施完善,交通便利,环境幽雅,获得良好的社会效应,推动了近代上海华人公墓的建设与发展,以及民众丧葬观念的变迁。

(二) 同乡团体公墓

近代上海同乡团体,包括各地会馆公所,是以地缘为主要纽带的社会组织。传统的义冢和丙舍为旅沪同乡提供丧葬服务,是会馆公所的主要功能

---

① 《上海市政府批第一二三九号:呈为创设久安公墓请求勘定地点准予设立由》,《上海市政府公报》第87期,1931年,第38页。

② 《久安公墓》,《建筑月刊》第1卷第3期,1933年1月,第16页。

③ 《令为久安公墓办事处指定义务区为洋泾区警团暨救火会员因公身殉各烈士墓地以资表扬通令知照由》,《警察月刊》第1卷第11期,1933年11月20日,第11—12页。

④ 《普益公墓行将开幕》,《新闻报》1935年8月11日,第14版。

⑤ 《普益公墓明日开幕》,《新闻报》1935年9月30日,第10版。

⑥ 《普益公墓昨日开幕》,《申报》1935年10月2日,第13版。

之一。随着近代上海城市化的发展,尤其是公墓的兴起,旅沪同乡团体逐渐改变了传统殡葬观念,陆续在上海建立新式公墓。

1. 同乡团体的传统殡葬设施

中国传统社会是以血缘家族为主要纽带维系起来的。个人的生老病死只有在家族中才能得到庇护,加上保守、封闭的自然经济形态,长期以来便形成了极强的血缘及乡土地域观念,普遍视离乡背井为不幸:"夫远适异域,昔人所悲,非有大不得已于怀者,谁肯轻去其乡",进而将死在他乡,不能归葬看作更大的不幸,"死丧而至异乡,其颠连无告之情,有不忍言者"。因此,传统观念中存在牢固的归葬意识。①然而,传统中国因交通等客观因素的限制,死者灵柩往往难以及时运回故里安葬。"沪上侨民来自四方,巨贾细贩都集于此。一有死亡,议葬非易,开支浩繁,贫贱者无力措办,轮运遇阻,富有者亦觉费事。既不愿埋骨异乡,又有天时人事从中梗阻,群谋所以寄厝之所,于是会馆乃兴。"②为满足旅沪同乡者"叶落归根"的遗愿,各会馆、公所设立丙舍(殡舍),帮助那些故乡离沪较远,一时难以扶柩还乡者寄厝棺柩。停厝丙舍的棺柩数年后要运回原籍安葬。运柩归葬则是一项复杂的工程,承运者必须征得沿途海关或政府有关部门许可,非个人能力所能完成,必须依赖会馆、公所,集合同乡力量,开展大规模的运柩工作。会馆、公所还要承担贫穷旅沪同乡的运柩和归葬费,如四明公所运柩不收费,"凡后人无力领柩者,得报明原籍住址、代运到埠,其自运者,得领资助洋二元。"③

对于无力运棺返籍者,会馆、公所则购置场地建设义冢(义山、山庄),安葬同乡死者的尸骨。如四明公所停厝棺柩,满一年,于清明、冬至运回宁波。再停放一年,仍不领者,移葬义山,编号立碣。④

上海同乡团体将很大一部分精力和财力用于经营义冢和丙舍,处理同乡殡葬事务成为其主要任务之一,如四明公所以"建丙舍、置义冢、归旅榇等

① 郭绪印:《老上海的同乡团体》,文汇出版社2003年版,第516—517页。
② 重之:《会馆与公墓》,《申报》1928年4月6日,第19版。
③ 郭绪印:《老上海的同乡团体》,文汇出版社2003年版,第517页。
④ 宋钻友:《同乡组织与上海都市生活的适应》,上海辞书出版社2009年版,第100页。

诸善举为宗旨";平江公所的主要工作就是处理同乡的殡葬事务;浙绍公所的主要房舍都用作丙舍;徽宁会馆、湖南会馆的丙舍面积比其他建筑都要大。[①]19 世纪末 20 世纪初,外国旅行者经常在轮船上看到封得严严实实的棺柩,可见同乡团体对家乡观念的奉行。[②]

顾德曼认为"同乡认同和同乡团体得到精心培植的程度,同乡情感和机构的牢固和力量",是中国城市的一大特色。[③]旅沪同乡团体为同乡提供的殡葬服务,帮助同乡解决了实际困难,团结了旅沪同乡,是维系同乡情感的重要手段。例如四明公所"正是以经营运棺等殡葬事业为手段,来维护巩固归葬意识,进而加强同乡间的地域观念,增强同乡间的联系和团结"[④]。

2. 都市化与同乡团体公墓的出现

上海开埠以后,西式公墓便在租界内出现,并引起了民间社会的关注。1909 年,浙江商人经润山在上海创建了近代中国首个新式公墓——万国公墓,随后上海华人公墓逐渐兴起。义冢与丙舍虽然在很大程度上成为联谊乡情,凝聚旅沪同乡的重要载体,但随着近代上海城市的发展,尤其是新式公墓的出现,这种传统的风俗愈来愈表现出其落后性。会馆、公所大都处于闹市,棺柩在人口稠密的市区厝而不葬,于市容、公共卫生、城市空间的拓展均有所妨碍。人们逐渐意识到公墓较之会馆丙舍,更符合现代文明的要求。

首先,公墓更加安全卫生。"会馆建筑多用木料,最怕是火警,一旦失慎,纵房屋保有火险,损失可以追回,然而千百尸首骨暴火场,试问是否可以金钱赔偿?其不幸诚有不堪设想者,而况大多数会馆对于预防火警,未闻有何设备,不亦大可危乎?"丙舍不仅易引发火灾,还有碍公共卫生,"会馆容纳新尸,不分寒暑炎夏,若遇丧事,死尸最易腐烂",公墓则"埋骨地下,一劳永

① 潘君祥主编:《上海会馆史研究论丛》(第一辑),上海社会科学院出版社 2011 年版,第 9 页。
② [美]顾德曼:《家乡、城市和国家:上海的区域网络和认同(1853—1937)》,宋钻友译,周育民校,上海古籍出版社 2004 年版,第 4 页。
③ [美]顾德曼:《家乡、城市和国家:上海的区域网络和认同(1853—1937)》,宋钻友译,周育民校,上海古籍出版社 2004 年版,第 3 页。
④ 郭绪印:《老上海的同乡团体》,文汇出版社 2003 年版,第 517 页。

逸,可除卫生之障碍”。[①]

其次,公墓可破除风水迷信,兴利除弊。寄柩会馆为一时权宜之计,非一劳永逸,“吾人稍有余资,谁不念祖上骨肉,入土为安?于是购买田地,运柩回乡,筑坟手续,仍不能省;甚或苛择风水,穷饰墓陵,伤时费事,莫此为甚。”公墓“可除风水之迷信”[②],还可以“俭省墓基,谋为骈穴列排以营坟,俾裕膏粱之田”,“得补救平贫营葬之困难”,节省靡费,兴利除弊。[③]

再次,公墓便于祭扫。随着近代上海城市交通的发展,移民人数的增多,人们的“叶落归根”意识开始有所淡化。“上海一埠,水陆交通称便,虽相隔数百里,朝发可以夕至。公墓既无定期开放之必要,当然可以随时出入,吾人公余有暇,苟思亲念切者,则献花扫墓,其便利又为何如!”[④]

此外,公墓有专人看管和修葺,“使不为牛羊粪秽之所,而冀安心于他乡”[⑤]。

基于上述几点,开明人士提出“宜力求进步,改会馆为公墓,是在识时务之俊杰”[⑥]。1924 年,旅沪宁波同乡会力倡公墓,“吾四明人当全体毅力,以成此切肤之善举,莫让万国公墓专美于前也。”[⑦] 20 世纪 20 年代前后,旅沪同乡团体开始陆续仿效万国公墓的办法改良丧葬制度,经营现代公墓。其中具有代表性的同乡团体公墓有:

(1) 联义山庄

同乡团体公墓中占地广、影响大者当数联义山庄。民国初年,旅沪广东商人林镒泉购宝山大场乡农田 10 余亩,建造林氏家族墓地。约 1916 年后,广东旅沪商界联谊会也在其旁购地 300 余亩,建立广东人专用坟地。不久,两坟地合并,建立统一的坟地管理机构,即“联义山庄”,成了专门营葬广东人的公墓,[⑧]辟有墓穴 11 595 穴。[⑨]联义山庄建筑和设施配套齐全,庙、厅、楼、堂、场应有尽有。[⑩]“庄内林木森阴、甬道平坦,而公墓设备之完善、规划

---

①②④⑥ 重之:《会馆与公墓》,《申报》1928 年 4 月 6 日,第 19 版。

③⑤⑦ 《旅沪甬人征求建筑公墓意见》,《申报》1924 年 8 月 4 日,第 14 版。

⑧ 薛理勇主编:《上海掌故辞典》,上海辞书出版社 1999 年版,第 408 页。

⑨ 《上海通志》编纂委员会编:《上海通志》(第 9 册),上海人民出版社、上海社会科学院出版社 2005 年版,第 6430 页。

⑩ 吴越、李裕春:《闸北殡葬业寻踪》,吴汉民主编:《20 世纪上海文史资料文库 · 第 9 辑 · 宗教民族》,上海书店出版社 1999 年版,第 377 页。

之适当,尤为自有公墓以来,堪称最完善者。”①

山庄在改建之初,专葬广东人,抗战前后,上海市不少富商、名人也纷纷至此择穴安葬,山庄价格昂贵,成为上海有名的豪华墓园。“墓穴除特等外,再分甲、乙、丙、丁四等。面积为甲等:8 米×10 米、10 米×10 米;乙等:5 米×6 米、6 米×8 米;丙等:3 米×5 米、4 米×4 米;丁等:1 米×2 米、1.5 米×2.5 米、2 米×4 米。每等又按地段、环境、朝向、风水等条件,再分 3 级,形成四等 12 级的格局,按质论价,相去悬殊,反差很大。”特等坟地需数千银元,而丁等 3 级墓地也要五六十元。因此,安葬于联义山庄的多是富贵名流之辈,庄内一些墓地富丽堂皇,气势非凡,如南洋烟草公司简某购筑的八妻九穴的“九龙墓”和永安公司老板郭某的墓穴,占地均近一亩;另有一个“七星墓”更是十分豪华,建有厝置棺柩的地下室,因墓主姓唐,故又名“唐庄”。②此外,被暗杀的民国元老唐绍仪、国民党上海市市长吴铁城的父母等,均葬在占地面积广阔的豪墓、大墓中。③

绝代风华的一代影星阮玲玉也安葬于联义山庄。1935 年 3 月 8 日,阮玲玉在住所自杀身亡,11 日在万国殡仪馆入殓,14 日出殡,安葬于联义山庄。自 11 日入殓后,前往万国殡仪馆瞻慕其遗容者,总计十余万人之多。出殡当天,胶州路上,自发聚集的群众不下数万人,以致无法通行,不得不由大批探捕维持秩序。12 时许,前往执绋者已聚集在灵堂前的草地上,主要为联华和各影片公司之从业人员及阮玲玉的朋友三百余人。下午 1 点 10 分,“由道士一名鸣铙钹作法事”,随后由联华公司职员十二人与两名西人共同舁棕上灵车。出殡的次序为:书有“艺人阮玲玉之丧”的白布黑边大字横额作为前导,接着是上海孤儿院全班乐队,然后是遗像车、灵车,遗像车上面置有阮玲玉的大幅遗像,高约六七十寸,最后为送丧车三十辆。下午 2 点左右,送殡行列从万国殡仪馆出发,灵车所经之处,街道阻塞,徒步或乘车前往

① 《联义山庄地藏殿落成》,《申报》1926 年 9 月 6 日,第 16 版。
② 吴越、李裕春:《闸北殡葬业寻踪》,吴汉民主编:《20 世纪上海文史资料文库 · 第 9 辑 · 宗教民族》,上海书店出版社 1999 年版,第 377 页。
③ 邢建榕编著:《老上海珍档秘闻》,上海辞书出版社 2007 年版,第 80 页。

联义山庄者,络绎达数里。4 点左右,灵车抵达联义山庄,人们将她的遗像迎入山庄的联义堂。阮玲玉的夫家以茶点招待执绋人员,先到者已有数千人。阮玲玉的墓穴,位于山庄北部,以水泥为圹,深二尺左右。“当阮榇入圹前,原拟开棺作最后之瞻视,但因当时围观者过众,恐秩序难以维持,未果,即覆以石板,又以水泥固封,葬事乃毕。”联义山庄“甬道颇修阔,布置尤多园林情趣,益以初春,如茵芳草,绿柳红桃,似颇适于艺人之长眠也”①。阮玲玉的葬礼十分隆重,《纽约时报》驻沪记者见状极为感动,特为报道说:“这是全世界最伟大的哀礼。”②

(2) 广肇山庄

广肇山庄是当时上海仅次于联义山庄的同乡团体公墓。1872 年,广州、肇庆两府在新闸大王庙创建广肇山庄。后因租界当局于该处筑路,遂于 1899 年迁至闸北叉袋角地带建筑办公场所,并筑丙舍和专用码头,办理同乡厝柩事务。③因连年发展,土地不敷使用,1924 年在闸北购地 300 余亩,筹建新山庄,“仿万国公墓办法,另辟七千穴地为模范坟场”。④后来又续购 100 余亩,“半为公墓,以资模范;半为义冢,以惠贫寒。沿途开辟马路,建筑桥梁,车马得直达山庄。”1931 年 9 月 20 日,先后历经六载,花费数十万金,占地 500 余亩的广肇新山庄终于告成。⑤广肇山庄内建有厝柩所、土地堂、地藏殿、敦梓堂、祭亭、诵经堂等建筑。⑥山庄经逐年扩展,成为当时上海市规模最大的公墓之一。

“一·二八”事变后,广肇公所积极支援抗战,提取公积金 57 000 余元用于各项救援活动,其中包括购置广肇山庄土地 2 亩送世界红十字会中华东南分会上海总办事处,作掩埋大场、庙行、江湾等处伤亡军民遗骸之用。⑦

---

① 《阮玲玉昨日殡葬》,《申报》1935 年 3 月 15 日,第 11 版。

② 王钦韶、宁静主编:《中华现代名人掌故(1911—1965)》(下),河南人民出版社 1994 年版,第 620 页。

③ 吴越、李裕春:《闸北殡葬业寻踪》,吴汉民主编:《20 世纪上海文史资料文库 · 第 9 辑 · 宗教民族》,上海书店出版社 1999 年版,第 378 页。

④ 《广肇公所特别会议纪:捐助粤灾款,筹建新山庄》,《申报》1924 年 8 月 4 日,第 14 版。

⑤ 《广肇新山庄行落成礼,占地五百余亩》,《申报》1931 年 9 月 22 日,第 15 版。

⑥ 薛理勇:《丧葬习俗》,上海文化出版社 2011 年版,第 176 页。

⑦ 郭绪印:《老上海的同乡团体》,文汇出版社 2003 年版,41—42 页。

从中反映出旅沪同乡团体将爱桑梓与爱同胞结合在一起,使得公墓具有了一定的民族主义色彩。

(3) 潮州八邑新山庄特别公墓

潮州八邑山庄特别公墓由上海潮州会馆所建。上海潮州八邑山庄,原在上海八仙桥法租界华格臬路附近,占地10亩2分5厘。山庄内有不少潮人墓地,但没有全部使用,留有大片空地。后来山庄日渐繁荣,会馆董事会拟将其出租或出卖,另买一所潮州八邑山庄。随后法租界越界筑路,征用八仙桥潮州八邑山庄土地开辟马路。上海潮州会馆于1917年5月20日开会商议对策,经多次讨论,决定要求法租界当局赔偿地价及迁坟费用,同时着手购置新山庄事宜。潮州会馆于1922年4月至10月,经数次召开董事会会议,议决购买闸北一片约87亩的园地,售价每亩480两白银。1923年9月,上海潮州八邑新山庄建成,位于上海江湾张三桥,庄内有殡舍60多间,供停放灵柩。①

上海潮州会馆"鉴于同乡旅沪人士,遇有丧葬大事,辄感困难,专为利便潮州旅沪同乡丧葬起见",在八邑新山庄内辟地10余亩,建筑特别公墓。"举凡潮州八邑旅沪人士,均得购穴营葬,惟外帮人不得假冒。"②公墓建制则"仿万国公墓办法"③。

公墓分为左右两大区域。进大门后,沿幽静小道往右那一大片墓地,每穴都种有常青树,墓碑上都有一瓷画像,有彩色的,也有黑色的。像的大小规格都是清一色的。墓碑皆按潮人风俗刻写,但有一两块墓碑除写汉字外,还写有洋文。据守护山庄的人称:"可能是这位先生讨了个洋人当夫人的缘故,因此,墓碑上用'中西式'来写,以满足其洋夫人的愿望。"墓穴排列整齐,墓道也打扫得非常干净。这一边的墓地,看起来都是有钱人家。左边墓地都没有栽种常青树,墓碑上也没有画像,后面还有一大片长着草的空地。④

---

① 周昭京:《潮州会馆史话》,上海古籍出版社1995年版,第46—49页。
② 周昭京:《潮州会馆史话》,上海古籍出版社1995年版,第227页。
③ 《潮州会馆议案备查》,上海市档案馆藏,档号:Q118-9-8。
④ 周昭京:《潮州会馆史话》,上海古籍出版社1995年版,第46页。

潮州会馆制定《上海潮州八邑山庄特别公墓简章》，对墓穴、营葬、墓园等事务均有明确规定：公墓每穴长12尺，宽6尺，每穴地价大洋35元，另加养坟费大洋7元。购穴人无论是预定寿穴，还是即时营葬，一经购定之后，不得退换。购穴时，须将地价及养坟费如数缴清，由会馆给予收据，而且要在最短时间内，将所购之穴，竖立界石，以资辨别。公墓章程对购穴者作了一些限制性规定，公墓备有详细的墓图，墓穴挨次编号，购穴人须依照所编号码，循序认购，不得任意凌越，自由选择，以免混乱。购穴人如欲选择地点，须经董事会议决，准予选购成丘，不准选购零穴，其选购之地价照原价增加两倍，以杜纷争。每穴限葬一棺，为公共卫生起见，要求葬户务必妥为营葬，"其棺盖须距离路面平线1尺以下，不得浮厝"。为注重形式观瞻起见，不得沿用旧式土坟，其圹之构造，分为三种：一种是用长方形石块筑成；一种是用水门汀及三合土制成；一种是用砖头横排，以水门汀砌成，内外再用水门汀刷光，葬户可任意选择其一。该项工程，葬户可以自己筑造，也可委托山庄代造，如用水门汀刷光里面者，每圹定价洋85元，如内外面均欲刷光者，每圹定价洋100元。公墓雇有园丁对墓园加以维护，"各葬户于墓地上种植树木，不得荫过邻户范围，如有枝干横生荫过者，本公墓园丁，得随时剪除之。"公墓所种花卉树木，无论何人，不得攀折移动，违者估价赔偿。公墓所有职员和园丁等都有工资，营葬时，除葬户自愿送给酬劳费外，不得向葬户索取分文。①

潮州八邑新山庄特别公墓制度完备，管理完善，在一定程度上吸收了租界公墓的管理模式，符合现代文明的需要，已经具备现代公墓的特征。

中国电影事业的开拓者、我国最早的电影编剧和导演之一郑正秋，1935年7月15日逝世，即安葬于潮州八邑山庄公墓。②

（4）江西公墓

1926年，"为爱惜土地，提倡文明制度起见"，江西会馆将原有上海徐家

---

① 周昭京：《潮州会馆史话》，上海古籍出版社1995年版，第227—228页。

② 中国人民政治协商会议潮阳市委员会、《潮阳文史》编辑委员会编：《潮阳文史》（第11辑），广东省潮阳新华印刷厂1994年12月印制，第24页。

汇东首徐长桥江西义冢划出一段改造为公墓，是为江西公墓。①江西公墓建有600穴，每穴收银50两，“办法及一切规模悉照万国公墓”。②会馆定有公墓章程，规定“每穴长一丈二尺，阔六尺”，“营葬于本公墓者，其葬式及方向须按照规定办理，以归整齐，工料则听自行选择，惟至少须一百元；营葬于本公墓者倘事前未与江西会馆妥洽一切，而擅行葬入，即以盗葬论”。③公墓建成后，经营良好，“同乡前往定穴者颇多”④。

(5) 浦东公所公墓

浦东公所为“奉南川三县及上海宝山之浦东人旅沪公共机关”，以“联络同乡情谊，举办公益事业为宗旨”，建设公墓为其主要业务之一。⑤

“近年旅沪同乡人数日多，如遇疾病身故，寄榇殡舍，则租金甚昂；回葬家乡，则地难遽觅。”有鉴于此，1926年，浦东公所为便利同乡旅榇起见，改良葬法，在浦东严家桥东首购地，创办浦东公所公墓。公墓分甲乙两区，甲区公墓坐落“严家桥东首二十四保副十五图常字五十一号内田一亩六分”，属于公益性公墓，概不收费，“俾无力营葬者，皆得共安宁穸”。乙区公墓坐落“严家桥南首上邑二十四保十三图五字一百九十四号、一百九十五号及二百号内，共田九亩一分八厘九毫”，为经营性公墓，“照所用地址大小，酌收地价，俾有力营葬者，不必另觅岗丘”。两区公墓均“援仿万国公墓办法，公排营葬，并无风水俗忌，以节费用，而省地基”⑥。

甲乙两区公墓对墓穴面积、葬法及墓园的维护均有相关规定：甲区公墓墓穴面积“每棺二具，定为南北宽四步，东西宽二步，棺数多寡，照此比例推算”。穴深以棺盖与地面相平为度，墓顶填泥高二尺，上立石碣。各墓形式须统一，不得任意参差。每年清明公祭一次，无主棺柩由公所派人代焚冥镪，并挂纸钱，以慰幽魂。“墓田四围，应结枝杨以代墙壁，不得任使牛羊入

①③ 《上海江西会馆征信录》，上海市档案馆藏，档号：Y4-1-654。
② 《江西会馆董事会纪》，《申报》1926年5月18日，第14版。
④ 《江西公墓开始营工》，《申报》1930年12月11日，第16版。
⑤ 《浦东公所民国二十年第十三届征信录》，上海市档案馆藏，档号：Q203-2-47。
⑥ 《浦东公所购得公墓基地》，《申报》1926年6月17日，第15版。

内作践，其有空地限种蔬果一项，示与寻常田亩及义冢有别。”墓地建有三间房屋，雇用一名管墓人看管、照料。①

乙区公墓占地面积以“一夫一妇二柩为标准，规定南北宽六步，东西宽四步”。墓穴深度以棺盖与地面持平为度，墓顶填泥高二尺，上面种植麦冬，周围种植四株柏树，并立石碑为志。各墓形式须统一，不得任意参差。墓地四周结枝杨以代墙壁，不得任由牛羊入内作践。公墓初建时，葬者尚少，园内空地限种蔬果一项，不得栽秧植棉，以有别于寻常田地。公墓建有房屋五间，“中堂一间为礼堂，两次间分作办公室及驻守员卧室”。公墓每穴地价银40元，照章纳费，即可营葬，但以浦东公所范围内旅沪同乡为限。②

浦东公所公墓实行档案化管理，甲乙两区公墓内每年安葬的棺柩应在浦东公所征信录内列表附载，以备查考。公所内设有公墓办事处，负责相关事宜的接洽。浦东公所甲乙两区公墓的设立，使得“无论有力与否，皆得埋胔掩骼，以慰幽魂”。公所认为该项公墓也是一项慈善事业，为力求永久，规定“此项公墓，不得擅自作践，该地既属公有，无论何人，不准擅自变卖，以垂永久而维善举”。③

上述同乡团体公墓的出现，反映了同乡团体殡葬理念发生了变化，是移风易俗、走向文明的表现，对于推动移民适应都市生活起到了重要作用。

（三）公益团体公墓

中华民国建立以后，随着新式公墓的兴起，近代上海华界各职业团体逐渐参与到公墓的建设中来，以维护本行业职工的利益。这类公墓为公益性公墓，其中具有代表性的有：

1. 上海市警察公墓

上海市公安局长文鸿恩在任时，经调查，上海市公安局长警人数达五千人以上，颇能尽职奉公，“而本市地处冲要，事务繁难，职守所在，较其他市区责任为重。追溯历年来长警之捕盗伤亡及因公致命者颇不乏人”。尤其是“一·二八”事变发生时，随同军队作战阵亡之长警尤为忠勇。“夫忠贞亮

---

①②③　《浦东公所购得公墓基地》，《申报》1926年6月17日，第15版。

节,自古所称”,如今值此国家多难之日,以身殉职,“亟应加以旌表昭示来兹”。此外,积劳病故长警之遗榇“淹留未能归正首丘者,尤不胜枚举。缅怀遗烈,能毋怆然?”有鉴于此,1933 年,文鸿恩局长拟筹建警察公墓,“凡长警之在职身故,无力营葬,均为安葬,以慰幽魂。庶几在事者,既得观感有资,而已逝者亦复魂安入土。”①然而,后来因文局长病逝,未能实现此举。继任文朝籍局长,在任时间较短,也未能实现此计划。蔡劲军局长接任后,认为此项计划可行,“造福该局员警甚厚”,特呈请市政府指拨经费,积极筹建,购定漕泾区黄家花园西首地 30 余亩为墓址。公墓图样由董大酉建筑师设计,“最前为墓道,直达墓门,再内即碑亭,其后为丙舍,最后为墓地。墓地约可葬一千余人,包以围墙。全部工程,分别用钢骨、水泥、三合土、人造石等建筑。”警察公墓于 1935 年 10 月开始兴工,计划 1936 年春即完工。②

1936 年 7 月 27 日,上海市公安局颁布《上海市公安局警察公墓章程》,规定凡属该局职员、长警,因在职身故无力营葬,或因其家属请求,经核准者均可入葬。警察公墓分为甲、乙、丙、丁四区,每区有若干穴,每穴限定长十二英尺,阔七英尺,其深度以椁盖低于地平面半公尺,墓面高于地平面□公尺为准。在职身故之职员、长警须凭营葬执照,按照指定穴位安葬。职员、长警官阶不同以及因公去世或病逝,穴位的使用有所区别:“官佐因公致命者可领四穴,积劳病故者占两穴,墓前各立高三尺、宽一尺五寸之石碑一座。”“长警因公致命者,占两穴,积劳病故者占一穴,墓前各立高二尺、宽一尺之石碑一座。”营葬事宜须统一规范,墓面、墓穴式样,均照规定办理,如有另行建筑者,须呈经该局核定后方可动工。落葬后,如须迁葬别处,或修理、更葬,应由其家属先将理由呈报该局核准备案。公墓设管理员一名,看墓工人两名,受公安局第一科监督指挥,管理该公墓的一切事务。③

---

① 文鸿恩:《呈为筹建殉职长警纪念碑及警察公墓拟请饬土地局拨给公地详叙理由请核示由》,《警察月刊》第 1 卷第 2 期,1933 年 2 月 20 日,第 39—40 页。

② 《市公安局筹建警察公墓》,《申报》1935 年 10 月 7 日,第 9 版。

③ 《法规:上海市公安局警察公墓章程》,《警察月刊》第 4 卷第 7 期,1936 年 7 月 31 日,第 6—7 页。

2. 真如梨园公墓

民国初年，为了便利异乡艺人死后安葬，上海伶界联合会张润泉等京剧艺术家倡议举办义演筹建公墓，即真如梨园公墓。[①]梨园公墓内有不少伶界的名人，1918 年 9 月 23 日，中国京剧家、“汪派”创始人、“伶圣”汪笑侬在上海病逝后，就安葬在真如梨园公墓。[②]1922 年，张润泉病逝，也葬于真如梨园公墓，因其有功于公益事业，出殡场面甚隆重，其墓志铭为京剧大师周信芳题写。[③]

公墓墓碑上刻着死者的姓名、籍贯、年龄和丧葬年月，他们大都很年轻，年龄在二十岁到三十岁者居多，四五十岁的比较少。这些伶人及家属背井离乡，来到上海献技，期望能够荣归故里，不料生命之花早早凋零，客死异乡，令人怜悯不已。[④]

梨园公墓“将承担社会义务与争取伶界福利相联系”[⑤]，为上海异乡艺人的丧葬提供了便利，使之得以入土为安，具有一定的公益性。梨园公墓在形式和空间上与传统义冢有所区别，这些使得上海伶界联合会表现出明显的近代风尚。

3. 人力车夫公墓

上海人力车夫互助会为便利车夫的丧葬事务，特组织公墓小组委员会，商讨筹备车夫公墓。经议决遵照上海市政府规定地点，于 1936 年 6 月在宝山县购地约 6 亩，总价为 2 041.36 元，建成人力车夫公墓。[⑥]

(四) 纪念性公墓

1. 五卅烈士公墓

为纪念五卅惨案中牺牲的烈士，1925 年 11 月，上海工商学界联合会发起组织五卅烈士丧葬筹备处，并筹建五卅烈士公墓。公墓于 1926 年 5 月 30

---

①③　徐幸捷、蔡世成主编：《上海京剧志》，上海文化出版社 1999 年版，第 422 页。

②　赵山林、田根胜、朱崇志编著：《近代上海戏曲系年初编》，上海教育出版社 2003 年版，第 296 页。

④　徒言：《吊梨园公墓有感》，《福尔摩斯》1937 年 4 月 12 日，第 3 版。

⑤　姚旭峰：《梨园海上花》，上海人民出版社 2003 年版，第 33 页。

⑥　《上海交通运输局、搬运工会关于人力车夫互助会购买墓地筹备车夫公墓的会议记录报告和郑恒杰等卖地契约、过户证书》，上海市档案馆藏，档号：B154-4-180。

日建成,位于方家木桥,占地12亩。公墓内有置放烈士血衣的“血衣亭”,正面刻着大字“来者勿忘”,背面是蔡元培撰写的碑文和25位烈士的名录。碑亭后面是弧形烈士墓,一只石塑雄鸡独立其上。墓区内还建有一所五卅小学。①

2. 无名英雄墓

1932年“一·二八”淞沪战争爆发,在全国人民抗日热潮的推动下,驻沪十九路军奋起抗战,庙行镇成了战斗最激烈的地方。自2月20日至29日,日军集结3万兵力猛攻庙行镇、金穆宅、竹园墩、三百亩一线,十九路军和第五军以屋为营,掘地死守,直至总退却,日军未能越雷池一步。停战后,十九路军阵亡将官尸骨被安葬在南京紫金山麓,为纪念牺牲的三千无名战士,上海人民集资24余万银元,宝山各界捐地30亩,于1936年1月28日在庙行东南面落成“无名英雄墓”。墓碑高10多米,两层台基,内置烈士衣冠的石椁,用名贵的金山石制造,四周遍栽冬青花木,筑起围墙,并特辟“一·二八”纪念路,以供人们进出凭吊。墓地西面还有供劫后余生灾民居住的“庙行纪念村”。②

3. 邮工烈士公墓

1927年3月,北伐军抵沪,上海邮工热烈响应,参加铲除军阀工作,不遗余力。青年邮工杨龄奋身杀敌,于3月21日英勇牺牲。1932年“一·二八”事变发生后,上海邮工积极参加救国工作,如组织救护队、交通队等,邮工陆春华、陈祖德、潘家吉三人以身殉国。全国邮务总工会为表彰忠烈,凭吊英魂起见,特在南翔郊外,烈士殉难之处,购置墓地一方,建造烈士公墓,占地3余亩。③

1936年3月19日,乘全国邮务总工会第三次全国代表大会召开,全国邮工代表齐集上海之际,举行邮工烈士公墓奠基典礼,以志哀思而资凭吊。上午9点,全体代表百余人赴南翔参加邮工烈士公墓奠基典礼。典礼悲壮

---

① 上海市宝山区地方志编纂委员会编:《宝山县志》,上海人民出版社1992年版,第924页。
② 上海市宝山区地方志编纂委员会编:《宝山县志》,上海人民出版社1992年版,第921页。
③ 《全国邮工代表昨参加邮工烈士公墓奠基礼》,《新闻报》1936年3月20日,第9版。

肃穆,“墓地前端扎白布牌楼一座,上书‘千古不朽’;下面张挂白布横条,上书‘邮工烈士公墓奠基典礼’。墓地四周遍插竹青,中央设白布灵帏及祭台,上供四烈士遗像;前面树立石碑一方,上镌‘邮工烈士公墓’六字。”典礼程序主要有:“(一)奏乐;(二)全体肃立;(三)唱党歌;(四)唱会歌;(五)向党国旗及总理遗像行最敬礼(三鞠躬);(六)主祭恭读总理遗嘱;(七)向烈士遗像行最敬礼(一鞠躬);(八)静默三分钟致哀(鸣钟);(九)献花;(十)读祭文;(十一)奠基;(十二)插青;(十三)摄影;(十四)礼成;(十五)奏乐。”①

纪念性公墓是为表彰和纪念以身殉国的烈士而建,它不仅表达了对烈士的崇敬与记忆,同时被赋予了鲜明的民族主义色彩,彰显了国人民族主义意识的觉醒。

(五) 宗教团体公墓

为适应都市社会的发展,近代上海宗教团体也相继兴建公墓,为本教会的教友安葬事宜提供便利,具有代表性的宗教团体公墓有:

1. 佛教第一公墓

上海佛教第一公墓,是1935年10月上海佛教界释圆瑛、屈映光、关䌹之等发起创立的,位于宝山县真大路4号。佛教第一公墓的发起源于永安公墓举行的荐亡会。法会由圆瑛法师主持,远尘、容虚、可禅和尚、屈映光、关䌹之、潘时中、陈立贤、李经纬、沈彬翰等居士也受邀参加。法会圆满结束,在随后的宴席中,圆瑛法师等一致认为佛教界也应当兴办公墓,以满足佛教界新的要求。当时热心佛教事业的李经纬居士,在席间提出创办佛教公墓的计划,资金初定两万元,由参加法会的十个人平均认足,并且推圆瑛为董事长,远尘、屈映光为副董事长,李经纬为经理,陈立贤为副经理,潘时中为董事会秘书,其余人为董事及监察,“席尚未散,规模已具。”因此,“永安公墓圆满一斋,竟成佛教公墓开创之初基。”正如佛经所云:“法不孤起,仗境方生。”②

1935年10月,圆瑛法师、道尘容虚、可禅和尚、屈文六、关䌹之、李经

---

① 《全国邮工代表昨参加邮工烈士公墓奠基礼》,《新闻报》1936年3月20日,第9版。

② 游有维:《上海近代佛教简史》,华东师范大学出版社1988年版,第108页。

纬、沈彬翰、潘时中、陈立贤居士等，在大场乡真大路汽车路旁购地百亩，并呈请宝山县政府批准立案，发起创设佛教第一公墓:“沪上公墓已成立者，虽已有十余处，而纯粹佛化者，尚付缺如。且政府现正提倡公墓，禁止私墓，而佛教同人舍报后，更应有一共同安身之处，以期仗佛光明，早登极乐。”①

为呼吁佛界同仁共襄盛举，圆瑛法师等发表致同仁书，叙述创办佛教公墓的缘由:“原夫娑婆亦幻，劫临尚见分崩，露电终空，报尽更何留念，因缘和合，偶尔为人，解脱当前，认谁为我，观成不净，固已弃之如遗。法尚云无，尤应空诸所有。设为革囊作身后之计，似于大法招不达之讥，然思夫舍利报恩，能仁兴拜，前身酬德，天人散花，盖以苦海之残躯，用作莲邦之宝筏。彼虽非我，我则借之以登。德以推功，功则自应图报。征诸往圣之遗规，斯实来兹之要举。圆瑛等是以有创设佛教公墓之举也。”与此同时，圆瑛法师还介绍了佛教公墓的诸多特色:“念佛堂中，荐幽灵早登极乐;荼维场内，遵僧伽所制轨仪;塔建普同，伫安灵骨;幢镌地藏，长覆慈云;声彻铁围，幽冥之钟待扣，音传天籁，梵呗之奏常闻;栽四时花木之葱茏，筑一往道途之平坦，永为清净之所;高建纪念之厅;愿我缁素之佛徒，得托寂灭之净土。”最后，圆瑛法师等呼吁同人“慨予同声之助，共增胜上之缘，是则崇德报功，他日回寂光之微笑，尤使秋霜春露，孝思报顾复之慈晖，利己利人，兼顾无缺，出世入世，共济咸弘”。②

为规范管理，佛教第一公墓制定《佛教第一公墓章程》，共九章，对公墓的组织、建设规划和各项管理规章均有详细的规定:

公墓由佛教同人发起组织，“以舍报归真，普利冥阳”为宗旨。公墓设董事长一人，副董事长一人，董事兼秘书一人，董事兼经理一人，董事兼副经理一人，董事三人，监察一人。凡热心公益，提倡佛教者，经董事会议决，聘请为名誉董事。董事、监察由本公墓发起人互相推选。董事会除处理基金另

① 《圆瑛法师等发起创设佛教公墓》，《佛学半月刊》第121期，第6卷第4号，1936年2月16日，第122页。

② 《为创设佛教公墓谨启同仁书》，《佛学半月刊》第122期，第6卷第5号，1936年3月1日，第14页。

有规定外,主持本公墓一切事项,其中正副经理对董事会负责,办理公墓业务及管理上一切事项,监察人监察公墓一切事项。①

公墓建设与规划方面,除划定穴地,建筑道路,栽植花木及建造办公处所、寮房、厨房等外,拟逐次建设以下项目:(甲)念佛堂,正中供奉阿弥陀佛立像,两旁设立莲位,延请真实发心之比丘居士常川念佛,以期超荐幽灵,早登极乐。"如欲供设莲位超荐者,一次邀功德基金法币一百圆,其利息为庄严佛堂、香花灯烛及供养本堂念佛之比丘居士一切费用。"(乙)殡舍,建筑若干间高爽平房,供停寄灵柩,一切设备整肃清洁。(丙)地藏殿,供奉地藏王菩萨。(丁)荼毗场,遵照佛教仪式举行火化。(戊)大礼堂,以备公墓举行各项道场及葬户开追悼会、领帖祭祀之用,两旁附设四间客房,为宾客休息场所。(己)普同塔,划分为四部,分别安置四众骨坛。(庚)经幢,以细石砌成,四周刻《地藏菩萨本愿经》全部,以期见闻得益。(辛)钟楼,置巨钟一口,按时击撞,以利幽冥。(壬)纪念厅,用来陈列本公墓或被葬者各项有关物品及照片等,以志纪念。(癸)其他慈善事业,随缘举办。②

有关墓穴方面的规定包括:公墓划分成若干区,并以佛教名山道场命名,如天童区、九华区等。每区分若干穴,每穴长四公尺(市尺十二尺),阔二公尺(市尺六尺),绘有墓穴详图,并编列号数,供购穴人选择,一经选定,不得退换。每穴收地价国币五十元,保养基金二十元,一次性交足。凡欲购穴者,应填写购穴申请书,连同地价及基金,送交公墓办事处,然后获取收据及由董事长、经理署名盖章之墓穴证书为凭。墓穴证书如遗失可以按要求申请补办。墓穴可以转让,但购穴人须填写转让申请书,经公墓办事处审核后,方可转移,再获取新证书,每穴征收手续费国币一元及印花税。公墓档案健全,置备墓穴证书总册,除编列号数外,并将购穴申请书所载各项详细登录,以备考核。此外,为公益起见,公墓划出百分之五为免费穴,经公墓董事会核准,可免费安葬。③

---

①② 《佛教第一公墓章程》,《佛教日报》1936 年 3 月 17 日,第 3 版。

③ 《佛教第一公墓章程》(一续),《佛教日报》1936 年 3 月 18 日,第 3 版。

章程对墓制作了限制性规定:每穴限葬一棺,“惟金塔或骨坛,每穴得葬二具,如一棺占用两穴以上者听,但至多不得过六穴”。“坟椁应用砖石或钢骨水泥造成之,不得沿用旧式土坟及浮厝等类”。“墓穴围垣高不得逾一公尺,穴基深度以椁盖低于地面为准,墓穴地面,无论填泥铺石,其高度不得超过半公尺,墓穴上面不得建造任何房屋式之建筑物”。“各种塔幢、坟椁、墓碑、坟围、墓上花树、石料,及其他窆葬事宜”,均可委托公墓代办,价格低廉。塔幢墓碑等,绘有图样,形式多种,可供葬户自由选择。葬户如自办上述工程,须先将图样交由公墓阅核后,方可动工。“建筑料房,须得本公墓允许,其工人须遵照本公墓一切规章,不得有违警律。”①

有关安葬事项的规定有:“穴主欲运送荷花缸或灵柩至本公墓安葬时,须检同墓穴证书送交本公墓审核登记后,领取安葬凭单,俾可将荷花缸或灵柩运入墓地”;荷花缸或灵柩运至公墓时,先行安置于祭祀堂中,“并由念佛堂比丘居士上供回向,然后运至墓穴安葬或殡舍暂寄”。“葬户欲将已葬者迁葬他处,必须呈请主管官署之核准批示后,检同该号墓穴证书,送交本公墓审核取消之。该号墓穴无论原葬者之直系亲属与否,一概不准重行安葬,以杜流弊。”②

公墓建有殡舍,供停寄灵柩。章程规定葬户须填写寄柩申请书,觅具保证人,经公墓核准后发给寄柩证,方可将荷花缸或灵柩送入殡舍,并安置在指定地点,缴纳寄柩费,十天以内则不收寄费。公墓殡舍之荷花缸或灵柩如逾期不葬,或不续缴寄费,或通知迁移而不遵办者,公墓将代为安葬,其费用由寄柩人承担。停柩如遇到意外不测,如天灾人祸,公墓概不负责。③

章程对祭扫及荐度也有规定:公墓专门雇有园丁修理花木,洒扫道路,使墓园保持整齐清洁。葬户家族可随时前来祭扫,但须在指定场所焚化锭帛,不得随地焚化。葬户家族祭扫时,所需香烛祭品及筵席便餐,如委托公墓代为办理,须提前两日预定,并缴纳相关费用。“本公墓每年清明冬至时各举行佛七七永日,各穴主均得随喜参加。每年七月礼地藏忏一永日,施放

① 《佛教第一公墓章程》(一续),《佛教日报》1936年3月18日,第3版。
②③ 《佛教第一公墓章程》(二续),《佛教日报》1936年3月19日,第3版。

瑜伽焰口一堂。”①

公墓设有基金，以维持永久。章程规定公墓基金分为两种：(甲)保养基金，息金用于维护公墓整洁、修理及常用开支。(乙)功德基金，息金用于公墓念佛堂一切开支。上述基金设委员会管理，基金管理委员会由公墓董事互推四人、穴主投票互选五人，共计九人组成，任期三年，可连选连任，基金管理委员会委员为义务职。公墓收入，除墓穴地价充作开办及建设之用外，所有基金不得动用。公墓基金处理，须经基金管理委员会七人以上议决。息金每半年拨给办事处，分别充作公墓的维护、常用开支及念佛堂费用。基金保管委员会有审查本公墓基金利息收支权利。公墓收支，每月造报一次，开办及建设费用每半年造报一次，均由董事会审核后移交监察人，会同会计师核定。②

此外，章程还规定公墓每年举行穴主交谊会一次，以资联络，并共同商讨公墓改进事项。舆马、车辆除柩车外，非经公墓特许不得驶入墓地。公墓所栽树木花草，不得攀折践踏，违者估价赔偿。公墓茶役、园丁有工资收入，除规定给赏外，不得向葬户索取，违者查明斥退。③

购定地基后，佛教第一公墓即按章程开始兴工，“开辟道路，安设阴沟，四周掘成长浜以利出水，种植树木数千株。于八个月中，门楼、钟鼓楼、办公室、陈列室、寄柩所、祭堂、念佛堂等先后落成。在大门口，建七如来幢一座，并布置石翁仲一对，及石狮子、石虎、石羊、石灯塔等多对。又在各处筑茅亭数座，掘放生池，堆假山石，巍峨辉煌，矗立于真如大场、两镇之间。”④公墓工程至 1937 年 7 月基本完工。⑤该公墓规模初具后，售出墓穴即超过半数。正拟加紧建筑，补购墓地，适逢日寇逼境，战火蔓延，致使预计的大礼堂、纪念厅、地藏殿、殡舍、荼毗场、普同塔、寮房等工程，均告停顿。⑥

---

① 《佛教第一公墓章程》(二续)，《佛教日报》1936 年 3 月 19 日，第 3 版。
② 《佛教第一公墓章程》(三续)，《佛教日报》1936 年 3 月 20 日，第 3—4 版。
③ 《佛教第一公墓章程》(三续)，《佛教日报》1936 年 3 月 20 日，第 4 版。
④ 《佛教公墓概况便览》，出版地与出版时间不详，上海图书馆藏。
⑤ 《真如佛教公墓全部建筑告竣》，《申报》1937 年 7 月 2 日，第 16 版。
⑥ 高振农：《上海佛教概况》，吴汉民主编：《20 世纪上海文史资料文库 · 第 9 辑 · 宗教民族》，上海书店出版社 1999 年版，第 10 页。

佛教第一公墓不同于普通市民的公墓,墓园内的建筑设施及墓区布局均取自佛教界习尚,佛教色彩浓厚。

(1) 牌楼(门楼)。进入墓园内,首映眼帘的是“黄色灿烂古宫殿庙宇式之牌楼在焉,楼檐为黄绿相间之琉璃瓦建筑”。牌楼正中悬有朱漆金字“佛教第一公墓”六字,为林森主席所题,字体恭正端严,令人油然而生诚敬之心。两旁圆门横额,则系王林长,一老居士所题“舍报”“归真”四字。牌楼后面有叶玉甫居士所书横匾:“成就如是功德庄严”。①

(2) 七佛如来宝塔。门前建有七佛如来宝塔一座,其莲座中镌有文曰:“七佛功德聚,妙高庄严塔,翘勤不忍舍,右绕逾千匝,愿以精进心,成就莲邦业。”诵之,足以让人“发心精进,修行持斋,念佛求生净土!”大门两旁分立翁仲石像,拱手执笏。墙壁刻有袁希濂居士所书《增一阿含经》偈文:“一切行无常,生者必有尽,不生则不死,此灭为最乐,一切归于尽,果熟亦当堕,合会必当散,有生必有死。”“诚道破四大皆空,毕究无我之真如法性,洵为我佛慈悲度生之开示也。”②

(3) 纪念幢。公墓内建有“皈依佛、皈依法、皈依僧之纪念幢一座”,据说是佛学书局经理沈彬翰居士为其西逝之夫人所建,“亦所以欲使凡入此公墓者,咸皈依三宝发菩提心也。”③

(4) 钟鼓楼。内置巨钟一口,按时撞击。④

(5) 念佛堂。念佛堂为钢骨水泥二层楼,堂中供奉阿弥陀佛接引像一尊,两旁各设宝龛一座,以备供奉莲位,或安置神主。念佛堂延请僧众数位,“日夜虔修早晚功课各一堂,并念佛四支香”,“俾葬本公墓及附供莲位者,常闻佛声,超生极乐”。此外“除每日在莲位前上香外,并于清明、中元、冬至各举行佛七七永日,并集体祭先一次”。公墓提倡丧家在念佛堂内供奉莲位,“可免在家逢节祭祀之烦,并令亡者常闻佛声之益”。而不在该公墓安葬者,也可于佛堂内“设位附供,同沾法益”。供奉莲位,可一次性缴费,还可“协商

---

①②③ 杨欣莲:《佛教第一公墓记游》,《佛学半月刊》第139期,第6卷第22号,1936年11月16日,第19页。

④ 《屈文六等发起佛教第一公墓》,《申报》1936年3月21日,第11版。

分期缴付”。[①]念佛堂梵音清越，“住此间念佛之僧众居士以及职员人等，得此清静环境，可以专心修持，深植净因，利己利人，他日大愿圆成，则无量人海，归宿有地，受益无穷也。”[②]

（6）石碑。墓园内西门有大石碑一座，“一面刻史居士隶书《阿弥陀经》一卷，一面镌王一老敬绘阿弥陀佛接引法像一尊，展拜恭读，不禁向往莲邦。”[③]

（7）墓区。墓道旁竖石，以天下名山胜迹标立名称，如“天目、庐山、狼山、天台、鸡足、终南、普陀、峨眉、五台、九华”，以区分墓穴所在，秩序井然，“引领遥望，或如卍字，或若丁字，或似正字，鸿沟划分，颇觉整美”。[④]

佛教第一公墓的安葬对象不限于佛教徒，“如亡者生前虽信佛法而未受过三皈依者，或并不信仰佛法者，亦得购穴安葬，盖佛教以慈悲为本，方便为怀，凡有归向者，无不乐于接引，以符普利众生之大愿耳。”此外，佛教第一公墓以慈悲为怀，特辟有免费葬区。[⑤]佛教第一公墓的建立，不仅给佛教徒的丧葬提供了便利，同时也有助于佛教的传播。佛教第一公墓也由此而享有盛誉，被誉为“佛教界空前之伟大建筑”[⑥]。赵默生居士则谓“此种佛教公墓办法，于国民经济，佛法前途，均大有利益，诚属不可思议功德云”[⑦]。

佛教第一公墓是宗教界公墓的典范，宗教色彩鲜明，设施齐全，章程完备，组织管理完善，符合现代文明的特征，有助于推动佛教界丧葬习俗的改良，是佛教由传统走向现代的重要标识。

2. 天主教公墓

天主教传入上海，可追溯至1608年意大利籍传教士郭居静应徐光启之邀而来上海传教。上海天主教公墓以息焉公墓为代表。

1929年，著名天主教人士马相伯、朱孔嘉、王宝仑、潘世义、何理中等创

---

①⑤ 《佛教公墓概况便览》，出版地与出版时间不详，上海图书馆藏。

②③⑦ 杨欣莲：《佛教第一公墓记游》，《佛学半月刊》第139期，第6卷第22号，1936年11月16日，第19页。

④ 《重游佛教第一公墓》，黄鸿初主编：《蜗牛居士全集·诗文杂著》，上海丁寿世草堂，1940年7月，第6页。

⑥ 《真如佛教公墓全部建筑告竣》，《申报》1937年7月2日，第16版。

办息焉公墓,并于1931年8月29日立碑为记,即《息焉公墓碑记》。碑记陈述了公墓的创办缘由:"慨自轮铁遍地球,而飞航一星期可环游,通商大邑如上海者,势将主客参半,而礼教渐融,新受福音者亦必日众,众则父子夫妇皆受洗,而考终断不可必,将令同室不同穴耶?为人后者何忍!且过客有教友焉,教职焉,将令如南京主教等坟无主管而同失其所在耶?因发起息焉公墓。"碑记还介绍了息焉公墓的规划与设备:公墓位于沪西新泾港,交通便利,地质高燥,"得此爽垲,死者得安葬,生者得安心"。经过两年的筹备,息焉公墓陆续建有圣堂,"取圣母升天者,盖因厄娃第一人,而人皆有死;因其第二,而神形得再生复活之福音,此仁者所以息焉而不终于伏也"。其他建筑,"如会葬所、追思台、苦路通功,及松楸等等,无不应有尽有"。公墓经上海市政府备案,按公墓制度开辟墓穴,"略分等第,既便普及,兼备常年经费,用垂永久"。①

息焉公墓的发起旨在昭示人们将来也能像圣母一样灵魂肉身同升天堂。"信人之死,死而葬是一件快慰事。因人死而葬,不特为肉身得至安所,且为灵魂获得登天国之道路。天国非他,乃吾人之家乡,归到家乡去,岂不是一件快慰事!"②

为加强管理,1929年6月,《上海天主教息焉公墓管理规则》《息焉公墓认穴条件》,经上海市政府核准颁布,有如下规定:

首先,规定了公墓的组织管理制度。公墓发起人组织董事会管理公墓事务,董事任期三年,连举可连任,董事必须是在上海有职业者。公墓常年经费由董事会或由董事会委任之管理员负责开支,每年造具报告,于阳历11月举行公共追悼当日予以公布。③

其次,详细规定了墓葬制度:每穴长三公尺六十六分,宽一公尺半十三分;深度一公尺三十五分,使棺木底部可以高出常年最普通潮水线三十七公

---

① 马相伯:《息焉公墓碑记》,方豪编:《马相伯先生文集续编》,上海编译馆1948年版,第81页。
② 《上海何理中先生发起建筑之息焉公墓》,《圣教杂志》第20卷第10期,1931年10月,第634页。
③ 《上海天主教息焉公墓管理规则》,《上海天主教息焉公墓》,出版地和出版时间不详,上海图书馆藏。

分，以便地质保持干燥。筑圹须用水泥、砖石等建筑物，以不渗漏液体为度，不得沿用旧式土坟。每穴限葬一棺，一棺可占多穴，但最多不得超过六穴。被葬者之姓名籍贯及殁葬年月日均须刊载墓碑，以便查考。公墓为非营利性质，专为教友营葬便利而设，“其穴价以全部地价及全部公共设备建筑用款之总数，比例穴数平均扯计”，非天主教教友则一概谢绝。公墓建有圣堂一所，以备追思祈祷之用，不收租费，但须先期通知管理员，以便安排日期。为永久起见，规定非墓主自愿并呈准有关管理机关，公墓不得自由起掘。所有墓地契单由董事会刊印“地系公墓，永远保存，无论何人不得处分”字样，装订成册并编号，妥存指定银行保管箱内，并呈请市政府土地局及登记官厅分别登记。①

再次，对于购穴有着特别规定，“凡向本公墓认购墓穴须遵照认购书填具择定墓穴号数，认购人之姓名、籍贯、住址、职业等，由本人署名盖章，经本公墓审核认可”。购穴人缴清地价后，由本公墓发给墓穴证书，安葬时凭证书填具安葬书，“照书履行方可安葬”。认穴证书不得抵押或转卖，认定之后也不得退还。②如证书遗失，可申请补发，但须请保证人填具保单声明，并登报三天，在两个月内无第三者异议，方得补给新证书。此项证书每张收费洋一元，另加印花税费。墓穴一经认购，不得自行转卖、过户，如已葬墓穴日后欲迁葬他处，则该墓穴应由公墓无价收回。③

此外，为维护公共卫生，对于寄柩也有限制性规定：公墓建有五间丙舍，为那些已经购穴但不能及时营葬的葬户提供寄柩服务，每间限寄柩四具，但须先将死者病因、棺木材质报告董事会，经指定医师审查许可；④寄柩者还要将墓穴证书及安葬书一并送交，并将穴价、寄费及一切安葬费用缴清后方可停寄。⑤停寄时间应遵照卫生部颁订《取缔停柩暂行章程》规定，最多不得超过六十日；⑥如过期不葬，由公墓代为安葬。⑦

息焉公墓建筑规划特色鲜明，宗教气息弥漫。公墓大门设在马家桥东

---

①②④⑥　《上海天主教息焉公墓管理规则》，《上海天主教息焉公墓》，出版地和出版时间不详，上海图书馆藏。

③⑤⑦　《息焉公墓认穴条件》，《上海天主教息焉公墓》，出版地和出版时间不详，上海图书馆藏。

堍,门首有马相伯手书的“息焉公墓”横额,桥西堍也有“上天之门”的横额,墓区内有 14 处高若真人的铜铸耶稣受难像。息焉公墓内的圣堂,又称安息堂(位于今长宁区可乐路 1 号),为天主教徒举行安葬仪式祈祷使用。安息堂是由匈牙利建筑师邬达克设计,拜占庭式建筑,建筑面积 239 平方米,“教堂圆形屋顶呈曲波形,顶高 10 米,面覆铜质板材。安息堂分三层收分,顶层平面圆形,上列 14 个尖券组成圆顶,底层平面亦附有半圆球面建筑,形态十分精美。一、二层楼地面均为彩色花岗岩面层,用地四周筑有尖券的围墙。”堂的北面有大钟楼 1 座,内有铜钟 4 只,鸣时声闻 10 里。“钟塔为罗马式风格,有哥特式尖券窗,外墙面土黄色水泥砂浆粉刷,划鱼鳞纹。大堂四角有四根束柱,上承帆拱和穹顶。”安息堂北有停尸房,尸体通过地下通道入安息堂供祭拜。①

息焉公墓在丧葬礼俗上也呈现出浓厚的宗教特征,如 8 月 29 日是息焉公墓圣堂祝圣日,惠主教亲自行礼,举行圣祭,届时有许多神父、修士、修女及教友等参加。②11 月 2 日为追思已亡节,每年此时息焉公墓管理委员会都邀请上海惠主教于墓堂,即安息堂内举行圣祭,并在墓地举行追思典礼。上海众多教士、信友均前往参加。③

除了息焉公墓外,尚有青邑诸巷会天主教教友公墓,创办于 1930 年 3 月,墓址在中山路第一号桥堍,面积约 35 亩,资金为国币 3 万余元,墓地划分为三区,价格自 40 元至 60 元不等。④

3. 基督教公墓

基督教在上海传教始于 1843 年,英国伦敦会教士麦都思与雒魏林自舟山来沪传教后,成为基督教来华之先锋,其后英美教会纷纷派遣教士来沪,上海遂成为中国基督教事业的中心。圣公会、长老会、浸会和监理会是上海基督教中的主要流派。为解决教友的安葬,各派别均建有本教派的公墓。

---

① 张长根主编:《上海优秀历史建筑・长宁篇》,上海三联书店 2005 年版,第 89—90 页。
② 《上海何理中先生发起建筑之息焉公墓》,《圣教杂志》第 20 卷第 10 期,1931 年 10 月,第 634 页。
③ 《息焉公墓追悼祭礼》,《申报》1935 年 11 月 5 日,第 12 版。
④ 上海市政府秘书处编:《上海市市政报告・卫生》,上海市政府秘书处,1936 年 12 月,第 8 页。

如基督教会公墓、长老会八字桥公墓、圣公会公墓、浸礼会基督教徒墓园、天安堂公墓、旅沪广东中华基督教公墓、基督教协记乐园公墓、广东浸信会公墓等。其中以圣公会公墓最为典型。

圣公会公墓前身为教会创办的墓地,初建于 1902 年,墓址在闸北谈家桥,占地 14 亩,为非营业性质。①随着近代上海公墓制度的兴起,圣公会公墓于 1930 年制定了专门的章程,实施现代公墓制度,主要有以下方面的规定②:

(1) 公墓组织。公墓设有管理委员会,设主席一人,总理公墓一切事务;书记一人,负责记录及文牍;司库一人,管理公墓收支账目,将存款存入银行,并于年终报告;工务一人,负责公墓修理事务。以上委员期满后可连选连任。委员会每年于复活节及诸圣日前,至少召开门会两次,倘有特别事故,由主席临时召集会议。

(2) 公墓的占地面积。"每方长十英尺,阔五英尺";"坟墩高低不得逾平地三尺,须用泥土不得在本公墓内他处挑挖"。

(3) 售穴。为惠及众教友,公墓较普通墓地售价低廉,"每方十元,另加养坟费每方五元"。公墓对购穴数量有所限制,"如欲联购数方则自第二方起每方递加五元,至多以十方为限"。定购墓穴时,"须持介绍书,向司库纳价领据,安葬时须按收据内指定方位,不得更动,倘有误葬须立即迁移更正"。

(4) 安葬对象。凡上海圣公会各堂教友,经该堂牧师介绍后,均可葬于该公墓。他处圣公会教友如欲葬于该公墓,"须先得其本堂牧师或上海圣公会牧师二人之介绍及加倍纳价方可","倘非教友,则不得享有本公墓之额外权利"。

(5) 免费葬所。该公墓另辟地点,专为寒苦教友及儿童提供免费葬所。如欲享受此待遇,"须先得该堂牧师证明,并向司库领据方可,葬时须经工务委员指定,循序排葬以维秩序"。

---

① 上海市政府秘书处编:《上海市市政报告·卫生》,上海市政府秘书处,1936 年 12 月,第 8 页。
② 参见《上海圣公会公墓章程》,《诸圣堂月刊》第 1 卷第 6 期,1930 年 9 月,第 4 页。

(6) 葬事。“葬事告竣即须竖立墓碑以志识别,但不得碍及方外之地,至穷苦教友力不及此者,当由该堂牧师代为设法竖立,以昭一律。”“若欲栽植花木须限于购定方内,倘碍及方外即须除去。”“若葬后重迁移他穴者,则其所留之地当全数充公;若有预购方位临葬而不用者,则须咨照退购,并即持据向司库领还半价,不得私相委让,违者得将其墓地充公。”

除圣公会公墓外,旅沪广东基督教会建立的公墓也是上海重要的基督教教会公墓。如旅沪广东中华基督教会公墓,创建于 1918 年 5 月,占地面积 7.36 亩,共计 420 穴。墓穴分前、中、后三列,按等级进行收费,前列每穴五十元,中列二十五元,后列十元。又如广东浸信会公墓,1927 年创办,占地面积 5.05 亩。该公墓营葬对象不限于本教会友,但在墓穴价格上有所区别,会友每穴三十五元,非会友每穴四十五元。①

上海基督教会遵从教习,通常于清明节在公墓举行追思礼拜。如 1935 年 4 月 6 日,上海基督教长老宗鸿德、清心、闸北三堂会于八字桥公墓内举行纪念礼拜,参加者有李恒春、韦绍会二牧师,及三堂男女教友,约 300 余人。“各墓上均有鲜花陈列,甚为壮观”。仪式包括:(一)唱赞美诗;(二)祈祷;(三)读经;(四)韦绍会牧师讲道;(五)唱诗;(六)祝福。会上,除进行礼拜仪式外,还就公墓的相关事务进行了商议,由公墓委员会代表谢宾来长老报告 1934 年公墓收支款项清单、一年中公墓委员会经办各事项,以及公墓应予改善之处;并提议于本公墓内设一殡仪礼堂,以便贫苦会友借用,但由于经费浩大,一时难以筹措,拟将现有房屋略加布置,暂时应用。②

4. 伊斯兰教公墓

伊斯兰教自传入上海,历经元、明、清三代,清真寺与穆斯林人口数量没有明显增加。自 1843 年上海开埠以来,伊斯兰教开始通过各地穆斯林向上海转移,逐渐在上海传播,影响逐渐扩大。和穆斯林宗教生活密切相关的是

---

① 上海市政府秘书处编:《上海市市政报告·卫生》,上海市政府秘书处,1936 年 12 月,第 8 页。

② 天民:《八字桥公墓纪念》,《通问报》第 1635 期,1935 年 4 月 17 日,第 22 页。

伊斯兰教的公共墓地的建立。上海伊斯兰教公墓，俗称回民公墓、清真公茔，具有代表性的有：

（1）日晖港清真公墓

1861 至 1909 年间，上海热心于伊斯兰教公益事业的穆斯林人士集资在日晖港购进 30 余亩土地作为穆斯林的墓地。墓地分为八块，分别以孝、悌、忠、信、礼、义、廉、耻八字编号。1909 年，上海清真董事会成立，墓地统属该会经管，此后墓区不断得到扩充，从而组建成日晖港清真公墓。“八字编号”墓穴中，孝字地，1864 年建成，墓区 2.345 亩。我国著名武术家马永贞于 1880 年葬于该处。悌字地，于 1869、1878 年两次购得田地 3.395 亩。该墓地南面四分之三为公地，北面为三姓私人坟地，即沙序东、李光华、金八太爷。1960 年，悌字地全部为国家征用，改作卢湾区体育场。忠字地，是日晖港伊斯兰教墓区中占地最广的一块坟地，于 1882—1906 年间共购得田地 10.674 亩，此后又数次购进周围田地，扩充墓地。该地最后一次扩充是在 1940 年，共占地 23.19 亩。该墓地几经整饰，林木参天，环境幽静，似典雅的陵园。上海伊斯兰教界知名人士哈少夫、马长生、金子云、石子藩及爱国民主人士、复旦大学回族教授马宗融等均葬于此。上海清真董事会经理、公墓董事喇桂生家族在该墓地占穴最多，约 30 穴。辛亥革命回族烈士尹神武也埋葬于此。该墓地共有 4 000 多穴，于 1960 年被国家征用，改作卢湾区体育场。信字地，1895 年购得田地 5 亩，墓地北部为男穴，南部为女穴，西部下半段为小穴，上半段埋葬有印尼婆罗洲旅沪侨商之夫人等。礼字地，1907 年购得田地 3.198 亩，东半部于 1920 年葬满，西半部由于后来“八一三”抗战，租界成孤岛，市郊不能埋葬，全市中下层亡人均葬于此。义字地，1898 年购得田地 6.899 亩。廉字地，占地 5.367 亩。耻字地，先后于 1927 至 1929 年，分四次购进田地 8.128 亩。[①]

日晖港清真公墓除上述“八字编号”墓区外，还有一些未编号的墓区。

① 阮仁泽、高振农主编：《上海宗教史》，上海人民出版社 1992 年版，第 496—498 页。

如浜南特别墓地，由上海清真董事会于1917年购置3.005亩菜地建成，起初并未作墓地使用，农民继续用作菜地。至1929年，随着伊斯兰教墓地穴位的减少，经上海清真董事会决议，通知农民停止播种，作伊斯兰教墓地使用。这块地因未列入“八字编号”，所以称特别墓地。再如，沪南七家公墓，由七家穆斯林合资于1917年购置2.782亩土地建成，向上海清真董事会捐出0.4亩，其余供七家穆斯林丧葬之用。1920年代著名坤伶琴雪芳(孙绳武夫人)和鲁系军长马济之母，及广西督军陆荣廷之岳母等均葬于此。此外，日晖港清真公墓墓区还有地域性穆斯林集体购置的墓地，如沪南太和县新地公墓，由安徽太和县在沪穆斯林购买，专供该地区穆斯林亡人使用。①

日晖港清真公墓的资金主要来源于全体教友的捐资，1910年2月24日，上海清真董事会专门制定了《公茔集捐规则》，首先指明公墓的创办宗旨：一方面为破除风水谬谈，且“茔葬忌乎丛杂远年之湮没堪虞，培茔宜于整齐，他日之树封可志。凡此百年之要务，当合力以维持，庶几丧葬完全，规模永守”；另一方面，鉴于“吾教同人寓沪者日渐繁盛，丧葬一端较他事为尤难”，而且上海的地价高昂，“每亩非数百元不办”，原有墓地即将满葬，余地不多。“若弗先事绸缪，必致临时急就，亟宜联合吾教全体捐集巨资以为陆续购地之用。”②

其次，规定了捐资办法。公墓分为甲、乙、丙三个等级：甲级墓地为特别地，每年捐洋六元，其中两元用于围墙、种树、课税及看守墓地等，“凡葬一穴者须充地价洋四十元，若留并穴者加洋三十元，以此类推。”乙级普通墓地为男女孩童分葬之所，每年捐洋四元，“内提二元以备如甲级种树等用”；如无力捐助，由董事会议决或减轻、或酌免：力绵者，免出种树、看坟等费，但仍应照章每年捐洋二元；倘实在无力，人所共知者，每年可捐一元；若实在衣食难周，但系清白人家，往年曾有功补助清真寺及公墓者，经董事会议亦可酌免。丙级为特别免捐资地。此外，平日若有人慷慨捐助重资，经理人将资金存于

① 阮仁泽、高振农主编：《上海宗教史》，上海人民出版社1992年版，第499页。
② 《上海清真寺成立董事会志》，上海市档案馆藏，档号：Y3-1-195。

银行以生利息。①

再次，规定墓穴的选购。教友根据捐资的多少来确定选购墓穴的等级，“不愿捐资且于公坟向无补助，以及轻贱乞讨人等无安葬之所”，均应照章归葬于丙级公墓。甲、乙两级墓地可互相转换。“倘已认乙级捐款，迨后力量宽裕，意欲归葬甲地，尽可报告董事会，由董事会成立收捐之年起，照数补足甲级捐项即可通用。或有先认甲级捐而后日实在无力，意欲改认乙级，亦可照让年限。”甲乙各级捐款可一次缴清，也可以于圣祭日和开斋节分两期缴纳，否则以丙级论。此外，对于无力丧葬者，免费葬于丙级墓地。②

为加强对墓园的管理，上海清真董事会还订立管理规则数条，即《公茔经理规则》，规定：各级墓地均应陆续栽种“紫荆圈围树圹，以期牢固而冀持久”。“凡有力之家除已立碑记外，未立者应当各自补立；即孤坟亦当经理按次编号注册，以为永远纪念，不致日后湮没无考。”各级墓区内，中间须留出走道，男女各两边排葬，不得混乱。甲级墓地“每穴地长一丈四尺，宽七尺五寸，围圹以二尺高为合格，栽树须在自圹之内，且不能多栽，诚恐树木太多，年久根枝乱穿，有碍坟墓盘绕骸骨，虽属表面茂盛，其实妨害甚深，最不相宜”。乙级墓地“每穴应长八尺，宽四尺，旁边留空一尺，坟下留空四尺，以便走坟人跪念之处”。树木由公墓统一种植，以整齐划一。十二岁以下为儿童，不拘贫富，统一在普通地归葬，“长不得过四尺五寸，宽不得过二尺五寸”。各级墓地及树木雇专人轮流看管，不得擅离，若有毁坏情形，由看管人负责赔补。③

（2）真如清真公墓

由于日晖港清真公墓的“义”字、“廉”字墓区均葬满，1926 年，上海清真董事会蒋晖、金彭庚、哈少夫等在真如购地 0.56 亩，建成第二处清真公墓。之后，上海穆斯林集资以同乡、同业，或数户一起共置坟地，无形中建成了一个占地 80 余亩的大型回民公墓群。同时在墓区建成真如清真寺，以便丧葬

①②③　《上海清真寺成立董事会志》，上海市档案馆藏，档号：Y3-1-195。

安葬时举行宗教仪式。①

(3) 沪西回教公墓

最初,是沪西地区的穆斯林个别购置的分散的小块坟地。1926 年,上海清真董事会马乙棠负责将该地集中连成一片,占地 13.315 亩,建成沪西回教公墓,1929 年 2 月 28 日,举行公墓成立典礼。②

5. 理教公墓

理教公墓成立于 1929 年 8 月 29 日,由上海市理教公所共同出资建成,地址在宝山大场镇宝华寺后空地,占地 5 亩 7 分。1937 年 3 月又在墓地建造三间大殿,作为春秋公祭之用。③同年,上海市理教公所领众被推选为董事,组成理教公墓董事会,管理公墓事务。各理教公所每逢斋期认缴国币一元作为公墓经常费用。④

近代上海处于中西文明交会的前沿,是市民意识萌发较早的城市。公墓关乎城市建设和民众生活,首先引起了民间社会的关注。如前文所述,1909 年,浙江商人经润山在上海首创近代中国新式公墓——万国公墓,上海私人及团体随后相继创建了类型多元的公墓。这些新式公墓是伴随着西俗东渐和城市化发展而兴起,其形制与传统的墓制有所区别,规划与管理模式趋于现代化,更符合现代都市文明发展的需要,是都市文明发展的重要标识。近代上海公墓制度的民间建构,是民间社会承担都市社会公共性的重要表征。

二、公墓与城市文明的建构

公墓伴随着近代上海城市化而产生,公墓建设的发展,推动了近代上海都市文明的进程,体现了都市公共性的增长。

(一) 公共卫生意识的增强

上海开埠之初,在很大程度上沿袭了传统的丧葬制度,墓地为家族或家

①② 孙金富主编:《上海宗教志》,上海社会科学院出版社 2001 年版,第 286 页。
③ 孙金富主编:《上海宗教志》,上海社会科学院出版社 2001 年版,第 573 页。
④ 《理教公墓董事会纪》,《新闻报》1937 年 3 月 7 日,第 15 版。

庭所有,此外还有大量的义冢和丙舍存在。不过,传统墓地没有统一规划,且埋葬方式简陋,浮厝、弃棺现象时而有之,成为公共卫生的一大隐患。"在繁盛的都市,往往有某邑丙舍,某同乡会殡舍,一屋尽棺,十年不葬,厕杂居民住宅,卫生上既大妨碍,事实上毫无裨益。野外有露棺,停在地面,有编草于棺旁,有砌墙掩棺。每入春夏,郊外尸臭,这实在是太野蛮!"①

时人特别指出:"我国公共卫生之不讲,是社会普遍的病症,已属无可讳言。每年人口的死亡率,除老弱者被天然淘汰,和因兵变而致死亡的不计外,其他因疫疠发生,传染而死的,十居六七",其中一个很重要的原因在于"露厝的棺柩,是繁殖病菌的机关,烈日的熏蒸,大风雨的侵蚀,可作传染疫疠的媒介"。为此,要"首先将露厝棺柩,不论有主无主,或通知家属,或由政府主张移葬公墓,务期限日肃清。凡都市乡村,既无此繁殖病菌之机关,自然空气清洁,一切传染病,从此绝迹",所以"推行公墓,也是公共卫生的一部分"。②

可见,随着近代上海城市化的发展,民众已经意识到公墓事关公共卫生,而且在进行公墓规划时,从城市的整体角度出发,注重公墓建设与城市生态环境发展相统一。在选址上,首先,公墓选择地质高燥之处。因为"墓地之燥湿,关系于尸体分化甚大,地质潮湿之处,不宜于埋葬","高燥之地,所含水分极少,即掘深六尺以上亦不及泉,地下污水自无流通致妨公共卫生之患"。③其次,公墓远离水源和城市居民区,"其逼近海塘河渠的,水潮翻涨,易被波及,且可污及水源;接邻交通工艺区域的,人烟稠密,有碍卫生,十年沧桑,易随人事而变迁,都非安全之地。"④"墓地与住宅之距离,墓穴之深浅,土性之燥湿,一一皆有相当之限度,腐化尸体,不致污染地水,疫疠自可免除。"⑤

此外,在葬法上,公墓经营者要求务必深葬,以杜绝卫生隐患。如《上海

---

① 曹草书:《从公墓说到丙舍》,《新闻报》1937 年 3 月 1 日,第 16 版。
② 一琴:《提倡公墓制度》,《民众医药汇刊》第 1 卷,1934 年 2 月,第 66—67 页。
③ 毛子正:《公墓浅说》,《医药学》第 6 卷第 5 期,1929 年 5 月,第 57 页。
④ 兆兰:《公墓问题》,《医光汇刊》1930 年第 2 卷,第 51 页。
⑤ 瑶:《提倡公墓之重要》,《新闻报》1929 年 3 月 28 日,第 21 版。

潮州八邑山庄特别公墓简章》规定:“棺盖须距离路面平线1尺以下,不得浮厝。”①川沙模范公墓也规定“本园内各墓一律深葬,或用水泥,或用石料”②。

总的来说,近代上海民间社会在公墓的建设与管理过程中,具备了明显的近代公共卫生意识。民间公墓的创建既是近代上海公共卫生事业发展的必然要求,又是城市文明发展的有力体现。

(二) 城市空间的重构

我国传统墓葬通常缺少规划,在选址和空间设计上存在很多问题,影响市容和公共卫生,不利于市政建设。公墓是城市建设中不可缺少的公共设施,民间社会所建新式公墓的规划设计促进了城市空间布局的调整和城市化发展。

首先,合理利用城市资源。近代上海城市的扩张带来了市区与城郊空间格局的变动,地价也随之日益高涨。传统墓地没有合理统一的规划,无疑会造成死人与活人争夺生存空间的现象。“我们现在到田野里望望,大大小小的坟山,东也一个,西也一个,弄得‘触目皆是’。估计起来,差不多十分之二、三的土地,已给死人占了去。这岂不是很可惜吗?做了坟山,不能种东西,不能生产,并且好好的地方,弄得零零碎碎,不能作别的建筑。这样下去,坟一天天多起来,恐怕将来要没有土地可以使用了。”③

公墓经营者在选址和规划时,尤为注重资源的合理利用。一方面,公墓的选址大都在城郊,使得逝者远离城市的喧嚣,得以安息,体现了生者对逝者的尊重。另一方面,实行公墓,则可以节约和有效利用土地资源。公墓改变了传统散葬的习俗,可以高效利用城市日益稀缺的土地资源,合乎城市可持续发展要求。而且墓穴的占有面积均有一定的限制,“每人只占数方尺的地皮,那岂不可以省筑许多坟山,省出许多地来呢!”④

其次,艺术性的墓园规划。传统墓葬“妄信巫觋风水之说,加以官厅不加

① 周昭京:《潮州会馆史话》,上海古籍出版社1995年版,第227页。

② 上海市地方志办公室、上海市浦东新区地方志办公室编:《上海府县旧志丛书·川沙县卷》(下册),上海古籍出版社2011年版,第833页。

③④ 薰风:《公墓的好处》,《宝山民众》第8期,1929年7月16日,第1版。

限制，以致城市乡镇，无在不有坟墓之陈迹”，使得市容受其影响，有碍观瞻。“实行公墓，尸体集合一处葬埋，非若个别葬埋之杂乱错综，有损观瞻”①。

园林化是近代上海公墓的重要特征，小桥、流水、树木、花草为其必要元素，体现了生命的气息。经营者还注重公墓的艺术性，墓区的合理划分、道路的合理布局，以及园内中西合璧的建筑设施、风格各异的墓碑，等等，展现墓园的观赏性、艺术性、文化性和纪念性，体现了公墓祭扫功能与园林功能的结合，使得公墓不再是令人恐惧的地方，而成为城市的一大景观。

如“联义山庄”虽以山庄命名，但其性质不同于传统的义冢，而是按照新式公墓进行规划和经营的。山庄按照中国南方古典园林的格局布置，有石桥、石亭、荷池、假山，遍植参天大树，大多墓前有石狮、石兽等摆设。②庄内有专人管理，看守、打扫、绿化，各司其职。山庄苍松翠柏，绿树成荫，幽静中蕴含肃穆，虽墓葬丛丛，但分隔为甲、乙、丙、丁区域，形成公园布局，为上海市不收门票的公园式公墓。③

广肇山庄内也广植树木花草。④此外，江西公墓“遍种花卉树木，有二十种之多，雇工照应，气象壮丽”⑤。

上海佛教第一公墓具有浓厚的宗教色彩，其山形地貌和水的顺势利用，使得墓园与自然协调融合，成为人们游览的一大胜景。1936 年 11 月，杨欣莲偕同赵默生等佛教居士游览佛教第一公墓后，盛赞其独特的艺术性：“迎面即见有黄色灿烂古宫殿庙宇式之牌楼在焉，楼檐为黄绿相间之琉璃瓦建筑，颇能表现东方古代美术作风”；园内“亭池相对，花木扶疏，假山佛严，气象万千，丰碑佛像，备极庄严”。墓道以天下名山胜迹，标立名称，秩序井然。⑥

---

① 瑶：《提倡公墓之重要》，《新闻报》1929 年 3 月 28 日，第 21 版。
② 孙树棻：《上海滩风情》，学林出版社 2009 年版，第 128 页。
③ 吴越、李裕春：《闸北殡葬业寻踪》，吴汉民主编：《20 世纪上海文史资料文库·第 9 辑·宗教民族》，上海书店出版社 1999 年版，第 377 页。
④ 吴越、李裕春：《闸北殡葬业寻踪》，吴汉民主编：《20 世纪上海文史资料文库·第 9 辑·宗教民族》，上海书店出版社 1999 年版，第 378 页。
⑤ 《江西公墓开始营工》，《申报》1930 年 12 月 11 日，第 16 版。
⑥ 杨欣莲：《佛教第一公墓记游》，《佛学半月刊》第 139 期，第 6 卷第 22 号，1936 年 11 月 16 日，第 19 页。

传统的墓冢多灰暗、沉重和苦难的形象,近代上海民间公墓体现了公园化设计理念,使墓园具有了一定的公园性质与功能,并且融入了中国传统殡葬文化元素,在营造庄严肃穆环境的同时也兼顾到公众的日常需求,使得墓园不再是那种阴森、恐怖的感觉,而多了一份祥和、宁静,为市民提供了追思、休憩和接近大自然的城市空间,既达到了缅怀先人的目的,也推动了城市景观建设,完善了城市生态环境。

再次,道路交通的修筑和完善。道路交通是公墓规划中必不可少的因素。为了符合市政规划要求,同时便于祭扫和运柩,上海民间社会在为公墓选址时,一般选在人口较少的市郊,但与市区有着便利的交通联系,或者自行修筑道路,直通墓门。例如,虞洽卿等人集资创办的中国公墓墓址选在交通极为便利的沪闵长途汽车公司吴家巷车站附近。①联义山庄通往外部有一条四公里左右的道路,途径北宝兴路、粤秀路、彭江路,门前有蚂蚁桥与外界相连。②广肇山庄沿途开辟马路,建筑桥梁,车马可直达山庄。③清明时节,"由朝至暮,往来于广肇山庄道路者,络绎不绝,大有车马水龙之概。"④广肇山庄扫墓旅客如云,吸引了公共汽车公司开设扫墓公共专车,带动了这一带公共交通的发展。"上海华商公共汽车公司,见该墓离市颇远,为祭扫便利起见,特于四、五、六及十一等日,每日自上午六时至下午五时,在宝山路口开驶该山庄专车。查该墓道经联义山庄、潮州山庄,闻路程不拘远近,每客单程法币一角七分。"⑤此外,1936 年 2 月,上海无名英雄墓建成后,为了便于祭扫,特辟建一条专门马路,"西通大场,南接闸北之岭南路",即"一·二八"纪念路。⑥

道路是城市的动脉,是城市公共设施的重要组成部分。公墓的存在促

---

① 薛理勇主编:《上海掌故辞典》,上海辞书出版社 1999 年版,第 386 页。
② 吴越:《当年闸北三山庄》,《上海滩》1995 年第 10 期,第 52 页。
③ 《广肇新山庄行落成礼:占地五百余亩》,《申报》1931 年 9 月 22 日,第 15 版。
④ 谭小谷:《旅沪粤人扫墓之特别》,《申报》1928 年 4 月 5 日,第 17 版。
⑤ 《宝山路口开驶扫墓公共专车》,《申报》1937 年 4 月 3 日,第 16 版。
⑥ 《上海市工务局关于一·二八忠烈墓纪念路文件(江湾区)》,上海市档案馆藏,档号:Q215-1-9401。

进了周边道路交通的修筑和完善,对近代上海城市空间布局的调整有着重要意义。

公墓是现代城市公共空间不可或缺的组成部分,既是都市发展的必然要求,又是都市文明的象征和体现,对于近代上海市政建设、城市文明和墓葬制度的演变有着重要推动作用。民间社会在城市建设与管理中的参与,表明了近代上海都市社会公共性的增长。

第二节　政府职能的强化:上海市政府与公墓建设的开展

公墓关乎国计民生和市政建设,然而,南京国民政府成立之前,上海华界与租界长期分而治之,南市、北市、吴淞的市政机构相对独立,没有统一的市政管理机构。除了租界当局外,华界在殡葬管理方面缺乏明确的管理思路,公墓主要由民间社会自主创办和管理,官方参与很少,无法形成对公墓的统一规划和有效管理,在一定程度上反映了政府公共职能的不足。"国家对社会干预是现代国家建构的一个标志,即政府担负起越来越多的公共责任,为了公共利益而扩大国家作为公共权威在社会中的权力。"[①]1927 年 7 月,南京国民政府设立上海特别市,先后接收了沪北工巡捐局、上海市公所等机构,成立了专门的市政机构,并且制订了"大上海"计划。公墓作为城市基础设施,被纳入政府的市政规划与管理中,归上海市工务局、卫生局负责。此后,公墓的宣传与实践开始突破民办格局,进入政府与民间共同兴办的双轨道。

一、市立公墓的建设与管理

"查我国埋葬办法,向取放任主义,或邻近水源,妨碍饮料之清洁;或占地过广,减少农田之生产。若不为之规定范围,予以限制,势必使人民健康、社会生计,均蒙不良影响。"有鉴于此,1928 年 10 月 20 日,南京国民政府内

---

① 徐小群:《民国时期的国家与社会:自由职业团体在上海的兴起(1912—1937)》,新星出版社 2007 年版,第 314 页。

政部参照上海租界公墓制度,颁布《公墓条例》,通令全国遵照办理。该条例规定,各市、县政府应选择适宜地点设立公共墓地,私人和私人团体设立公共墓地,须经市、县政府许可。公墓应设于市、村附近,土质高燥之地,并与工厂、学校、公共场所、住宅、水源、铁路大道、河塘沟渠等保持适当距离。公墓内须划分地段,建筑公路,栽植花木,并于其周围建筑坚固围墙。公共墓地图案及碑碣式样由市、县政府统一规定。各墓面积及深度由市、县政府根据当地情形及土质来确定,各墓之距离,左右不得超过六尺,前后不得超过十尺。公墓划分为收费区和免费区,收费区面积不得超过全墓地三分之一,收费区征收地价应按面积计算,价格由市、县政府规定。墓地须编号管理,管理规则由市、县政府拟定。墓碑须记载葬者姓名、籍贯、殡葬年月日,若有损坏,由管理人通知墓主自行修理,逾期不修理,如有妨碍则被拆除。墓园内不得狩猎及放牧,不得践踏拆毁墓地、墓碑及所种花木。非经墓主自愿并呈准该管市、县政府,不得任意起掘公墓等。①

根据《公墓条例》,1929 年,上海市政府开始了市立公墓的规划与筹建,由上海市土地局会同卫生局于全市东、南、西、北四方勘定高行、漕泾、蒲淞、江湾四处墓址,共征用民地 590 亩,地价约 143 000 元。②

表 2-1　公墓地价约计情况

高行区	约二百亩	每亩地价约二百五十元	共计约五万元
漕泾区	约一百亩	每亩地价约三百元	共计约三万万
蒲淞区	约一百亩	每亩地价约二百五十元	共计约二万五千元
江湾区	约一百九十亩	每亩地价约二百元	共计三万八千元

注:总计约地五百九十亩,地价十四万三千元。
资料来源:《上海市财政局关于筹建公墓经费》,上海市档案馆藏,档号:Q432-1-170。

然而,上海市政府在公墓建设的初期即面临着财政压力,无力全面开展公墓的建设。囿于经费,上海市政当局决定在江湾先行建设公墓,以便市中心区域内坟墓有迁移之所,然后再推及漕泾、蒲淞、高行三处,逐步进行,“庶

① 《内政部颁布公墓条例》,《申报》1928 年 10 月 22 日,第 7 版。
② 《上海市财政局关于筹建公墓经费》,上海市档案馆藏,档号:Q432-1-170。

经费得以从容筹划而公墓设备布置亦得措置裕如”。[①]然而，即便是江湾一处公墓的工程建设也颇费周折，始终面临着资金的困窘。

1930 年 4 月，卫生局、土地局派员会同勘定界址，并由土地局遵照土地征收办法的规定依法征收地亩，开始兴建江湾公墓，即市立第一公墓。[②]该公墓地价共 38 000 元，为免应付困难，上海市财政局起初“拟援照筑路收地办法给予十九年度内领款凭条”。卫生局、土地局对此表示反对，认为“筹建公墓征收民地与筑路收地情形不同，辟筑道路收用民地虽间有少数民地完全划作道路，但大多数均仅划一部分，业户尚有余存地亩可以使用，且辟路之后余地价格增高，故应给地价稍微展缓，业户尚不致大受损失。现在征收民地以为建设公墓之用，除该地四周边界或有割用一部分者外，其余均系全部征收，即照值给予现款。各业户因另购地亩须立契投税过户，其损失已在二成左右，且欲购到相当地亩非易事，各业户深感困苦可不言而喻，惟为市政设施、公众利益起见，不得不责令忍痛承受以尽市民之义务。如果给以一年长期之领款凭条，则此一年之内各业户之富裕者固可不论，而乡间农民大都赖地为生，地既被收，款又未领，将何以维持其生活？即使该农民等不聚众反抗，阻碍进行，而为死者建设公墓反令生者颠沛流离，亦似非顾全民生之道”。因此，卫生局和土地局会商以为“征收民地建筑公墓，似有发给现款之必要”，并呈请上海市政府体察民情，“核夺实施，实为公便”。据此，市政府认为“筹建公墓事属急要”，地价 38 000 元发给长期领款凭条办法，于事实上确实有种种窒碍情形，下令财政局设法以现款的方式分期筹拨。最终，地价 38 000 元由上海市财政局采取分期筹拨的方式予以支付，计划半年内付清，由业主凭借土地局填发的领款凭证从财政局领款。在此期间，业主不断向土地局“呈缴单串，请求给价”。为“免应付艰难”，财政局只得请求土地局暂缓填发领款凭证。至 1931 年初，该项地价才分次筹拨完毕。[③]上海市政府在公墓的征地过程中，在一定程度上维护了民众利益，注重公允性，减少了公墓建设的阻碍因素，有利于社会秩序的稳定。

---

①②③　《上海市财政局关于筹建公墓经费》，上海市档案馆藏，档号：Q432-1-170。

除了地价,公墓工程建筑费也是一笔庞大的开支。“恐市库一时无力拨付全部公款”,工程主管部门工务局悉心计划,挑选主要工程,以最经济的方法先行计划,“余俟逐渐推进”。为此,工程分为两期举办:第一期主要有开河筑路(包括墓内外主要道路及桥梁涵洞)、平土、建筑寄柩所、石匠室、礼堂、第一园丁住所、草地树木(以必要为限)、门首围墙等工程,估计约需建筑费七万元;第二期有门首、牌楼、大门、花房、栏杆、喷池、休息室、草地、第二园丁住所等项工程。如此,“既可以纾市库财力,而于工程进行亦不致有所妨碍。”工程款仍由市财政局采用分期拨款的方式予以支付。①

市立第一公墓于 1931 年 6 月开始动工,礼堂、大门、寄柩所及围墙、牌坊、填土及排沟建桥等工程相继完工。1932 年“一·二八”事变后,剩余工程被迫停工。时局稍微平定后,卫生、工务两局以“该公墓为本市唯一市立公墓,所有未完工程亟应继续进行以观厥成”,呈请上海市政府令财政局预筹应支各款项。财政局则提出,本局已先后拨付第一期工程款 41 700 元,尚有 3 万余元未付款,然而“当此战后财政支绌,而支出浩繁,实无此余款可供应付”,因此建议公墓工程应暂缓复工,借纾财力。②

面对战后政府财政的严重不足,上海市卫生局、财政局、工务局各局长多次会商,认为“此事既未便半途中辍,目前市库又无力付此巨款,爰与市银行商定订立合同,向该行借款五万,俾清旧欠,借完余工。该项借款俟公墓成立后,即以墓穴售款陆续归还”。③

适逢此时,铁道部迁移京沪铁路上海北站,拟于江湾建设客运总站,市立第一公墓正好在被圈的范围之内,面临着将被拆迁的局面,公墓工程再度遭停。上海市卫生局、工务局提出,公墓工程已进行一年多,如果被拆迁,所有经营及工款均将虚掷,极为可惜。且该公墓是上海市唯一市立公墓,“社会需要甚殷”,市财政支绌,如择地重建,将面临更大的困难。为免功亏一篑,必须设法予以保全。为此,上海市卫生局和工务局会衔呈请市政府并转咨铁道部,于规划客运总站房屋及路轨时,“务将该公墓设法避让,以免拆迁

---

①②③ 《上海市财政局关于筹建公墓经费》,上海市档案馆藏,档号:Q432-1-170。

而观厥成，实为公便”。[①]在上海市政当局的努力下，经数次协商，铁道部于1933年4月24日宣布迁站计划暂行停止，同时取消收用地亩公告，“江湾市立公墓基地及房屋，目前自可仍旧使用，俟将来迁站计划赓续进行时再行商同上海市政府办理”。[②]

铁道部迁站计划搁浅后，公墓建设也被重新提上日程。1934年2月，土地、财政、工务、卫生四局召开会议，议决继续公墓未完之工程，“以期早观厥成，俾利市民”。同时，按计划与市银行签订借款合同，以供工程建设之需。[③]

1934年7月，上海市卫生局、工务局会同财政局，与上海市银行签订借款合同。借款总额为国币5万元，月息九厘，专供完成市立第一公墓工程经费之用，“本借款本息以收入之墓穴售价陆续归还，按月结算一次。自公墓成立后，由购穴地人将应缴地价向市银行直接缴纳至借款本息完全清偿为度。”借款归还期限为5年，如到期不能归清，即由财政局拨还利息，按月清结一次。[④]

通过银行借款，公墓工程得以继续兴工。1935年3月，市立第一公墓完工，“规模宏大，地位清静，交通便利，计占地约一百四十亩，先辟穴约三千个，建筑之费，约十五万元，内容布置宛如花园，风景极佳。且每穴售价仅六十元，颇为低廉。”[⑤]

1935年8月17日，上海市立第一公墓公布出售墓穴办法，购穴者先于公墓内选定地点，然后填写申请书，注明所选墓地号数及穴数，送交公墓管理员查明后，填写四联单，携购穴缴款通知单赴指定银行缴纳穴价后，持相关收据至卫生局呈请发给墓穴证书为凭。[⑥]

在筹建市立第一公墓的同时，上海市政府先后颁布了一系列规章，如

---

① 《上海市工务局有关市立各墓文书》(第一公墓)，上海市档案馆藏，档号：Q215-1-8143。

② 《令京沪沪杭甬铁路管理局：为江湾总站圈地与市公墓发生抵触应如何办理请核示祗遵由》，《铁道公报》第543期，1933年4月29日，第3页。

③ 《上海市工务局有关市立各公墓文书》，上海市档案馆藏，档号：Q215-1-8144。

④ 《上海市财政局关于筹建公墓经费》，上海市档案馆藏，档号：Q432-1-170。

⑤ 《市立第一公墓将开放售穴》，《申报》1935年7月24日，第10版。

⑥ 《上海市立第一公墓出售墓穴办法》，《上海市政府公报》第160期，1935年9月10日，第207页。

1931年6月13日颁布的《上海市市立公墓管理规则》(1935年10月23日修正)、1931年9月16日颁发的《上海市市立公墓管理处办事细则》(1935年10月23日修正)、1935年11月8日颁行的《上海市立公墓建筑基金保管委员会章程》等,从而开启了近代上海市立公墓的制度化进程。上述规章主要包含以下方面内容:

其一,公墓的规划。为兼顾公益,市立公墓划分收费区、免费区两种,收费区面积占全部墓地三分之二,免费区面积占全部墓地三分之一;每墓占地面积,长不得超过5公尺,宽不得超过3公尺;每穴限葬一棺,穴的深度以椁盖低于该处地平面半公尺以上为准;墓面建筑式样须经主管机关核定后方可动工。①1935年11月,上海市政府修正市立公墓管理规则,规定公墓收费应统一标准,"永无增减";墓穴占地面积缩减至长3.66公尺,宽1.83公尺,墓穴四周应留有余地。②

其二,公墓的售穴与安葬。"每穴地价收费银六十元,其他葬费概归葬户自理。"③"凡领用收费区内之墓穴应填具声请书,并照规定数目纳费,经主管机关核定后给予使用墓穴证书";"凡领用免费区内之墓穴,须先由柩主填具声请书,呈明确实理由,经主管机关核准后始得领用"。"葬在免费区内之棺柩经五年后得起出葬入义冢或火葬之,但须先期通知其家族。"④"预定寿穴者,应填具预定寿穴声请书并缴地价,经主管局核准后给予预定寿穴临时证明书,俟使用墓穴时再行换给正式证书。"⑤"墓穴使用证书如有遗失,应由原具领人或其合法代理人登报声明,于一个月后,如无异议发生,方得呈请补发使用证书,并须照缴印花税。""落葬后如有迁移、修理或起掘等事,应先将理由呈报卫生局核准,非经核准者,不得起掘。棺柩掘出后,穴主应

---

①④ 《上海市市立公墓管理规则》,《上海特别市市政法规汇编四集》,上海市档案馆藏,档号:Y2-1-573。

② 《修正上海市市立公墓管理规则》,《上海市政府公报》第162期,1935年11月10日,第96—97页。

③⑤ 《上海市市立公墓管理处办事细则》,《上海特别市市政法规汇编五集》,上海市档案馆藏,档号:Y2-1-574。

将该穴地填平。”①

其三，公墓的组织与管理。市立公墓设管理员一人、助理员一人，秉承主管局管理该公墓之一切事务；管理员有义务详细告知领穴人相关手续及市立公墓内所规定的各种办法。“凡葬户领地埋葬完毕，应由管理员查明埋葬日期，即呈报主管局”。“公墓管理员应备簿册，将各使用墓穴证书所载事项详细登载，以备查考”。“管理员于每月月终时，应将本月办理状况及开支费用列表，呈报主管局察核”。②

其四，公墓的维护。公墓内公路、礼堂及其他公共场所，管理员应督饬工役随时打扫以维持整洁，公墓内所植花木不得攀折践踏，并禁止燃放炮竹等物；③公墓内禁止放牧、狩猎，违背者除法律别有规定外处以五元以下之罚金，“舆马除灵车外，非经特别许可不得驶入墓内。”④

其五，公墓的基金管理。为了维持市立公墓的建设和持续运转，需要一定的保障基金。因此，1935 年 11 月 8 日，上海市政府特别设立市立公墓建筑基金保管委员会，设委员 9 人、常务委员 3 人，由卫生局局长、财政局局长、工务局局长担任。基金保管委员会每年举行一次全体大会，每三个月举行一次常务委员会；临时会无定期。常务委员会主席由卫生局局长任之，并由其兼任大会主席。市立公墓建筑基金保管委员会主要承担以下职责：“一、关于经费之保管事项；二、关于经费之支拨事项；三、关于公墓建筑工程之查考事项；四、关于经费收支之稽核事项。”公墓建筑基金主要来源于售穴收入，及其他因建筑市立公墓所筹集款项，非经委员会议决，并呈奉市政府核准者，不得支用。公墓基金保管会每年须编制会务及收支经费报告，呈报市政府并分送各关系机关备查。⑤

---

① 《修正上海市市立公墓管理规则》，《上海市政府公报》第 162 期，1935 年 11 月 10 日，第 96—97 页。

② 《修正上海市市立公墓办事细则》，《上海市政府公报》第 162 期，1935 年 11 月 10 日，第 97 页。

③ 《上海市市立公墓管理处办事细则》，《上海特别市市政法规汇编五集》，上海市档案馆藏，档号：Y2-1-574。

④ 《修正上海市市立公墓管理规则》，《上海市政府公报》第 162 期，1935 年 11 月 10 日，第 97 页。

⑤ 《上海市工务局组织上海市立公墓建筑基金保管委员会缴认各项款文书》，上海市档案馆藏，档号：Q215-1-6322。

上述法规内容完备,对公墓的规划、经营和组织管理等都有详细的规定,开启了近代上海市立公墓管理的制度化征程,符合都市文明发展的需要。

二、政府对民间公墓的控制与监管

近代上海由于地方自治思想和市民参与意识的提升,民间力量,特别是社会精英和民间社团在市政建设和公共事务中占据了很大的主动性。对于国家而言,这种分权状态不利于其权威的扩张与整合。因此,南京国民政府成立后,明显加强了对民间力量的控制,削弱其独立性和活动能力,以实现政府对市政建设和公共事务管理权的独占和集中。

公墓为民俗变革的重要组成部分,也是市政建设的重要内容。但清末至民初,一直由民间社会从事和掌握公墓事务。1927 年,上海特别市政府成立后,为树立政府的权威,实行有效的社会控制,在市立第一公墓建设之际,上海市政府试图将公墓建设转移到政府主办的轨道中,下令限制私人团体呈请设立公墓。①同时,为推广市立公墓和公益起见,规定市中心区域内贫民坟墓均可迁葬于该公墓的免费墓区。②然而,市立公墓根本无法满足社会的需求,又缺乏资金进行扩建。如前文所述,上海私立公墓交通便利、环境幽雅、价格适中、管理完善,具有很强的竞争力。比如上海公墓成立不到五年,所有的墓地已经有三分之二以上被预订或使用。③久安公墓尚未竣工,前来定穴者即非常踊跃,不少且已安葬矣。④因此,政府的禁令形同虚设,上海私立公墓迅速发展,在数量和质量上优越于市立公墓。可见,民间社会在上海公墓的建设中仍居于主导地位。

在此情况下,为了强化政府的公共职能,树立政府的权威,上海市政府必然要加强对民间公墓的控制和监管。法制通常为政府的主要社会控制机制,1930 年 11 月 20 日,上海市政府公布施行《上海市管理私立公墓规则》

---

① 《限制私人团体新设丙舍公墓》,《申报》1930 年 8 月 12 日,第 11 版。

② 《确定市中心区域宅地范围及贫民坟墓得免费迁葬江湾区公墓案》,《土地局年刊》1930 年前期,第 277—278 页。

③ 浪生:《上海公墓及上海殡仪馆营业甚为发达》,《大公报(上海)》1937 年 7 月 4 日,第 13 版。

④ 《久安公墓》,《建筑月刊》第 1 卷第 3 期,1933 年 1 月,第 16 页。

(1934 年 3 月修正)，规定私立公墓必须遵循以下制度：

1. 政府统一监管。为彰显政府的权威，规定私立公墓的建设必须经由卫生局和工务局的审批方可进行。“私立公墓于筹备时，应先将勘定地点详图连同详细计划由经营者呈经卫生局核准后，再向工务局请领建筑执照着手兴工”，并且“呈请卫生局注册给照”。①规则公布之前设立的公墓，应于规则公布后两个月内向卫生局补办注册手续。②私立公墓还需要向卫生局备案，“经营者应将墓穴编列号数，并将新葬者之姓名、籍贯、性别、年龄、职业、死因及葬入年月日按月开单，呈报卫生局备查，并于每年年终造具总册呈报。”③

2. 公墓的限制性规定：(1)合理使用土地资源。为节约土地资源，上海市政府对于私立公墓的占地面积有严格限制，“每墓占地长不得逾五公尺，宽不得逾三公尺，围垣高不得逾一公尺”。(2)维护公共卫生。“每穴深度至少以椁盖低于该处地面半公尺以上为准”，务必要深葬。上海私立公墓，尤其同乡团体公墓沿袭了停柩待葬的习俗，设有停柩房，这势必会影响公共卫生。然而，由于传统习俗的顽固性，政府无法立即将其消除，只能采取渐进式措施，限制其发展：“私立公墓附设之暂行停柩待葬之房屋至多不得过三间，每间停柩不得过五具，每具停放不得过三十天，倘超过规定间数及具数，每间或每具罚金五十元，仍令将超出间数拆改，具数掩埋。”同时规定：“私立公墓应受卫生局之监督并随时遵照指示，将攸关卫生事项切实改善”。④(3)兼顾公益。近代上海民间公墓大多属于经营性公墓，而公墓属于公共服务设施，在允许市场化经营的同时也要兼顾公益性。因此，上海市政府对私立公墓的经营进行了限制性规定，每一墓穴的最高售价不得超过一百元；而且私立公墓应设免费墓穴，其穴数不得少于收费墓穴数的二十分之一。此项免费墓穴应受卫生局的监督，未经卫生局核准之棺柩不得葬入。⑤(4)规范经营。私立公墓可代为用户办理运柩、筑穴、砌墓、立碑等事，但事先应订

---

①③④　《上海市管理私立公墓规则》，《上海特别市市政法规汇编四集》，上海市档案馆藏，档号：Y2-1-573。

②⑤　《修正上海市管理私立公墓规则》，《上海市市政法规汇编七集》，上海市档案馆藏，档号：Y2-1-576。

明标准价目,事后不得要求增加,前述事项如用户愿自行雇工办理,经营人不得强求代办,"但与该公墓所定建筑形式确有妨碍者不在此限"。①

3. 公墓的维持与管理。为维持公墓的持续经营,"私立公墓应筹定维持费用之基金","并须专设看管坟墓、打扫公墓、培植花草等事之工人",以维护墓园的整洁。②

4. 处罚制度。为强化规则的执行力,规定"私立公墓违背公墓条例或本规则,由卫生局按其情节轻重,对于经营者或负责管理人施以告诫或科以一百元以下之罚金,如屡违定章并得吊销执照勒令停办"③。

根据上述规定,上海市工务局、卫生局等市政机构对私立公墓的建设与管理进行全方位的监管,从而实现了上海市政府对全市私立公墓的统一管理。以久安公墓为例,该公墓首先须经上海市政府批准;开渠、植树、筑路、墓桥等各项工程图样及价格,均须经工务局过目,并上缴相关贴费,再由工务局主持兴工。然而该公墓在建设期间遭遇纠纷,1933 年 3 月,久安公墓在浦东洋泾区咸塘浜上进行公墓桥梁筑坝工程,遭到了乡民的阻挠。该区十四、十六两图民妇数十人以"土坝阻隔潮汛,有碍用水"为由,强行掘开所筑土坝。事实上,"该项挡水土坝原为建筑桥基底脚工程而设,约在两星期后该项底脚工程完竣时,即当挑开土坝以通潮流。"乡民们不明筑坝原因,发生误会,纠众阻挠,以致底脚工程被水灌入被迫停工。为使公墓工程顺利进行,上海市政当局设法运用政治力协助解决,由上海市工务局致函公安局"迅予转饬该管第三区署选派干警驰赴工作地点,剀切劝导,并随时予以协助"。公安局随即令下属区所派警前往上述地点,婉言劝导,并每天由警长率警前去协助工程的进行,使得事件得以平息。④可见,久安公墓工程的顺利进行,政府在其中发挥了重要的监管和协调作用。

出于公共卫生,政府试图将公墓抽离于人们的日常生活空间之外,因此对私立公墓选址的审批非常严格。例如,1931 年 12 月,上海市民陈志云等

①②③ 《上海市管理私立公墓规则》,《上海特别市市政法规汇编四集》,上海市档案馆藏,档号:Y2-1-573。

④ 《上海市工务局有关张上珍请建久安公墓内墓桥文书》,上海市档案馆藏,档号:Q215-1-7910。

拟在北新泾纪念碑路、马家浜北筹设华安公墓，呈请上海市政府予以批准。然而，上海市政府没有批准该呈请，原因在于该公墓选址“距离大道及住户过近，与公墓条例第三条发生抵触”。①

正如法国学者安克强所说，上海市政府在整个执政时期面临的困窘，即怎样筹集充足资金弥补通常的开支，与此同时资助一些项目，“这是市政当局从来都没有解决的难题”。②上海市政府筹建市立第一公墓的过程，举步维艰，无力从事公墓的规模性建设，侧面反映了国民政府兴办公共事业的困境，这为民间社会提供了较大的发展空间。但是国民政府并非处于不作为的状态，而是“比以往的政权都更积极地介入社会公领域，体现为指导、监督、统制承担公共领域的民间社团”。③于是，经过一系列的制度化建设，上海市政府实现了对全市公墓的控制和管理，公墓的发展由民治逐渐转为官治。政府的合理监管对于民间公墓的发展完善具有重要的指导意义，也是政府职能强化的重要体现。

第三节　合作与互补：上海公墓建设中政府与民间的互动

马敏认为，与西方近代早期的“公共领域”不同，中国公共领域中，国家与社会的关系呈现出一种合作和协调的倾向，而不是相互对立乃至相互对抗。④小浜正子也强调，国家与社会的协调性，是近代中国公领域的重要特征。公与私并不是绝对对立的，相互间存在着联系。⑤近代上海公墓的建设历程中，政府与民间社会相互渗透，相互影响，共同推进近代上海公墓的发

① 《上海市政府批第一五八七号：呈为筹设上海华安公墓请求准予立案由》，《上海市政府公报》第112期，1931年12月30日，第37页。

② ［法］安克强：《1927—1937年的上海——市政权、地方性和现代化》，张培德、辛文锋、肖庆璋译，上海古籍出版社2004年版，第103页。

③ ［日］小浜正子：《近代上海的公共性与国家》，葛涛译，上海古籍出版社2003年版，第211页。

④ 马敏：《官商之间：社会剧变中的近代绅商》，华中师范大学出版社2003年版，第232页。

⑤ ［日］小浜正子：《近代上海的公共性与国家》，葛涛译，上海古籍出版社2003年版，第8页。

展,呈现出一种合作与互补的态势。

一、宣传上的互动

上海特别市成立后,百废待兴,各项建设次第展开。民俗变革是建设新上海不可或缺的组成部分,传统的墓葬礼俗与现代都市文明和市政建设理念无法相融,变革势在必行,公墓被纳入政府城市建设的重要项目。

尽管公墓在当时已有了初步发展,但远远无法满足社会的需求。然而如表 2-2 所示,上海市政府财政入不敷出,无力从事公墓的规模性营建。因此,上海市政府在财政拮据的情况下,试图以各种方式进一步唤醒市民的现代意识,鼓励民间社会积极参与公墓建设,获得了良好的社会效应。

表 2-2　上海市财政局年度报告(1927—1930 年)　　单位:元

年　　度	收　　入	支　　出
1927/1928	3 817 484 81	3 962 812 56
1928/1929	6 251 375 08	6 009 003 15
1929/1930	7 203 372 81	7 551 066 39

资料来源:徐雪筠等译编:《上海近代社会经济发展概况(1882—1931)》,"《海关十年报告》译编",上海社会科学院出版社 1985 年版,第 296 页。

首先,政府利用报刊宣传墓葬习俗的改良。1929 年 3 月 24 日和 28 日,清明节来临之际,上海市社会局连续在《申报》发出文告,劝导市民革除陋习,提倡公墓。文告中指出传统扫墓习俗存在的两大主要弊端:一是助长迷信。清明扫墓虽为事死如生、慎终追远之意义所在,但是"到了如今,古意尽失,流入迷信,焚化冥镪,……本市到了清明时节,麦柴笼、锡箔锭、盛馐馔、衣华服,招摇过市、触目皆是";"亦有人中了堪舆的妖言,以为在墓上烧纸,可以转地气",这种行为,可以说并不是扫墓,"无非中了巫觋的毒,作成了冥器锡箔店的好生意,拿有用的金钱,掷诸虚牝,助长迷信罢了"。二是易酿火灾。"上海地方,客籍人多,灵柩寄在殡舍,到了清明节,往殡舍中去烧纸,稍一不慎,遗火成灾,不但自己的祖先遗骸变成骸炭,还要牵累他人。即在坟墓烧纸,酿成野烧,毁损森林庐舍,亦是常有听见的事,那不是烧纸适成为放火么?"要解决上述问题,"就应该不信堪舆的邪说,打破择地而葬、以谋不可恃的仗风水而兴隆子孙家宅的陋习，立刻起来举办公墓”。公墓的创办，一则使得先人的遗骸入土为安，不为禽兽风雨所摧残；二则“野无暴露，不致酿成疫疠”；三则杜绝遗弃、盗墓、掘坟现象的发生，“有了公墓，就毋虑不肖子孙掘坟墓、卖坟地，倒得安全万世”。此外，“全地球富强的国家，谁不是用公墓制度的？只有我国信风水之说，东葬一处，西葬一处，中国人反贫困得不得了。”鉴于上述缘由，社会局发出殷殷劝告，“希望全市民起来废除陋习，或从一家一族来办公墓，或联合同志来举办，或由私人来经营，或由团体来开创，这是本局所朝夕盼望，乐观其成的呀！”①

上海市社会局发出建设公墓的倡议后，上海市民予以积极回应：“上海一隅，坟墓错综，既有损都市之观瞻，复易为疫疠之媒介。公墓实行，不容或缓。市社会局因旧历清明将届，特为文劝告市民，说明扫墓之意义，打破迷信之举动，并竭力提倡公墓，以期助长市政之进展，诚训政时期中当务之急也。”②

民间由此掀起了公墓制度的热议，人们列举了公墓制度的诸多优点：第一，有利于公众的健康。“公墓制度，根据公共卫生原则，由国家制定法律，择定适宜的地域，规定墓地的距离，圹穴的深度，坟土的高低，使人民皆得葬所，不致再有暴尸露骨的残忍事实发见。”③第二，有利于市容建设。传统的散葬，墓地参差不齐，且无人看管，杂草丛生，甚至由于放牧和野兽出没，“杂乱塌毁”，有损市容。实行公墓，则墓区整洁，遍种树木，风景美丽。时人称：“死而有知，葬在这种地方，真是称心适意啦！”④第三，有利于先人遗骸的保护。“尸体分别葬埋，看护容有不周之虞”。公墓制度“对于尸体之保护，较易为力，可免狐鼠之穿穴，鸟兽之践踏”；“他若墓基广大，启子孙盗卖之心，而土地之纠纷以起”，实行公墓制度，可杜绝此种纠纷，先人灵魂得以安

---

① 《社会局提倡公墓》，《申报》1929 年 3 月 24 日，第 15 版；《市社会局提倡公墓》，《申报》1929 年 3 月 28 日，第 21 版。

② 瑶：《提倡公墓之重要》，《新闻报》1929 年 3 月 28 日，第 21 版。

③ 兆兰：《公墓问题》，《医光汇刊》1930 年第 2 卷，第 50 页。

④ 薰风：《公墓的好处》，《宝山民众》第 8 期，1929 年 7 月 16 日，第 1 版。

息。[①]第四,节约金钱与时间。传统墓葬"选择坟地,要请地师、要买田地、要筑坟墓、要造坟屋,靡费多少的金钱和时间呢?"实行公墓制度,则可节省金钱和时间。[②]第五,有利于生产。"尸体分别葬埋,所占土地必多,影响于农务至巨。"[③]"我们走到田野中去,只见五步一坟,十步一墓,好好的一段田地中每每有个把'土馒头'占据着。""田地是物产的母亲,坟墓一多,占了许多田地,物产自然减少。我国以农立国,而农产供不应求,仰给外洋货物,这也是一个原因呵!"实行公墓制度以后,则可以节省土地,增加生产。[④]第六,铲除风水迷信。公墓"因有规章指定,不得随意选造,自可打破堪舆的迷信观念"[⑤]。第七,体现平等精神。"现在有钱的人家,坟山筑得高,筑得好;没钱的棺材上盖了一层薄薄的泥土,有的把他露在地上,便算了事;有的地方只葬大人,不葬小孩。"实行公墓,无论富贵贫贱,男女老幼,都葬在一起,"很可以表示出平等的精神"。[⑥]

对于如何推行公墓制度,时人也发表了见解,认为公墓制度早已行之于欧美各国,"因彼邦人士大多数富于科学的思想,颇能明了公墓的利益,所以比较易于推行"。至于我国,人民因深受风水观念的影响,习俗相沿,根深蒂固,要提倡公墓制度,必须要破除人民迷信心理。为此,一方面要严禁堪舆的营业,另一方面要限制私墓,并且用浅显的文字或图画,引导民众比较公墓与私墓的优劣,认识传统观念的错误。"民众的心理建设到了完善的程度",公墓制度自然就可顺利推行了。[⑦]

一些市民还提出了公墓的实施办法:由官厅下令将已有坟墓开掘垦平,以便耕种;对于由官厅划定区域,设立公墓,下令民众把棺材葬在一处;违者处以罚金。[⑧]

上述民众有关公墓的认识,在一定程度上可以反映出民众对于公墓的

---

①③ 瑶:《提倡公墓之重要》,《新闻报》1929年3月28日,第21版。
②④⑧ 朱允宗:《改良坟墓的我见》,《申报》1932年8月19日,第19版。
⑤ 兆兰:《公墓问题》,《医光汇刊》1930年第2卷,第50—51页。
⑥ 薰风:《公墓的好处》,《宝山民众》第8期,1929年7月16日,第1版。
⑦ 一琴:《提倡公墓制度》,《民众医药汇刊》第1卷,1934年2月,第66页。

接受程度。随着近代上海城市化的发展，改变传统墓葬观念，推行公墓制度已成为政府和民间社会的共识。

其次，以新生活运动为号召，改良墓葬习俗，创办公墓。1934 年，蒋介石下令全国各地实行新生活运动，取缔陋习，注重公共卫生。上海市民在新生活运动精神的感召下，社会习俗的改良取得了不少成绩，举办公墓成为新生活运动的成果之一。上海不少商人或民间团体响应政府新生活运动的号召，积极参与到公墓的建设中。如沪上名流王晓籁在普义山庄所创办的普益公墓开幕典礼上发表演讲，指出“我国人心缺乏团结力，即如营墓而论，往往崇尚散葬。今普益公墓亦是实行新生活运动，提倡集团安葬，即所以打破旧俗”①。此外，沪上久安公墓为提倡新生活运动，特划出 400 穴，按八折价格出售。②

复次，国民政府利用教科书来加强公墓的宣传。“蒋委员长前以中国旧俗各地坟墓多任便建筑于良田沃地中，在城市近郊亦随在可见。此种恶习不仅减少耕植生产，且有害卫生，曾电令各省市府提倡公墓，以扫除积习。各省县能切实奉行者不多见”。鉴于此，为推广公墓，改良丧葬习俗，1937 年，“蒋特电嘱王教长，将提倡公墓之意编入国民读本，以期灌输民众正确知识。闻教部已饬各书局于编辑小学教科书及民众读本时，切实注意。”③教科书的宣传虽不及政治手段来得猛烈，但是影响更为持久、更为深远，潜移默化。因此，教科书对于民众丧葬观念的变迁和公墓的推广具有特殊的宣传功效。

再次，为进一步在乡村推广公墓，国民政府采取“寓倡于征”的政策。1935 年，蒋介石发表通电限各省市“本年年底在乡村划定公墓区域，旧坟不愿迁葬者，课以捐税，小者年纳一元，大者五元至十元，充各当地教育经费，违者对县市长科以抗命罪”④。

---

① 《普益公墓昨日开幕》，《申报》1935 年 10 月 2 日，第 13 版。

② 广告：《久安公墓》，《申报》1935 年 12 月 28 日，第 18 版。

③ 《蒋委员长提倡公墓》，《申报》1937 年 2 月 7 日，第 4 版。

④ 《推行公墓与教育经费》，《华年》第 4 卷第 11 期，1935 年 3 月 23 日，第 202 页。

对于蒋介石推广乡村公墓的举措,沪上有识之士表示极为赞同,“公墓制倘能普遍实行,不但可以祛除中国人民迷信风水的观念,且在今日农村凋敝中,不啻无形添增了无数万方里可以生产的土地”。但同时也指出该电令“对于各地组织公墓的条例,似乎丝毫都没有切实的规定”,并提出建议:“公墓应以普遍化为原则,其区域应由各地方政府会同各乡甲长或知识分子来选定。被选的土地,应由官厅按照地价向民户收买,然后派定管理员,专理陵墓间树木的培植与卜葬者入墓的手续。每户葬地,应有相当的限制,地价须特别公平,使一般人都有卜葬于公墓里面的机会。管理员的薪俸,初时应由官厅就地方款项拨给,俟葬户增加到相当数目以后,然后每户年课以轻微的看守费。如是既可省公家的支出,又可不致因推行公墓而至于扰民”。①

此外,对于蒋介石采取“寓倡于征”政策,人们也颇有微词。一方面,此举不免让民众怀疑是政府敛财的又一手段。囿于根深蒂固的传统习俗,在公墓推行初期,难免有许多人不愿意迁葬。而以政府的力量,固然可以迫使不愿迁葬者完纳捐税,尽管他们所捐的钱,政府仍用在教育他们的子女上面,然而,在民众眼里,难免怀疑政府此种措施又是一种敛财的新花样。对此,时人认为一种新制度的推行,非一朝一夕所能奏效,实行公墓制度必须先从公墓区域的划定着手,公墓的推广则不妨假以时日。公墓区域划定以后,“凡有死亡者,即以政府力量迫使其葬入公墓,违者罚以巨款,不使再有私墓出现”。至于已有的私墓,愿意迁葬者固然欢迎,不愿者则暂时允许其存在,待公墓制度的推行有相当成效以后,许多拥有私墓者,鉴于公墓制的便利,“必相率将自己祖宗的枯骨,迁入公墓”。私墓也就在无形之中,日趋消灭了。②

另一方面,也有人认为此举会加重民众负担,难以有效实施。尽管时人肯定蒋介石划定公墓区域、迁葬旧坟,并非凭借旧坟增加新税,课以捐税,不

①② 《推行公墓与教育经费》,《华年》第4卷第11期,1935年3月23日,第202页。

过是想刺激人民,使其不能不迁葬旧坟;[①]然而,“统计现在国中所有之墓,可分为有主与无主两种,而有主之墓,其现存子孙亦有贫富之不同。在富者,或迁葬,或课税,当然不生问题。若无主及虽有主而其子孙贫者,一则无从令其迁葬或从而课税,一则虽欲令其迁葬或从而课税,亦有所不能。”[②]因为迫于政府压力,旧坟之子孙不得不“为迁葬之谋”,“然而有难焉者,迁入公墓区域,势必呈缴地价,而且旧坟之棺,未必尽善,须备新棺;迁移之事,力难独任,须募工人;其距离公墓区域较远之处,众力亦难肩负,须用舟车;既迁之后,情理不容草率,须造新茔。种种费用,为数不赀,非人人所能担负,则必有不迁之旧坟。若何为小,若何为大,姑勿置议。而赤贫之人,并不能年纳一元之旧坟税,更无论五元与十元”。为此,时人“吁请以公墓区域葬新坟,而旧坟则仍旧贯,免其坟税耳,既免平民之困难,又妥魂魄于陈人”[③]。也有人建议施行公墓制度,最好规定一实行日期,凡在此时间之前,所有已葬之墓,“除查明确系妨害公益者,由公家代为迁葬外,其余一概许以暂行保留,如此则不追既往,无所牵动,自必易于推行”。如果必须将已葬之墓一律迁葬公墓,也应由公家代为迁葬,所有费用,由公家承担。还是不愿迁葬者,则可按其墓地所占面积之大小,分别课税。如此,人民便相信政府提倡公墓,完全为公众利益起见,绝无其他作用。[④]

上述主张为国民政府的墓制改革提供了一定的参考,1936 年国民政府颁布的墓制改革办法即有类似规定,如各城乡村镇须依法一律设立公墓,允许各城乡村镇现有之有主墓冢存在,但“须力求缩小,最大之径不得过于三尺”;“自民国二十五年一月一日起,不得再立私有坟墓,须一律葬于公墓。如有另起私有坟墓者,每墓每年处以一元至五元之罚金”。[⑤]

民俗变革是建设新上海不可或缺的组成部分,传统的墓葬礼俗与现代都市文明和市政建设理念无法相融,变革势在必行。上海市政府筹建公墓的举措,是社会进步、都市文明的表现。但是公墓筹建过程中,土地的征收、

---

①③ 枥骥:《公墓区域之商榷》,《上海报》1935 年 4 月 12 日,第 5 版。

②④ 陆士方:《一点补充意见:对公墓问题》,《新闻报》1935 年 5 月 8 日,第 15 版。

⑤ 《市政府通令办理坟墓改革办法》,《申报》1936 年 1 月 1 日,第 27 版。

工程建筑及墓园的维护管理等,需要大量资金的投入。政府财力有限,无力花费大量财力投入公墓的规模性营建。因此,上海市政当局不得不走向社会,寻求民间的支持与合作。上海市民响应政府倡导,积极参与公墓的宣传,并提出很多建设性的意见,体现了国家与社会之间的一种良性互动,对于近代上海公墓的兴起与发展具有重要意义。

二、市立公墓工程的社会招标

上海市政府财政紧张,为最大限度节约开支,上海市政府采取公开招标投标的方式,吸引沪上知名企业积极投标,引导民间力量参与到公墓的工程建设中。1931 年 5 月 21 日,上海市工务局在《时事新报》等各大报纸刊登广告,公开为市立第一公墓工程招标:

> 上海市工务局卫生局招标建筑市立第一公墓:公墓地点:江湾高境庙车站之西;图样说明书:自五月念一日起向南市,毛家弄工务局领取,每份缴洋五元;保证金:保证金五百元,于投标前现缴;开标日期:五月二十八日下午二时在工务局大礼堂当众开标。[①]

为规范投标行为,上海市政当局专门制定《投标章程》。该章程主要内容为:

> 一、投标人应切实遵照下列条文办理,凡不照本章程所投标单概作无效。二、投标人领取标单后应将空白处逐项填注,数目用正楷填写,并用中文签名加盖图章。标单应填写整齐,不得涂改删削。三、投标人毋庸将工程做法及说明书重行叙入标单之中,并不得于填注空白处外另加条件。四、标单应用工务局发给标封封固,外加火漆在封面上填明江湾市立第一公墓建筑工程标单字样,限二十年五月二十八日前投入

① 《上海市工务局有关市立各墓文书》(第一公墓),上海市档案馆藏,档号:Q215-1-8142。

南市上海市工务局标箱内。五、如投标人于图样或文件上发现歧异、遗漏之点,或意义不明之处,应亲自到建筑师办事处询问,如用电话接洽者概不答复。六、未投标前,投标人应先详细阅看图样及说明书,实地察勘工程地址,以明了当地之情形,并应将所有之工料费用,为图样说明书上所规定者,悉数列入标价内。七、标单之审定,同时以投标人资格、成绩与信用为标准,并不限于最低标价。八、投标时所公布之各种通告,投标人应随时遵照办理,此项通告并为以后合同上之一部分。九、投标人应将该单价表填注,为日后增减工程时标准。十、中标人于公布后三日内到工务局按规定格式订立合同,如逾期不来即将所缴之投标保证金五百元收没,并按次递补他人承包。十一、工程保证金二千元于订立合同日时缴付。①

上海市工务局面向社会招标的举措得到了沪上企业的积极响应,纷纷投标建筑市立第一公墓。各公司根据《投标章程》制定标书,明确标价、工程进度,以及赔偿责任。以合记公司的标书为例:

径启者,投标人合记业已细阅江湾市立第一公墓投标章程、合总则、工程概要、施工细则,及图样第六〇一号至第六〇六号,并已实地勘察工作地点及当地情形,兹特遵章开具如左:一、礼堂遵照图样说明书,包括一切人工材料,全部造价洋二万一千二百七十一元;二、大门遵照图样说明书,包括一切人工材料,全部造价洋八千四百十五元;三、寄柩所遵照图样说明书,包括一切人工材料,全部造价洋四千二百元;四、花房遵照图样说明书,包括一切人工材料,全部造价洋四千七百六十三元;五、石匠室遵照图样说明书,包括一切人工材料,全部造价洋二千四百十九元;六、园丁室遵照图样说明书,包括一切人工材料,全部造价洋一千五百另九元;七、围墙及牌坊遵照图样说明书,包括一切人工材料,

① 《上海市工务局有关市立各墓文书》(第一公墓),上海市档案馆藏,档号:Q215-1-8142。

全部造价洋四千五百八十一元。以上七项共计全部造价洋四万七千一百五十八元。七项全部工程投标人准于订立和合同后八个月内完成，雨雪冰冻在内。如有延误，愿赔偿业主每日洋五十元，即由业主由应付造价内扣除之，并认七项赔偿费为补偿业主因工程延宕所受损失，并非罚款。

投标人：合记谨呈。中华民国二十年五月廿八日①

1931 年 5 月 28 日，市立第一公墓工程在上海市工务局开标，上海市政府派员莅临监视，以示公开性与公正性。市立第一公墓建造工程计有七家公司投标，分别为：裕升宸记、元和长记、和兴公司、中法鸿记、唐裕兴、董瑞和、合记公司。审核结果为合记公司中标，并选定董瑞和为候补得标人。双方订立合同，开工兴建，并对外发行布告周知。②

1931 年 12 月 14 日，上海市工务局再次发布通告，招标承办市立第一公墓填泥、排沟建桥工程：

现查江湾高境庙车站西首市立第一公墓基地上须行填泥并排沟建桥，凡愿承办者可自即日起亲至南市毛家弄工务局领取投标章程及图样、说明书，或任择一种，或两种全投，均可，图样费每份二元，投标前每种应缴投标保证金贰百元。此两种工程准于十二月二十三日下午二时同在工务局礼堂当众开标，不中标者凭据发还保证金，特此通告。③

此次工程于 12 月 23 日在工务局开标，由市政府派员莅临监视。计有投标人王润记、张瑞记、赵连起合记公司、祝魁记、东方建筑公司、三森建筑公司、协和土木公司、陶鸿泰、朱森记等十家。审核结果，再次由合记公司中标，标价为“填土每方标价洋七角六分，排沟建桥标价洋一万〇九百七十七元”。④

---

①②③④ 《上海市工务局有关市立各墓文书》(第一公墓)，上海市档案馆藏，档号：Q215-1-8142。

上海市政府采取招标的方式来让社会承办市立第一公墓工程，一方面形成了由市场定价的价格机制，使工程价格更加趋于合理，进而能够更好地控制工程造价，节约开支；另一方面利用各大新兴媒体进行公开招标，沪上知名企业积极响应，起到了良好的宣传效果，有利于公墓制度的推广，也是公墓建设中社会参与性的重要表现。同时，企业承担当时上海市首个市立公墓的工程项目，事关市政建设和社会公益，也有助于提升企业自身的声誉和社会效益。

三、公墓建设中的政府与同乡团体

上海市政府在筹建公墓的同时，加强了对传统丙舍和停柩等旧习的取缔。政府的墓制改革进一步推动了同乡团体殡葬观念的转变，促进了同乡团体公墓的发展。

（一）市政府对冢舍和停柩的取缔

南京国民政府成立以前，上海没有统一的市政机构，无法形成对墓葬制度的统一规划和有效管理。1927 年，上海划为特别市后，拟定“大上海”计划，事关都市形象的公墓事业也被纳入上海市政府的城市规划中。1928 年 10 月 20 日，南京国民政府内政部颁布《公墓条例》，通令全国遵照办理，上海市立公墓的筹建也正式提上日程，1929 年开始着手兴建市立第一公墓。传统的义冢和丙舍有碍公共卫生，也不利于公墓制度的推广。因此，上海市政府在筹划建设公墓的同时，开始对丙舍和停柩进行限制和取缔。

1927 年 10 月 25 日，上海特别市第 26 次市政会议通过《取缔市内设立殡房及义冢并善后办法案》：“（一）本市内殡房现有若干处，其内容如何，由卫生局调查。如有年久棺木，应勒令迁出葬埋并取缔，以后不准在繁盛市区添设殡房；一面由工务局计划公墓区域。（二）在本市繁盛区域内之义冢，须限期勒令迁葬。”[①]据此，1927 年 11 月，上海特别市卫生局对全市丙舍进行了调查。据统计，全市会馆、公所共有丙舍 40 个，拥有殡房高达 2 600 余间，停棺

① 《取缔市内设立殡房及义冢并善后办法案》，《上海特别市政府市政公报》第 4 期，1927 年 11 月 15 日，第 181 页。

数量超过 40 000 多具。其中四明公所丙舍规模最大,殡房 310 间,停棺数量达上万具;各丙舍停棺年限为 1 年到 6 年,少数丙舍甚至对缴费者不设年限。①

数量庞大的丙舍和义冢的存在无疑有碍公共卫生与市政建设,墓制改革势在必行。1928 年度的上海市政建设施政大纲中明确提出要"提倡公墓制度并取缔浮厝"②。同年 12 月 27 日,上海特别市政府颁布《上海特别市取缔丙舍规则》,规定丙舍必须远离工厂、学校、居民区等公共场所,不得有碍商业发展和市政建设。现有丙舍如违反上述规定,由工务局和卫生局分别缓急,酌定期限,令其停收尸棺,择地迁让,最多不得超过 10 年;丙舍寄存棺柩时间以 10 年为限,封盖不密的尸棺不得寄存。③1929 年 6 月 20 日,上海特别市政府修正《取缔丙舍规则》,择地迁葬期限和寄存棺柩期限分别缩减为 5 年和 1 年。④

1929 年 4 月 19 日,国民政府内政部颁布《取缔停柩暂行章程》,规定停柩期限最多不得超过 60 日,遇有特别事故,呈请地方官署核准可延长 30 日;要求地方官署参照公墓条例之规定,择定适宜地点为公共停柩场所;逾期不葬者,由该地方官署命令慈善团体代葬或强制执行,并处以 10 元以下之罚款等。⑤为此,上海特别市公安局会同卫生局于 1929 年 5 月 4 日发出布告:"限各尸主在五月底前,将未葬之柩自行安葬,逾期仍不遵行,无论浮厝地点,是私是公,概由公安局饬警会同同仁辅元堂及普善山庄二慈善团体强制运埋。"⑥不久,取缔期限延缓至 1929 年 6 月底以前。⑦

布告发出之后,沪上各会馆公所积极响应,不断登报催柩还乡。如山东会馆发出通告:"本会寄柩所因厝柩已满,前曾登报通告寄柩各户速来接洽,

---

① 《上海特别市卫生局调查丙舍表》,《上海特别市政府市政公报》第 10 期,1928 年 4 月,"附录",第 17—18 页。

② 《十七年度施政大纲》,《申报》1928 年 8 月 2 日,第 22 版。

③ 《上海特别市取缔丙舍规则》,《上海特别市政府市政公报》第 18 期,1929 年 1 月,第 78 页。

④ 《修正上海特别市取缔丙舍规则》,《上海特别市政府市政公报》第 24 期,1929 年 7 月 10 日,第 78 页。

⑤ 《法规:取缔停柩暂行章程》,《卫生公报》1929 年第 5 期,第 11—12 页。

⑥ 《布告取缔市内浮厝》,《申报》1929 年 5 月 4 日,第 22 版。

⑦ 《取缔尸棺展缓一月》,《申报》1929 年 5 月 16 日,第 15 版。

否则代葬。现又奉社会、卫生等局训令,浮厝之柩限至阳历六月底一律迁葬等情,限期已迫,望寄柩各户从速来会馆接洽办法,以免自误。"①然而,取缔政策颁布不久,上海同乡团体纷纷表示无法按期履行,浙绍公所永锡堂、旅沪会馆公所联合会先后呈请卫生部请求暂缓取缔,理由如下:

首先,限期不切实际。其一,现有会馆公所停柩总数超过十万具,在各地公墓未曾举办以前,难以在短时期内一律迁葬。其二,"寄柩者之亲属或关系人不尽在本埠,或远在他省,或远在异国,即使登报催告恐亦非短期间所能赶到。"②

其次,受传统习俗之影响。一方面,"葬柩习惯大都在入冬、农隙之时,于夏秋之交从无经营营葬事者。一因气候太热,一因农作甚忙,且上海轮船火车对于炎天运柩一层又均悬为厉禁"③;另一方面,尽管各会馆公所大都有定章,规定只能暂寄一年,"无如国人多惑于风水谬说",虽一再登报催葬,"尚不能如期运去,辄延长至数年以上"。④

再次,上海地价昂贵。"凡会馆公所之有冢地者,尚可将久寄不葬之棺柩代为运埋,否则须另行设法觅地迁葬","上海为千金之土,何来如许金钱以购此不生利之冢地?"⑤

基于上述情形,特别是在市立公墓尚未发展之前,短时间取缔丙舍很难实现。因此,卫生部令上海市政府酌情予以展缓,同时加速筹建公墓,使得无力迁葬或到期不葬之停柩依章程规定由慈善团体代为安葬或强制执行,"以取缔停柩作为推行公墓之张本"。⑥1931 年 5 月 23 日,上海市政府限定

① 广告:《寄柩齐鲁别墅者注意》,《申报》1929 年 6 月 14 日,第 2 版。
② 《卫生部咨上海特别市政府:为取缔停柩案咨请酌核办理并饬赶速成立公墓由》,《卫生公报》1929 年第 8 期,第 16—18 页。
③ 《卫生部训令:令上海特别市卫生局:浙绍公所永锡堂田祈原呈请缓予取缔该堂停柩一案仰酌量事实详核办理具报由》,《卫生公报》1929 年第 8 期,第 5 页。
④ 《卫生部咨上海特别市政府:为取缔停柩案咨请酌核办理并饬赶速成立公墓由》,《卫生公报》1929 年第 8 期,第 17 页。
⑤ 《卫生部咨上海特别市政府:为取缔停柩案咨请酌核办理并饬赶速成立公墓由》,《卫生公报》1929 年第 8 期,第 17—18 页。
⑥ 《卫生部咨上海特别市政府:为取缔停柩案咨请酌核办理并饬赶速成立公墓由》,《卫生公报》1929 年第 8 期,第 16 页。

洋泾、漕泾、蒲淞、江湾四区为建筑丙舍区域。[①]1934 年 3 月 30 日,上海市政府颁布《修正上海市取缔丙舍规则》,规定新设丙舍,以上述划定之丙舍区域为限;已设丙舍地点如妨碍公共卫生,由卫生、工务两局分别缓急,酌定期限,令其停收尸棺,5 年内择地迁让;已逾期之无主尸棺由丙舍筹定基金,设置墓地代为立碑埋葬。卫生局派员随时视察丙舍。[②]

(二) 政府墓制改革与同乡团体公墓的发展

如前所述,会馆公所多地处闹市,有碍市容。上海市政府为推进市政建设,改革墓制,取缔义冢、丙舍和停柩,建设公墓。各会馆公所可利用的丙舍空间资源越来越少,加上来沪同乡日益增多,棺柩也势必大量增加,会馆容纳不下。因此,20 世纪 30 年代,部分同乡团体开始迁移冢舍,在上海郊外建立公墓,就地安葬。

广东大埔旅沪会馆为安葬同乡骨肉,曾于陆家浜一带设有冢舍,历时百余年,至 1930 年,因道路拓宽,建造市房,冢舍有碍观瞻,因此召开董事会讨论移置公墓,并组建公墓筹备委员会。[③]董事会议定"购置江湾区空地二十亩、或浦东区空地四十亩建设新公墓"。[④]

京江公所因周边市场日趋繁荣,地价日益高涨,"后门旧有义冢甚多",而且历来寄存棺柩甚多,"殊不经济,且人烟稠密亦不利卫生","势必检骨迁移"。1934 年,京江公所委托普善山庄检骨专家监督检骨 120 余具,迁移至青浦蟠龙镇。1935 年,该公所开始限制新柩存入,旧柩尽量迁出,只出不进。董事会决议"将公所寄柩全部迁移到打浦路南公所",对公所加以改革应用,以增加收入,并择地另建新公所,附设公墓。[⑤]

1935 年 3 月 28 日,旅沪宁波巨商傅筱菴致电宁波旅沪同乡会筹建四明公墓,声称"公墓之设,自为目今要图。查沪上已设者,有万国、永安、上海等

---

① 《上海市政府令第二五七号:兹划定洋泾、漕泾、蒲淞、江湾为本市建筑丙舍区域公布之此令》,《上海市政府公报》第 92 期,1931 年 6 月 10 日,第 30 页。

② 《修正上海市取缔丙舍规则》,《上海市市政法规汇编七集》,上海市档案馆藏,档号:Y2-1-576。

③ 《大埔同乡讨论移置公墓》,《申报》1930 年 11 月 13 日,第 16 版。

④ 《大埔会馆新董事会》,《申报》1930 年 11 月 26 日,第 16 版。

⑤ 潘君祥主编:《上海会馆史研究论丛》(第一辑),上海社会科学院出版社 2011 年版,第 266 页。

各公墓，以吾甬之大，独付缺如，亦乡邦之憾矣。近年来甬人旅沪者日众，约数当在百万以上，人口既繁，养生送死，在所宜备，一旦遭遇不测，势不能不运柩回乡，但抵乡以后，又苦无相当厝葬之地，死丧之痛，人情所同，谁无亲属？谁能忘怀？”因此，傅氏建议四明公所“以交通便利，舟车直达为要”，在上海附近，南翔、江湾等地购地二三百亩，从速筹建四明公墓，使同乡“得就近领地安葬，既省盘运之劳，又免迁拆之患”。[①]

湖州会馆鉴于“逼近都市，停柩事件，势难持久，且为现时代所不许。救济之法，惟有建设公墓”，为谋同乡公益起见，于 1936 年在上海筹备湖州公墓。[②]1937 年 1 月，上海徽宁会馆在沪闵公路北桥镇南首购进土地 60 余亩，创办徽宁公墓。[③]

浙绍公所永锡堂为绍兴籍同乡具有慈善性质的社团组织，以殡葬事务为主。民国时期，上海永锡堂为“所厝旅柩随时运归各地安葬，特设各公墓以安幽灵”，名为安灵会。永锡堂不仅在上海浦东白莲泾创办公墓，同时将公墓事务推广及家乡，并制定了《安灵会章程》。至 1937 年，永锡堂先后在上海和浙江创建了六座公墓：上海第一公墓、姚西第二公墓、绍县第三公墓、上虞第四公墓、嵊县第五公墓、姚北第六公墓。公墓设董事会管理，“以安临里房产作为基金，其岁租所入专供各公墓营葬经费”。营葬时“分别男女挨次排葬，不得由柩属任意选择”。[④]

上述情形反映了近代上海城市化的发展和政府的墓制改革推动了同乡团体冢舍政策的调整。一方面，迁移冢舍至远郊，腾出了繁荣地段的房屋，增加了收益，符合现实利益需求；另一方面，建立公墓可以使同乡入土为安，也符合公共卫生的需要，推动了近代上海都市文明的演进。

然而，上海同乡团体在经营新式公墓的同时，仍从事丙舍和停柩业务。如江西会馆在江西公墓落成后，尚在闸北西宝兴路，购定地基约 9 亩，“以备

---

① 《傅筱庵建议筹设四明公墓》，《申报》1935 年 3 月 28 日，第 12 版。

② 《提案：筹设湖州公墓案》，《湖社第十二届社员大会特刊》，1936 年 6 月 28 日，第 7 页。

③ 《徽宁会馆创办徽宁公墓》，《申报》1937 年 1 月 28 日，第 16 版。

④ 《浙绍公所永锡堂各类会议记录》，上海市档案馆藏，档号：Q115-17-2-1。

将来建筑停柩北厂之用”。[①]为此,1930 年,上海市政府限制私立公墓兼设丙舍,“公墓性质,原为处置棺柩永久办法,若兼设丙舍,殊失设立公墓之本旨。且核与公墓条例,尤多不符,自应加以取缔。”[②]为防止变相停柩,市政府颁布《上海市管理私立公墓规则》,规定:“私立公墓附设之暂行停柩待葬之房屋至多不得过三间,每间停柩不得过五具,每具停放不得过三十天。倘超过规定间数及具数,每间或每具罚金五十元,仍令将超出间数拆改,具数掩埋。”[③]但直到 1947 年,上海市政府依然划有丙舍区:“(一)大场区东至西泗路,南、西、北至区界;(二)浦松区北至青沪路,东至新泾港,南至浦泾塘,西至蒲淞区界;(三)浦东区杨思区一带。”[④]因此,近代上海同乡团体的殡葬服务呈现出传统与现代融合的特征。

出现上述情况,主要原因一方面在于根深蒂固的乡土意识;另一方面在于政府财政支绌,公共治理能力不足。囿于经费,政府无力开展全面公墓建设,市立公墓无法满足社会需要;政府也无力组织大规模迁葬工作,只能寄希望民间集资,要求停柩亲属或关系人承担相关费用,这些反映了民国时期政府兴办公共事业所面临的困境,为传统冢舍的存在提供了条件。然而,政府的墓制改革无疑对近代上海同乡团体的殡葬事务起到规范和引导作用,促进了同乡团体公墓的建立和发展,实现了同乡团体殡葬服务由传统到现代的转型。同乡团体公墓在一定程度上了弥补了政府公共治理能力的不足,政府与同乡团体相互协调、相互促进,共同推动了近代上海公墓建设和都市文明的发展。

小　　结

近代上海公共领域中国家与社会的关系在不同时期是有所不同的。清

---

① 《江西会馆去年之会务》,《申报》1930 年 2 月 22 日,第 20 版。

② 《市府取缔私立公墓兼设丙舍》,《新闻报》1930 年 9 月 19 日,第 14 版。

③ 《上海市管理私立公墓规则》,《上海特别市市政法规汇编四集》,上海市档案馆藏,档号:Y2-1-573。

④ 《设置丙舍公墓限定地区》,《新闻报》1947 年 7 月 30 日,第 4 版。

末民初，近代上海华界市政机构一度处于各自为政的局面，给殡葬事业的改革和统一管理带来了极大的阻碍，却为上海民间社会提供了很大的活动空间。这一时期，民间社会积极投身于公墓的建设与管理中，客观上弥补了政府公共职能的不足。南京国民政府在上海确立统治后，公墓建设纳入了市政府的统一规划中，从而开启了上海市立公墓的建设历程。然而，政府财政支绌极大地制约了市立公墓的发展。为了推动市政建设和殡葬事业的改革，上海市政府鼓励和支持民间建设公墓，从而促进了近代上海公墓事业的进一步发展。

公墓建设中的民间参与，反映了近代上海都市社会力量的活跃和公共性的增强。然而，为了强化政府的公共职能，树立政府的权威，上海市政府势必要加强对社会的控制，将公共事务的管理纳入政府的主导下进行。于是，上海市政府一方面进行市立公墓的建设，另一方面加强对民间公墓的统筹管理，将公墓的建设管理纳入由政府控制的轨道。国民政府统治时期，上海的公墓建设是墓葬习俗在政权介入下的演变，也是现代国家构建和维系权威的努力。回顾近代上海公墓建设轨迹会发现，国家和社会之间并没有出现权力的对抗，二者相互渗透、相互影响，呈现一种良性的互动，共同促进了近代上海公墓的建设和发展。

第三章　政治与记忆:公墓象征性空间的构建

近代中国始终面临民族存亡的危机,各地的民族主义运动此起彼伏。民国时期,为纪念因民族救亡而牺牲的爱国烈士,上海各界联合筹建烈士公墓,五卅烈士公墓、无名英雄墓、四烈士衣冠墓等为典型代表。亨利·列斐伏尔指出:“空间从来就不是空洞的:它往往蕴涵着某种意义。”[①]纪念性公墓作为一种公共空间,既代表一个物质性的空间场所,又是社会政治文化建构的产物,成为某种象征符号。同时,在空间的生产过程中,作为空间主体的人们必然对附着于空间的象征符号或精神内涵形成深刻记忆,而这种记忆又以特定的形式持续建构并强化着空间的记忆。

第一节　民族主义象征空间的构建

一、公墓的筹建:民族主义的彰显

正如希尔德·S. 海因认为,公共艺术的创作暗含着一种社会过程:它可以是对集体悲痛、愤怒的纪念过程,也偶尔会是具有挑衅性的煽动。公众可能会被号召加入一场运动,或被煽动去进行抗议,抑或是受到精神上的鼓舞。[②]烈士公墓不仅寄托了对烈士的哀思,同时有动员民众的意义和功能,是具有民族主义色彩的纪念空间。

---

① 转引自包亚明主编:《现代性与空间的生产》,上海教育出版社 2003 年版,第 83 页。

② 转引自郭公民:《介入公共领域的审美交流:上海城市公共艺术》,上海社会科学院出版社 2017 年版,第 95 页。

五卅惨案后，上海各社团及爱国人士积极筹建五卅烈士公墓。1925年11月，上海工商学联合会组织会议，议决由上海各马路商界总联合会、全国学生总会、上海学生联合会和工人代表会各派代表二人，组成五卅烈士丧葬筹备处，筹建烈士公墓，①"以表先烈，兼以唤醒群众"②。

万国公墓墓主汪国贞和地主刘吉生，曾允诺在万国公墓划出二十余穴，捐为五卅诸烈士公墓。对此有人表示赞赏，认为万国公墓"非仅我华人所到之地，每年公祭，当得万国人士所瞻仰，诚求之不得者也"③。然而，有人对此表示异议，"黄花岗上，英冢巍峨，此保障中华民国之义骸"，而五卅烈士同黄花岗七十二烈士同样是为中华民国而牺牲，"此急公好义之烈士，牺牲宝贵之生命，乃人世间至悲极痛之事，我辈后死者何忍葬其义骸葬于万国公墓，令其死为无国籍之鬼"。因此，反对将烈士遗骸葬于万国公墓，与西人同在一个墓园，认为如此不足以纪念先烈为国捐躯之义行和尊重先烈为国捐躯之精神。④最终，上海学生总会没有接受捐赠，只有烈士陈虞钦一人于1925年11月23日葬于万国公墓所赠墓地。⑤1926年3月，筹备处在闸北宝兴路方家木桥"购定隙地十亩零三分七里五毫，为五卅烈士茔墓之用"，地价一万四千七百元。⑥

五卅公墓建墓经费由五卅丧葬筹备处向各界"筹募的款，以安烈士窀穸"。⑦上海各社会团体积极响应，以各种形式为五卅烈士公墓募捐。公友社和柳社等社团"特假座闸北开封路更新舞台，聘请海上高等游艺家会串两天"，游艺券每张售价为大洋一元四角，所得资金，全部用于公墓建筑费用。诸艺员均卖力表演，观众也反应热烈，来宾约七百余人，"掷钱台上者极多"。南洋兄弟烟草公司为表示对活动的支持，"特赠爱国牌香烟五百匣，随券附

---

① 《五卅烈士丧葬筹备处开始办公》，《申报》1925年11月21日，第14版。
② 《建设五卅烈士墓之进行》，《新闻报》1926年1月22日，第13版。
③ 《万国公墓园慨捐五卅烈士墓地》，《申报》1925年7月6日，第15版。
④ 《讨论死难烈士之葬地》，《申报》1925年7月20日，第13版。
⑤ 《烈士陈虞钦葬礼记(一)》，《申报》1925年11月24日，第17版。
⑥ 《五卅烈士公墓之进行》，《申报》1926年3月28日，第14版。
⑦ 《五卅丧葬处筹建墓经费》，《申报》1926年4月6日，第13版。

送”。更新舞台除了义务租借场地外，全体股东“捐洋二百元，赞襄其事”。[①]

其他社会团体也纷纷解囊，“中法国立工业专门学校学生会，因五卅烈士公墓，已经开工兴筑，需款孔亟，特募洋三百元”[②]。招商局也以事关公益，“允捐助洋一万元，以充筑墓之需”[③]。中华警钟会则自愿捐助警钟一座，立于五卅公墓的墓道，“盖墓碑所以存久远之基，警钟所以传久远之声……于建筑时，得辟一弓之地，位之钟座，则中国之魂，庶有警醒之日矣。”[④]

商人也积极参与五卅公墓的筹建。1926 年 7 月 16 日五卅烈士丧葬筹备处公开向社会招标，建筑烈士公墓及纪念碑。基于五卅公墓的经济效益和社会效益，上海的建筑商家对承建五卅公墓工程给予了极大的热情，计有十二家参与投标。[⑤]筹备处对于公墓工程招标事宜极为慎重，经过严格审查，此次招标没有商家符合要求。“五卅惨变为空前未有奇耻，国人皆当永久弗忘。碑墓建立至关重要，稍有疏虞，固无以对烈士，亦何以垂久远?”为力求完善，筹备处再次登报投标，彰显五卅公墓工程的神圣性:“此项工程既属纪念国耻，尤系中外观瞻，千古不磨，永昭遗迹。工程完竣，承造人亦可勒石垂名。沪上不乏热心爱国厂家，尚希酌费精神，共襄盛举。”公告定于 8 月 2 日至 13 日下午 3 点到 6 点间，各大公司可至筹备处缴纳保证金一百元大洋，领取图样章程及价格表以便投标，15 日下午在筹备处开标。[⑥]第二次招标共有六家建筑商参与投标[⑦]，最终得标者为陈乾兴营造厂。五卅公墓开始兴工后，上海的知名建材公司纷纷为公墓的建设捐赠建筑材料，如“本埠华商、中国、启新三家水泥公司，均系著名国产，均先捐助水泥各一百桶”。此外，“和兴钢铁厂陆伯鸿君，亦愿捐助钢铁材料”。[⑧]

社会各界捐款捐物，为五卅公墓的建设作了重要贡献。公墓的筹建实

---

① 《募建五卅烈士公墓之游艺会》,《申报》1925 年 7 月 7 日，第 15 版。
② 《筹备五卅周年纪念》,《申报》1926 年 5 月 17 日，第 13 版。
③ 《招商局允捐五卅烈士葬费》,《申报》1927 年 8 月 7 日，第 15 版。
④ 《五卅烈士茔墓应置警钟之建议》,《申报》1926 年 4 月 25 日，第 13 版。
⑤ 《建筑五卅公墓昨日开标》,《申报》1926 年 7 月 17 日，第 14 版。
⑥ 《建筑五卅烈士公墓暨纪念碑招工投标》,《申报》1926 年 8 月 2 日，第 2 版。
⑦ 《五卅丧葬筹备处开标》,《申报》1926 年 8 月 16 日，第 15 版。
⑧ 《五卅烈士公墓已兴工》,《申报》1926 年 10 月 1 日，第 9 版。

质上一次广泛的社会大动员,凝聚了国人的民族主义意识。

1932年"一·二八"淞沪抗战爆发后,上海民众的民族主义意识进一步觉醒。战后所建的四烈士衣冠墓、无名英雄墓等烈士公墓的民族主义象征意义更为突出。

四烈士衣冠墓是为参加"一·二八"战区服务而牺牲的上海市商会童子军四名童子军而建,他们是罗云祥、应文达、毛征祥、鲍正武。他们牺牲后遗体失所,烈士的遗体虽然无法寻觅,但烈士的灵魂要有所依归。为此,上海市商会童子军和中国红十字会发起筹建殉难烈士衣冠墓,"一方面是招魂,一方面是表扬烈士的精神、烈士的事迹,给后死者的一个凭吊对象和引起警惕思想。"上海公墓为纪念先烈,特捐赠墓地。1933年8月,四烈士衣冠墓动工,1934年10月竣工,建筑经费共一千五百二十元,其中中国红十字会捐款一千元,其余部分由市商会全体执行监察委员和市商会童子军团基金拨发。四烈士衣冠墓落成典礼上,各界代表致词,四烈士被誉为"民国之魂,主义之花",不仅是上海地方之光荣,也是国家民族之光荣。"今墓地落成,仅葬衣冠,良可悲痛,惟于民族精神上,则又欣慰。当兹国难未已,凡属人民,均应继承四烈士之遗志,雪耻国强,如能如此,吾深知四烈士于九泉之下,亦当含笑。"①

"一·二八"淞沪抗战中,十九路军在全国人民抗日热潮的推动下,奋勇抗争。敌人久攻闸北不下后,集结三万军队转攻金穆宅、竹园墩、三百亩、庙行一带,庙行遂成为战斗最激烈的地方。十九路军以屋为营,掘地为壕。在敌人枪炮的猛轰之下,村屋全毁,士卒伤亡惨重。烈士的遗骸主要由上海崇善堂、普善山庄、同仁辅元堂等慈善团体负责收集掩埋。但由于战乱环境及伤亡过多,烈士遗骸大多未能得以妥善安葬,很多甚至散葬于民田。战后,仅有少数将士遗体由国民党中央运往南京紫金山灵谷寺附近安葬。②多数

---

① 《殉难童子军衣冠墓昨晨举行落成典礼》,《申报》1935年2月18日,第10版。

② 战后,国民党中央组建抗日阵亡将士公墓委员会,并觅定"南京紫金山麓灵谷寺以东,谭墓以西之纪念馆前",为阵亡将士公墓地址。但由于墓址狭小,无法将牺牲之数千名将士全部安葬,因此采取"代表制安葬",用抽签的办法抽定十九路军70人,五军宪兵团、义军等58人,共128人,派有关各军副官等人员赴无锡、昆山、太仓、上海、吴淞各地寻觅遗骸,运京择期安葬,以为"一·二八淞沪战事千古纪念"。参见《抗日阵亡将士公墓采代表制安葬》,《申报》1932年12月22日,第7版。

不知姓名之英雄则散葬于累累荒冢,“惟一抔之土,三寸之棺,掩护忠骸,一任其暴露郊原,荒凉零落,久而湮没”①。

中国自古有在殉国志士立功所在地建祠以昭其忠烈的传统。1932 年 11 月,沪上各界人士发起创建无名英雄墓,援例旌表,告慰英灵。墓址选在抵抗最久,炮火最烈,伤亡最多的庙行。②12 月初,宋子文、王一亭、王晓籁、虞洽卿、杜月笙等各界要人联名发出“创建无名英雄墓募捐启”:“夫无名英雄者,有名英雄之所赖以成就也。欲中国之兴,必先自全国国民尽愿为无名英雄始。同人愧未能亲执干戈为国民倡,然对此抱大无畏精神,示大牺牲决心,为民族争光,为国家吐气,悲壮惨烈,民国以来所绝无仅有之多数无名英雄,万不能坐视其久而湮没不闻也。”为此,特向社会各界发出募捐的号召,创建无名英雄墓,“二十一年来所受至惨至酷之外侮,可以于后人脑海中,永留一深刻之印象,用以奋起我民族之观感,岂止纪念殉国士卒之意而已哉?”无名英雄墓实为“民族精神之表现”。③

无名英雄墓的筹建立刻引起了强烈的社会反响,宝山各界捐地三十亩,上海市民地方维持会捐银一万元。④自登报募捐以来,上海市市长吴铁城也热心提倡,“各界捐输,颇形踊跃”⑤。“中国银行一家,已达数千元之多,自总管理处以至练习生及茶房老司务,无一不力尽义务。”⑥上海市商会也特通电全国各地商会为无名英雄墓募捐,“以扬我民族精神”。⑦

“创建无名英雄墓募捐启”发出后,也受到了社会舆论的广泛支持。社会媒体积极刊发有关无名英雄墓的文章,彰显其民族主义象征意义。有位署名“诚”的作者在《申报》发表评论,指出无名英雄墓的创建“实至尠而至有意义”。作者将“一·二八”抗战与民国以来的军阀混战相比较,指出后者“仅为个人之驱策,作个人之工具,为个人而牺牲,毫无意义可言。此次上海抗日之战,则不仅足以卫我民族,亦即所以维护世界和平;不仅足以壮我国

---

①③④ 《创建无名英雄墓募捐启》,《申报》1932 年 12 月 9 日,第 4 版。
② 《庙行创建无名英雄墓》,《申报》1932 年 11 月 15 日,第 15 版。
⑤ 《无名英雄募捐建墓》,《申报》1932 年 12 月 16 日,第 12 版。
⑥ 《无名英雄建墓表功,中国银行募捐踊跃》,《申报》1932 年 12 月 24 日,第 11 版。
⑦ 《市商会通电各地捐建无名英雄墓》,《申报》1933 年 6 月 18 日,第 13 版。

魂,亦即所以伸张公理正义;不仅足以内儆国奸,亦即所以外挫强暴,使我民族精神为之一振,使国际人士之耳目为之一新"。因此,此战中之牺牲者与历次内战中之牺牲者相比较,"其价值与意义实不可同日并论"。无名英雄墓的创建,"与其谓为崇功报德,毋宁谓为昭示来兹;与其谓为追怀忠烈,毋宁谓为树立典范。他日斯墓告成,凡勇于内战,但计个人利益而不惜残民祸国之军阀政客,来此墓前者,当无不抚衷自惭,莫敢仰视,以是益足昭示'无名英雄'之崇高伟大,与夫斯墓创建之不容刻缓矣。"作者在文中还揭露国际势力坐视日本侵略我国而不顾,吾人"乃奋我必死之决心,以自力谋自卫自救。敌持良械,我凭热血,月余苦战,使强敌寒胆,世界错愕,争我民族之生命于垂危,存公理正义于断绝。其悲壮、其伟大实足以动天地而泣鬼神,与日月争光辉。以是则益足以昭示无名英雄之丰功伟绩,与夫斯墓创建之伟大意义"。作者在颂扬烈士丰功伟绩的同时,还激励人们继承烈士的遗志:"吾人处于今日国难,日亟风雨飘摇之局势下,与其瞻慕过去,毋宁注视现在;与其纪念先烈,毋宁策励自身;与其作消极之凭吊,毋宁践踏先烈之血迹而继续前进。"①

在中华民族处于国难当头,风雨飘摇之际,明哲保身,置国家安危、民众生死于不顾的军阀政客们大有人在。相形之下,无名英雄为他们树立了典范。无名英雄墓的创建足以教育和警醒那些军阀政客们要以民族国家利益为重。对此,有人撰文指出:"为民族大众的生存而奋斗,死抗帝国主义的侵略而不自顾其身的无名英雄,诚值得我们的顶礼膜拜,永志哀思,所以我们对于无名英雄墓的创建,很愿乐观厥成。"同时也愤慨指出,"当日帝国主义的暴军掠夺东北、入寇淞沪的时候,实际奋起抗敌的,在东北仅有马将军(后来才有李杜、丁超、苏炳文等健将),在淞沪仅有十九路军(最后加入一小部分的第五军),而当时负有守土抗敌的军事长官固不止此,都明哲保身的滚到哪里去了!"所以无名英雄墓的建设除了"募捐启"中所举"供护侠骨忠魂与永留深刻印象"的功效外,还有一个很大的效用,就是"愧死只知对国民耀

① 诚:《创建无名英雄墓》,《申报》1932 年 11 月 18 日,第 3 版。

武扬威,只知在嘴巴上说得天花乱坠的军阀们!”①

此外,有文人以无名英雄墓为诗,颂扬无名英雄的不朽精神:

他年华表矗江湾,
墓上花犹战血殷。
自与国魂同不朽,
无须姓字在人间。②

近代中国饱受列强欺凌,民族救亡成为时代的主题。烈士公墓的发起和筹建,树立起民族英雄典范,向广大民众传达了民族救亡的时代信息,发挥了革命动员和激发民众民族主义意识的社会作用,形成一种新型的民族主义空间。

二、建筑精神与民族主义内涵

美国建筑学家卡斯腾·哈里斯认为建筑具有一定的象征功能。③作为纪念性建筑,近代上海烈士公墓的建筑形式具有一定的象征意义,蕴含了民族主义的内涵。从五卅烈士公墓的造型设计来看,公墓坐北朝南,呈长方形,南北长约 80 米,东西长约 90 米,四周绕有围墙,大门在正南面偏西。墓地正中偏南矗立钟形纪念碑亭一座,基座每边长约 13 米,四面均有石级可上至碑亭,碑亭每边长约 2.5 米。碑亭正面刻着由谭延闿书写的“来者勿忘”四个大字,侧面镶嵌着五卅殉难烈士墓碑,另一侧为“殉难烈士姓名籍贯和乐助建筑捐款名单”。④碑亭顶端竖有“紫铜制嘉禾式之避电针一枚,兼以示中国系以农立国者”,碑石四角有仰视长空怒吼的雄狮塑像,表明“中国已

---

① 韬奋:《无名英雄墓的创建》,《生活》第 7 卷第 49 期,1932 年 12 月 10 日,第 977 页。
② 筠庵:《无名英雄墓》,《世界旬刊》第 31 期,1933 年 2 月 21 日,第 11 页。
③ [美]卡斯腾·哈里斯:《建筑的伦理功能》,申嘉、陈朝晖译,华夏出版社 2001 年版,第 96 页。
④ 陆米强:《五卅殉难烈士墓碑与碑文》,《档案与史学》2001 年第 6 期,第 67—68 页。

非睡狮时代矣”。[①]其深远意义是为了唤起群众的爱国热情、警醒国人勿忘国耻，并号召人们加入反帝爱国的民族主义运动中来。

碑亭之后为五卅烈士墓，墓南北长约18米，东西长约21米，系仿照宋教仁墓式样建筑，中间有直径约4.5米的圆拱形墓体，顶上有一昂首向东引颈啼鸣的雄鸡像，象征着唤醒民众，振兴中华。墓前竖立了另一块刻有“五卅死难烈士之墓”八个大字的墓碑。这块墓碑是用大理石制成，宽约1.5米，高2.5米。[②]碑文由蔡元培撰文、严慎予书写，突出了五卅烈士在中华民族独立运动史上“实开其端”的历史地位，并激励生者“继诸烈士之后，奋斗牺牲，以达完成中国国民革命、实现总理三民主义目的”。[③]正如里斯・洛万所说，纪念碑这一客体虽然是艺术品，但它绝不是某位天资聪颖的个人毫无价值取向的创造物，而是接受委托制作的政治记号，它以纪念某人或某事件的方式来表达某些思想内容。[④]五卅殉难烈士墓碑即是向人们传达民族主义意识的重要空间载体。

五卅公墓还承担了爱国主义教育的空间职能。1933年，五卅公墓董事会于五卅公祭时，商定于公墓纪念堂创办五卅小学，以永久纪念。1934年1月23日五卅公墓第11次董事会议决，于1934年起开办，公推虞洽卿、王晓籁、林康侯、成燮春、袁履登、赵晋卿、顾馨一、王汉良、邱志豪等九人为校董。五卅小学相关事宜，由董事会教育股负责筹办，并向市教育局立案，拟于1934年秋季开学。[⑤]五卅公墓董事会“为送烈士之死而存，然仅送死而不养生，当非烈士所愿”，于是，创办五卅小学“以养来者，期是校学生于晨夕瞻仰烈士精神，以竟烈士之以身许国，甘为国死之志”。[⑥]五卅公墓因此而成为弘扬和培育民族精神的爱国主义教育空间载体。

---

① 《五卅公墓图样已绘就》，《申报》1926年4月28日，第13版。

② 陆米强：《五卅殉难烈士墓碑与碑文》，《档案与史学》2001年第6期，第68页。

③ 《五卅殉难烈士之墓碑》，《申报》1927年11月25日，第14版。

④ [荷]里斯・洛万：《纪念碑——作为历史研究的史料》，孙虹、孙立新译，《史学理论研究》1997年第3期，第114—115页。

⑤ 《五卅公墓董事会积极进行筹备小学》，《申报》1934年1月26日，第14版。

⑥ 《五卅十周年纪念，今晨各界公祭烈士墓》，《申报》1935年5月30日，第9版。

无名英雄墓的造型设计，同样蕴含着民族觉醒的民族主义关怀。在设计墓园时，创建无名英雄墓发起人推定的常务委员会议特别强调："须根据中国固有美术材料，专用国货。"①显然无名英雄墓被视为民族主义象征，只能用国货来制作。

1932 年 11 月 14 日，无名英雄墓工程正式动工。②无名英雄墓选址在江湾庙行镇，因地处偏远乡镇，交通不便，先行修筑道路，南接闸北岭南路，西通大场。道路工程竣工后，1934 年 7 月开始建筑墓茔。1935 年 4 月，无名英雄墓堂竣工，包括墓门甬道、围墙、旗杆、石阶、墓碑、墓地、石棺等。③1935 年 12 月，无名英雄墓工程全部竣工。④

1936 年 2 月 9 日，阵亡将士遗骸落葬于无名英雄墓。事前，同仁辅元堂请残废院瞽者在阵亡将士原葬地摸得遗骸一具，将其运送至无名英雄墓后安葬。当天参加葬礼有吴铁城市长(李大超代表)、胡筠秋、杜月笙、沈怡、张效良、董大酉及各机关团体代表百余人，附近乡村民众男女老幼数百人，均携带元宝锡箔焚烧。全体在墓堂行最敬礼，"在严肃哀悼中，感觉阵亡将士为国家争光荣而牺牲，未死者当继续遗志，复兴民族"。⑤

1936 年 2 月 16 日无名英雄墓行揭幕礼。无名英雄墓位于庙行镇中心，占地约 50 余亩。公墓工程由著名建筑工程师董大酉设计，久记营造厂以六万六千余元承办。"全部轮廓成宝剑形，以主要部分之墓堂，处剑柄形之首端；中间林落大道，为剑匕部分；横叉大道之旗竿道，平行于墓堂之前者，适为剑档之象形。全部建筑式样，朴素坚固，缀以中国式花饰雕纹，清幽古雅。墓堂乃一略带长方之立体建筑，耸立于阔一百二十八尺，深一百十尺之广大石板平台上；台之四边，有石级十五步，分为三叠，正面宽约三十余尺；堂中设有半圆形地坑，中置石椁一具，为瘗葬阵亡无名英雄将士遗体之处；后部竖立石碑一方，悬有'一·二八阵亡将士之灵'红色大旗。""墓堂上首缀有

---

① 《创建无名英雄墓会议》,《申报》1933 年 1 月 7 日，第 15 版。
② 《庙行创建无名英雄墓》,《申报》1932 年 11 月 25 日，第 15 版。
③ 《无名英雄墓堂竣工》,《申报》1935 年 4 月 24 日，第 11 版。
④ 《无名英雄墓落成典礼展期》,《申报》1936 年 1 月 28 日，第 13 版。
⑤ 《无名英雄墓昨安葬阵亡将士遗骸》,《新闻报》1936 年 2 月 10 日，第 9 版。

'义薄云天'四字,系国府主席林森手笔。堂内竖有墓碑,上书'无名英雄之墓'六大字。"①

无名英雄墓独特的造型设计蕴含着民族觉醒的民族主义关怀,墓堂整体轮廓呈剑形,剑有"正气"之寓意,象征烈士捍卫民族国家之浩然正气。墓堂内部设计也颇有深意,无不体现了对在抗战中英勇牺牲的无名英雄的纪念与缅怀之情,"凭吊者一入堂门,敬仰之心,油然而生"②。

一座建筑往往通过有形的形态、构造和装饰,来表达建造者的主观意念,甚至特定时代的风尚和思潮,从而体现出某种或隐或现的建筑精神。③烈士公墓的建筑精神在于纪念性,这种空间特质衍生出强烈的民族主义情怀,使得烈士公墓成为民族主义的象征空间。

三、仪式主题与民族主义空间的构建

空间象征与实践是不可分割的一体化场域,人们在理解空间象征的同时,其实践活动又进一步强化空间象征,形成对空间的再建构。④纪念性公墓必然与仪式实践相联系,卢克斯将仪式定义为"受规则支配的象征性活动,它使参加者注意他们认为有特殊意义的思想和感情对象"⑤。社会各界于烈士公墓内举行的各种祭奠仪式,其主题不仅停留于纪念和表彰烈士的丰功伟绩,而且在于传达赓续烈士遗志,实践救亡图存的民族使命。

挽联是突出仪式主题的重要形式。挽联是中国哀悼死者,治丧祭祀时专用的楹联,是灵堂必备的布置。烈士公墓举行的历次祭奠仪式中普遍沿用了这一传统,祭台四周均悬满了社会各界赠送的挽联。如五卅公墓落成典礼时,钱大钧赠送的挽联:"前五卅而牺牲,谋解放争自由,死重泰山,先烈精神垂百世;唤广众之觉悟,尊主义轻生命,血流歇浦,群贤墓表作千秋。"⑥

①② 《无名英雄墓昨晨举行揭幕典礼》,《申报》1936年2月17日,第11版。

③ 李恭忠:《中山陵:一个现代政治符号的诞生》,社会科学文献出版社2009年版,第164页。

④ 陈蕴茜:《崇拜与记忆:孙中山符号的建构与传播》,南京大学出版社2009年版,第502页。

⑤ [美]保罗·康纳顿:《社会如何记忆》,纳日碧力戈译,上海人民出版社2000年版,第49页。

⑥ 《五卅烈士公墓前日落成典礼》,《申报》1928年6月1日,第17版。

再如五卅惨案五周年之际,公祭殉难烈士时的挽联:“碧血长埋,徒留沪渎伤心史;丰碑屹峙,唤起神州民族魂。”①这些挽联均表达了社会各界强烈的民族主义情怀,成为构建民族主义空间的鲜活材料。

祭文,是祭祀或祭奠时表示哀悼或祷祝的文章,重在突出死者生前的功绩和美德,以激励后人。祭文也是凸显仪式主题,抒发民族情感的表现形式。如五卅十一周年公祭仪式上,五卅公墓董事会致祭:

> 呜呼,诸烈士为民族复兴、民族生存,而以血肉殉难于南京路上,忽已十有一年矣,看我祖国山河,蹂躏范围日广,能不痛心疾首?压迫我民族之军队和私货,如入无人之境而来,谁为为之?孰令致之?皆我后死者未能践踏烈士之血迹前进之过也。我人已迫而觉悟矣,我人已迫而奋起矣,要民族复兴,要民族生存,知惟以血与肉,践踏烈士之血迹以前进耳。②

从这篇祭文中可以看出,在中华民族的危急关头,五卅烈士精神被重新唤醒,以满足救亡图存、民族复兴的时代需求。

音乐是充溢仪式空间、烘托氛围的要素,具有对仪式行为者产生生理和心理影响的潜在功能。奏哀乐是公祭仪式的重要程序之一,烘托一种悲伤的情愫。演唱纪念歌曲也是仪式的内容之一,歌曲本身即是宣扬民族主义的鲜活材料,以“一·二八”四周年纪念大会上演唱的“一·二八”纪念歌为例:

> 一·二八,一·二八,我们曾经流过多少血!一·二八,一·二八,我们曾经流过多少血!敌人的炮火,曾经毁灭我们的上海;战士的热血,曾经淹死了凶恶的仇敌。我们英勇的牺牲者啊!你们为着民族生存奋斗到底,牺牲一切,用你们热血唤醒民众,这是你们的功烈。中华

① 《五卅惨案纪念》,《申报》1930年6月1日,第13版。

② 《五卅十一周年纪念,各界今晨祭烈士墓》,《申报》1936年5月30日,第11版。

民族不可灭!一·二八,一·二八,我们曾经受过多少牺牲!一·二八,一·二八,我们曾经受过多少牺牲!民众的力量,曾经粉碎了敌人的野心;停战协定,曾经断送了民族的光荣。我们英勇的牺牲者啊!我们要替你们报仇,踏着血迹,勇猛前进,用我们的热血,完成革命,这是我们的责任,中华民族不可灭!中华民族不可灭![①]

在纪念大会上,哀乐和纪念歌的交相组合,引导人们融入仪式之中,催生对烈士的哀悼、崇敬之情,唤起人们对烈士的追忆,激发民众的抗日热情和民族主义情感。

烈士公墓所进行的仪式程序中,演说是宣传抗敌救国、振兴中华民族的重要方式。四烈士衣冠墓落成典礼上,李大超(代表上海市市长吴铁城)、王晓籁等分别致词演说,鼓励民众继承烈士遗志,救国救民:"烈士虽死犹生,衣冠墓落成,各界参加后,应以烈士之精神,挽救国难,复兴民族。""烈士之死,诚重于泰山,死得值得,流芳千古。吾侪后死者,应振足精神,负起救国救民之工作,方不愧对四烈士。"[②]

1936年2月16日,无名英雄墓行揭幕礼,上海市市长吴铁城发表演说,强调无名英雄墓为民族英雄之归宿,因未知其姓名,故以无名二字命名,"以纪国家民族光荣之事实"。王晓籁随后也声称"吾人在商言商,应以无限公司组织式的,以无限的精神,发挥民族固有之精神,以期国家民族之强盛"。[③]

此外,1937年1月28日,"一·二八"五周年之际,上海各界在无名英雄墓前举行公祭,以寄哀思。市党部主席陶百川和杜月笙相继进行演说,陶百川在赞扬烈士奋勇抗敌的民族精神的同时,强调:"现国难日行严重,凡我国人,当继承先烈精神,争取最后之生存。"杜月笙也指出:"'一·二八'时之情形,想各位尚能记忆,当时我军民抗御结果,虽牺牲甚大,然已使敌人胆寒。

① 《"一·二八"四周年举行纪念大会》,《生活教育》第2卷第24期,1936年2月16日,第36页。
② 《殉难童子军衣冠墓昨晨举行落成典礼》,《申报》1935年2月18日,第10版。
③ 《无名英雄墓昨晨举行揭幕典礼》,《申报》1936年2月17日,第11版。

现在国家形势依然严重,我人应精神团结,一致对外。"①

呼喊口号是具有强烈感召力的动员手段。如五卅烈士公墓落成典礼上的口号有:"五卅烈士精神不死""誓为五卅烈士复仇""打倒帝国主义""取消一切不平等条约""厉行对日经济绝交""全体国民要做切实持久的救国工作""努力完成国民革命""中国民族解放万岁"等。②

无名英雄墓举行的"一·二八"五周年公祭仪式中,人们高呼"一·二八烈士精神不死""继续一·二八烈士的精神御侮救国""中华民国万岁"。③这些口号极富感召力,是颂扬民族精神,激发民族意识的有力手段。

涂尔干指出,"仪式通过集体力发挥作用,而集体力也通过仪式产生作用。"④以烈士公墓为场域的各种祭奠仪式,对于增强社会凝聚力,进行革命动员和激发民众的民族意识有着重要意义。

第二节　社会记忆空间的构建

烈士公墓承载了国家和民族的历史记忆。正如有学者指出:纪念性的建筑和一个民族的集体记忆有关系,主要承担保存集体记忆,构造历史的功能,总是要使某个人物、某个事件和某种事物不朽,所以它就成为一个社会共同体世代相传的精神纽带,沟通生死两界——过去、现在和未来的桥梁。⑤

一、空间生成与社会记忆

"集体记忆具有双重性质——既是一种物质客体、物质现实,比如一尊塑像、一座纪念碑、空间中的一个地点,又是一种象征符号,或某种具有精神涵义的东西、某种附着于并被强加在这种物质现实之上的为群体共享的东西。"⑥

---

①③ 《各界公祭无名英雄》,《申报》1937年1月29日,第13版。
② 《五卅烈士公墓前日落成典礼》,《申报》1928年6月1日,第17版。
④ [法]爱弥尔·涂尔干:《宗教生活的基本形式》,渠东、汲喆译,商务印书馆2011年版,第559页。
⑤ 殷双喜:《政治图像与社会记忆:纪念性雕塑的毁坏与改变》,《美术学报》2010年第4期,第12页。
⑥ [法]莫里斯·哈布瓦赫:《论集体记忆》,毕然、郭金华译,上海人民出版社2002年版,第335页。

近代上海烈士公墓及附着其上的各种空间生产,对于民众记忆产生了重要影响。

首先,为保持永久纪念,墓地的建筑材料都力求坚固。五卅烈士公墓使用国内著名厂家生产的钢铁、水泥等建筑材料,纪念碑是用自宁波订购的名贵梅园石造成。[①]无名英雄墓建筑坚固,“墓身概用钢骨水泥芝麻石,窗门均用铁制,以求坚固耐久”[②],石椁使用名贵的金山石[③];墓堂前石级使用真国产石,四周石级使用人造石[④]。四烈士衣冠墓也全部用金山石料承造。[⑤]

其次,烈士公墓在空间生产上体现出了一定的开放性。无名英雄墓委员会在布置墓园时,即强调“建墓原意,在纪念过去创痛与殉国烈士之伟大精神,以昭后人景仰凭吊,将来正式揭幕后,应常年开放,任人参观游憩”[⑥]。为此,“墓之周围,遍栽花木,借以拱护侠骨忠魂”[⑦]。“倘循大道往游,远见其幽雅静娴,树木深荫,隐约间遥见刀形地,矗一雄壮筑物,花园内满植树木花果,夹道往访,别有风趣”[⑧]。烈士公墓对外开放,供国人凭吊,以寄哀思,对于构建国家民族的历史记忆具有重要意义。

复次,烈士公墓在空间生产上凸显出纪念性特征。五卅公墓、无名英雄墓等烈士公墓为纪念性建筑,通过墓园的空间设计和内部陈设营造出一个令人敬仰的纪念性空间。五卅烈士公墓墓碑上镌刻各烈士传略,“俾千百年后,可以拓印,传流于世”[⑨]。五卅公墓纪念堂内设立的五卅小学,使得儿童整个身心融入民族主义教育中,形成了对“五卅”深刻而持久的历史记忆。

烈士公墓内还陈设了各种烈士纪念物品,供后人纪念和缅怀。如五卅公墓内血衣亭中放置了各烈士殉难血衣。[⑩]无名英雄墓在规划设计时,拟

---

① 《五卅烈士公墓已兴工》,《申报》1926 年 10 月 1 日,第 9 版。
② 《无名英雄墓即开建》,《申报》1934 年 5 月 26 日,第 12 版。
③ 周明珠、王晓玉、仲富兰主编:《民俗上海 · 宝山卷》,上海文化出版社 2007 年版,第 101 页。
④ 《无名英雄墓堂竣工》,《申报》1935 年 4 月 24 日,第 11 版。
⑤ 《殉难童子军衣冠墓昨晨举行落成典礼》,《申报》1935 年 2 月 18 日,第 10 版。
⑥ 《无名英雄墓揭幕有期》,《申报》1935 年 9 月 20 日,第 11 版。
⑦ 《创建无名英雄墓募捐启》,《申报》1932 年 12 月 9 日,第 4 版。
⑧ 雅洁:《无名英雄墓行将落成》,《申报》1934 年 12 月 11 日,第 21 版。
⑨ 《五卅公墓图样已绘就》,《申报》1926 年 4 月 28 日,第 13 版。
⑩ 《五卅烈士公墓奠基之荣哀》,《申报》1926 年 5 月 30 日,第 13 版。

"四周壁间,将陈列当时战争各项纪念品,烈士衣冠、照像,以及有关阵亡将士之各种值得留为历史纪念之事物,均将搜罗陈设其中,以使我沪战所受至惨至酷之外侮,可为后人脑海中,永留一深刻之印象"①。无名英雄墓堂建成后,四壁"尽皆纪念图表,纪念当时十九路、五路两军协力抗日的详情实况,意在激励民众,发扬英雄气概"②。创建无名英雄墓委员会还登报征求"一·二八"战事纪念物品陈列,敬祈各界同胞、各团体,如有留藏相关纪念品愿意赠送者,请送交委员会,或来信派人前取,"以便定期陈列,俾众共睹"。③

再次,为便于民众祭扫,上海各界在建筑烈士墓的同时,特开辟墓道,以供进出。1933 年 5 月,五卅丧葬筹备处呈请上海市工务局派员勘查、修筑附近道路。④无名英雄墓在发起之初即修筑道路,"西通大场,南接闸北之岭南路,使四时凭吊者无绕道之烦。"⑤1936 年 2 月,上海市工务局又着手修筑大场至无名英雄墓的墓道,即"一·二八"纪念路。⑥

民国以来上海马路的命名,大多沿用全国各地的地名或人名,而以历史事件来命名很少见,"一·二八"纪念路同"一·二八"淞沪抗战相联系,足见这条道路的重要意义所在。道路和人们日常生活联系最为紧密,"一·二八"纪念路通向无名英雄墓,必然会让人们时常联想到无名英雄,形成对"一·二八"的深刻记忆。尽管全面抗战爆发以后,上海沦陷,无名英雄墓被日军炸毁,但道路犹存,血的记忆是不易磨灭的。

此外,无名英雄墓的西面还建有供劫后余生灾民居住的"庙行纪念村",由张公权等沪上名流筹款建成。每逢公祭时,纪念村中的村民会向前往无名英雄墓的凭吊者回忆当时的抗战情形。如有位名叫戴杏根的村民,讲述

---

① 《纪念沪战阵亡忠魂无名英雄墓将开建》,《申报》1934 年 3 月 17 日,第 12 版。
② 雅洁:《无名英雄墓行将落成》,《申报》1934 年 12 月 11 日,第 21 版。
③ 《创建无名英雄墓委员会为征求一·二八纪念物品启事》,《申报》1936 年 2 月 11 日,第 6 版。
④ 《五卅公墓董事会开会》,《申报》,1933 年 5 月 25 日,第 10 版。
⑤ 《创建无名英雄墓募捐启》,《申报》1932 年 12 月 9 日,第 4 版。
⑥ 《上海市工务局关于一·二八忠烈墓纪念路文件(江湾区)》,上海市档案馆藏,档号:Q215-1-9401。

由其向导的十六名十九路军便衣队，进攻纪家宅毙敌三百余名的那一段光荣事迹，有声有色。[①]“庙行纪念村”对于构建和传承“一・二八”历史记忆具有重要意义。

正如赖德霖指出，“每一个‘纪念’，都指向某种特定的怀念方式，从而巩固、增进现代中国转型过程中新出现的公共团体、党派和社群的共同记忆。其中雕刻、纪念碑、纪念建筑等实体‘纪念’物……以独特的外观促使公众去思考被念想的事件或个人的意义……它们由耐久的材料制成，可以使共同记忆得以长久延续……它们位处公共空间，因而与社会生活相连，甚至参与其中，从而使某个社会的共时性集体记忆成为可能。”[②]烈士公墓独特的空间生成方式，对于保存集体记忆具有重要作用。

二、仪式与社会记忆

“在历史记忆里，个人并不是直接去回忆事件；只有通过阅读或听人讲述，或者在纪念活动和节日的场合中，人们聚在一块儿，共同回忆长期分离的群体成员的事迹和成就时，这种记忆才能被间接地激发出来。”[③]肯奈斯・福特也曾经说过：“这个场所为什么重要，这个事件为什么需要记住，这些都需要通过某种仪式清楚地告诉人们。”[④]可见，仪式对于构建社会记忆有着十分重要的意义。烈士公墓正是通过各种仪式的操演，实践公共记忆空间的构建。

(一) 仪式宣传与空间记忆

1926 年 5 月，五卅丧葬筹备处为扩大五卅公墓奠仪式的宣传效果和社会影响，分发各种宣传纪念品，一是出版《五卅特刊》，记载典礼的筹备经过，进行文本宣传；[⑤]二是设计徽章。筹备处还专门设计了可供纪念和收藏的

---

① 剑心：《公祭“无名英雄墓”》，《国讯》第 154 期，1937 年 2 月 1 日，第 43 页。

② 转引自李恭忠：《中山陵：一个现代政治符号的诞生》，社会科学文献出版社 2009 年版，第 181 页。

③ [法]莫里斯・哈布瓦赫：《论集体记忆》，毕然、郭金华译，上海人民出版社 2002 年版，第 43 页。

④ 转引自黄东兰主编：《身体・心性・权力》，浙江人民出版社 2005 年版，第 122 页。

⑤ 《五卅丧葬筹备处会议纪》，《申报》1926 年 5 月 15 日，第 13 版。

“奠基代表徽章”,登报通告参与奠基典礼的各团体必须预领徽章,方可入内。前往筹备处领取徽章的各团体络绎不绝,典礼前一天尤为踊跃,“约发出八百份左右”①。

无名英雄墓在揭幕典礼之际,也发行了纪念章,并刊登启事鼓励社会各界认购:

> 查“一·二八”之役爱国将士为国牺牲,本市各界为记功报德,永留纪念起见,发起创建无名英雄墓于庙行镇。兹谨定于本月十六日上午准十时举行揭幕典礼,并规定是日参加者须佩带纪念章,分为十元、五元、一元三种,收入充作该墓经常费用,务请各界同胞向八仙桥青年会本会或申报馆、新闻报馆、时事新报馆、青年会、商务印书馆、中华书局、先施、永安、新新、大新、中国国货、福安各公司、国际饭店、中央、中国、交通、中南、上海市银行等踊跃认购上项纪念章,参加揭幕(会场门前临时亦可购买),共襄义举。②

纪念章发行后,连日来社会各界踊跃认购,如吴铁城市长、潘公展、王延松、宓季方、陈光宗、柳亚子、胡筠秋、陈陶遣、李公朴等数十人,及交通银行、上海银行等,均积极购买纪念章。③前往永安公司、中国银行、大新公司、福安公司、丽华公司购买纪念章者,络绎不绝。杜月笙、林康侯、王晓籁、杨志雄、张效良、宋子良、陈鸿璧、冯仰山、杨虎、郑通和、唐乃康、陈匪石、全绍武、陆伯鸿、严味莲、曾镕甫等数十人也都购买了纪念章。揭幕典礼当日,为方便各界购买,创建无名英雄墓委员会专门派员在该墓附近交通要口江场路、岭南路发售纪念章。④会场入口处派有专人检查证章,无纪念章者须补购,否则不能进场。⑤

---

① 《五卅烈士公墓今日举行奠基礼》,《申报》1926 年 5 月 29 日,第 13 版。

② 《创建无名英雄墓委员会为无名英雄墓揭幕典礼启事》,《申报》1936 年 2 月 11 日,第 6 版。

③ 《无名英雄墓开幕期近,购纪念章者甚为踊跃》,《申报》1936 年 2 月 13 日,第 11 版。

④ 《无名英雄墓明日行揭幕礼》,《申报》1936 年 2 月 15 日,第 12 版。

⑤ 《无名英雄墓昨晨举行揭幕典礼》,《申报》1936 年 2 月 17 日,第 11 版。

从社会记忆的角度说,徽章、纪念章等宣传品,可供私人长期收藏,具有永久纪念的功能。这些纪念品的推广,将仪式的宣传扩展至民众的日常生活空间,延伸了仪式的内涵与意义,从而有利于仪式参与者对仪式的主题形成更为深刻而持续的共同记忆。然而,“购章入会”的方式也有其不足之处。从无名英雄墓纪念章购买群体及仪式的参与者来看,其基本上是政界要人和社会精英人物,普通民众无力购买纪念章,也就无法参加纪念仪式,因此使普通民众尤其是底层民众疏离于仪式之外。有人即认为这种“凭章入会”的办法“把有钱人和没钱人底联合战线拆开了”。这种办法无异于说:“你有几块洋钿吧? 好! 你来买个纪念章去,大家来景仰、景仰;警惕、警惕。你没有钱吧? 那末就只好不要参加吧。”①可见,这种纪念仪式与方式造成了社会记忆的分层,缺乏应有的群众性,不利于在更广泛的基础上构建国家民族的历史记忆,因此也就在一定程度上削弱了仪式的功能。

(二) 仪式重演与社会记忆

柯泽认为仪式是由社会来规范化的、重复的象征行为,“仪式行为带有正式的品质,是一个高度结构化的、标准化的系列,并常常在自身也带有特殊象征意义的特定的地点和时间被上演。仪式行为是重复的,因此也是循环往复的,但这些都服务于重要的意义并用于疏导感情、引导认知和组织社会群体。”②因此,仪式具有重演性。

仪式的重演性,首先表现为“仪式时间”的重复性。人类学家布洛克研究发现每种文化内至少存在两套时间观:一套是“仪式时间”;另一套是“日常时间”。③“仪式时间”和特定的历史事件相联系,因此被神圣化,并赋予特定的纪念意义。1927 年南京国民政府统一全国后,建立革命纪念日体系,并举行相应的仪式,从而产生了一系列“仪式时间”。“五卅”“一·二八”均被纳入“仪式时间”体系之中。“纪念仪式中的时间观念不是纯量观念;据信,时间的构成部分不可以无限划分成前后相继的不可逆线性单位。相反,

---

① 李健群:《从无名英雄墓谈起》,《知识》第 1 卷第 6 号,1936 年 2 月 16 日,第 295 页。
② 转引自王宵冰主编:《仪式与信仰——当代文化人类学新视野》,民族出版社 2008 年版,第 6 页。
③ 陈蕴茜:《崇拜与记忆——孙中山符号的建构与传播》,南京大学出版社 2009 年版,第 224 页。

由某些至要时期构成的，在日历中每年都占据同样相应位置的时间间隔，据信有同质性；年代类似性使同样活动的重复成为必需，或允许他们重复进行。"同样的仪式在类似的时间环境中进行，因此，"仪式时间具有无限的重复性"。①仪式时间的重复性，具有引导和强化公共记忆的功能。提及5月30日，人们即联想起五卅惨案；提及1月28日，人们即联想起"一·二八"淞沪抗战，这些日期和事件成为中国近代民族解放战争史上标志性的历史记忆。

仪式的重演性还表现为仪式内容的重复性：其一，挽联和祭文是历次仪式语言的主体元素，在塑造群体记忆的过程中扮演了重要角色。仪式语言在词汇、句法和风格上受到系统性的编排，多采用排比修辞法，行文对仗，格式上给人以庄重、肃穆的感觉。以五卅惨案五周年公祭典礼上的祭文为例：

> 呜呼痛哉！烈士为国权民命而赴难，是烈士不忘丧其元之义也；烈士为平等自由而就义，是奋不顾身视死如归之勇也。死固或重于泰山，或轻如鸿毛。为私而死，死或得哀荣，然而其茔不久；为公而死，死或不得哀荣，然而死久而其荣弥显而弥永。烈士死也为公而非为私，方其死也，尸骸狼藉，渐得浮厝，兹也公墓巍然沪北，将来必能与世长存，所谓流芳百世者欤。伏维尚飨。②

根据雅各布森的观点，"当前后相继的动词序列之间必须存在或者优先选择某些类似性的时候"，就可以说存在一个标准排比的传统，从而就会反复出现大量标准化的"约定俗成对偶词"。大量研究证明，这种语言排比作为一种记忆手段具有重要意义。③五卅公墓、无名英雄墓等烈士公墓的公祭仪式语言呈现了上述特征，这些编排化、程序化语言信息的反复传播，有助于营造仪式的氛围，升华民众的情感，成为构建集体记忆的鲜活材料。

---

① [美]保罗·康纳顿：《社会如何记忆》，纳日碧力戈译，上海人民出版社2000年版，第76页。
② 《今日各界纪念五卅殉难烈士》，《申报》1930年5月30日，第13版。
③ [美]保罗·康纳顿：《社会如何记忆》，纳日碧力戈译，上海人民出版社2000年版，第68页。

其二，历次仪式的程序也基本相同。1927 年南京国民政府成立后，公祭仪式程序得以规范和统一。

表 3-1　1926—1937 年上海主要烈士公墓祭奠仪式程序

年份	仪式	程　　序
1926 年 5 月 30 日	五卅公墓 奠基礼	(一)奏哀乐。(二)升旗。(三)鸣警钟。(四)主席林钧报告。(五)成燮春报告经过情形。(六)静默三分钟。(七)奠基：甲、陪祭揭花；乙、主祭揭国徽；丙、奠基。(八)全体三鞠躬。(九)全体向烈士遗像行三鞠躬。(十)读祭文。(十一)演说。(十二)烈士家属答辞。
1927 年 5 月 30 日	"五卅" 两周年公祭	(一)向党国旗及总理遗像，行三鞠躬礼。(二)向"五卅"殉难烈士公墓前，行一鞠躬礼。(三)恭读总理遗嘱。(四)静默三分钟志哀。(五)献花。(六)读祭文。(七)摄影。
1928 年 5 月 30 日	五卅公墓 落成典礼	(一)奏哀乐；(二)主祭者就位；(三)襄祭者就位；(四)全体向党旗国旗及总理遗像三鞠躬；(五)陈德征恭读总理遗嘱；(六)向"五卅"殉难烈士遗骸行三鞠躬礼；(七)静默三分钟志哀；(八)焚香(主祭虞洽卿)；(九)献花(刘蘅静)；(十)献爵(中央党部代表陈德征)；(十一)献茗(国民政府代表张定璠)；(十二)读祭文；(十三)潘公展报告"五卅"殉难烈士赴义经过；(十四)成燮春报告公墓筹建经过；(十五)中央党部代表致词；(十六)国民政府代表致词；(十七)上海特别市党部代表致词；(十八)上海特别市政府代表致词；(十九)演说；(二十)呼口号；(二十一)摄影；(二十二)奏哀乐，礼成。
1929 年 5 月 30 日	"五卅" 四周年公祭	(一)奏哀乐、开会；(二)公推虞洽卿为主祭；(三)向党国旗及总理遗像、烈士遗像行三鞠躬礼；(四)钮长铸恭读总理遗嘱；(五)静默三分钟；(六)陈德征读祭文；(七)献花；(八)唱党歌；(九)奏哀乐；(十)礼成。
1930 年 5 月 30 日	"五卅" 五周年公祭	(一)全体肃立；(二)奏哀乐；(三)唱党歌；(四)向党国旗及总理遗像暨"五卅"烈士行三鞠躬礼；(五)主席恭读总理遗嘱；(六)为"五卅"烈士静默三分钟志哀；(七)献花；(八)读祭文；(九)奏哀乐；(十)礼成。
1931 年 5 月 30 日	"五卅" 六周年公祭	(一)司仪就位；(二)主祭就位；(三)襄祭就位；(四)向国旗、总理遗像行三鞠躬礼；(五)恭读总理遗嘱；(六)向烈士墓行三鞠躬礼；(七)献花；(八)献果；(九)读祭文；(十)静默三分钟；(十一)襄祭退；(十二)主祭退；(十三)司仪退；(十四)礼成。

续表

年份	仪式	程　　序
1933年5月30日	"五卅"八周年公祭	(一)全体肃立;(二)唱党歌;(三)向党国旗及总理遗像行最敬礼;(四)主席恭读总理遗嘱;(五)为"五卅"殉难烈士静默三分钟志哀;(六)主席报告;(七)演说;(八)呼口号;(九)礼成。
1935年5月30日	"五卅"十周年公祭	(一)致祭人就位;(二)向烈士公墓行三鞠躬礼;(三)静默三分钟;(四)主祭者献香;(五)献花;(六)献清泉;(七)恭读祭文;(八)致祭人员向烈士墓行一鞠躬礼;(九)礼成。
1937年5月30日	"五卅"十二周年公祭	(一)全体入席;(二)主祭就位;(三)襄祭就位;(四)主祭虞洽卿献爵;(五)全体向烈士致祭,行三鞠躬礼;(六)静默;(七)读祭文;(八)主祭献花并致纪念词;(九)唱"五卅"纪念歌;(十)礼成。
1935年2月18日	殉难童子军衣冠墓落成典礼	一、集合。二、奏哀乐。三、全体肃立。四、向党国旗及总理遗像行最敬礼。五、主席恭读总理遗嘱。六、静默三分钟,为四烈士志哀。七、主席报告。八、揭幕。九、向四烈士遗像及衣冠墓行敬礼。十、献花。十一、演说。十二、唱哀歌。十三、礼成。
1936年2月16日	无名英雄墓揭幕礼	(一)全体肃立。(二)奏乐。(三)向党国旗及总理遗像行最敬礼。(四)主席恭读总理遗嘱。(五)奏乐揭幕。(六)向"一·二八"阵亡将士灵位行最敬礼。(七)献花。(八)为"一·二八"阵亡将士静默。(九)主席报告。(十)演说。(十一)奏乐。(十二)礼成。

资料来源:1926—1937年《申报》。

如表3-1显示,奏哀乐,全体向党旗国旗、总理遗像及烈士遗像行三鞠躬礼,恭读总理遗嘱,全体肃立,静默致哀,读祭文,唱党歌,致词,演说,喊口号,献花,献香等程序,成为历次仪式的主要内容。仪式的规范性、重复性操演有利于参与者形成习惯记忆。"恰恰因为被操演对象是操演者习以为常的对象,所以,群体成员共同记忆的认知内容,才具有如此的说服力和持久力。"①

保罗·康纳顿特别强调在某个神圣场地反复操演的固定仪式所具有的

① [美]保罗·康纳顿:《社会如何记忆》,纳日碧力戈译,上海人民出版社2000年版,第108页。

记忆力量，它使得“凡人的时间幻觉被中止”，“时间差别被抹平，‘真正的’‘真实的’同一个现实，每年都被揭示出来”。[①]国民政府正是通过这种时间和空间维度的结合，在烈士公墓这样“神圣”的场地和特定的时间环境中，重复操演固定的仪式，充分调动人的动作、身体、情绪等多重记忆本能，使人们能够在不断重复的过程中强化对历史的记忆。五卅惨案、“一・二八”事变一次又一次地被再现。身在仪式现场的参加者们似乎进入或者重新回到那个时代，“植根在特定群体情境中的个体，也是利用这个情境去记忆或再现过去的”[②]。

仪式的效用不限于仪式场合。尽管仪式往往会在特定时间、特定地点举行，但是，“在仪式上展示的一切，也渗透在非仪式行为和心理中”。[③]因此，仪式具有渗透性，仪式能够把其价值和意义赋予到参与者的日常生活当中，从而形成有效而持久的记忆。

烈士公墓，从纪念、歌颂、尊崇逝者和激励生者的社会需要出发，以特有的仪式效应建构并强化公众关于国家和民族的历史记忆，成为中华民族的精神文化遗产并影响后代人的集体记忆。

第三节　权力空间的构建

福柯曾说：“空间是任何权力运作的基础。”[④]南京国民政府以烈士公墓为场域，进行权力的空间运作，以服务于国民政府的统治。烈士公墓成为国民政府实践权力建构的重要空间载体。

一、社会权力的统合

近代中国在现代化过程中一直面临着民族生存的危机，民族主义因而

① [美]保罗・康纳顿：《社会如何记忆》，纳日碧力戈译，上海人民出版社2000年版，第49页。
② [法]莫里斯・哈布瓦赫：《论集体记忆》，毕然、郭金华译，上海人民出版社2002年版，第40页。
③ [美]保罗・康纳顿：《社会如何记忆》，纳日碧力戈译，上海人民出版社2000年版，第50页。
④ 米歇尔・福柯、保罗・雷比诺：《空间・知识・权力——福柯访谈录》，包亚明主编：《后现代性与地理学的政治》，上海教育出版社2001年版，第13—14页。

成为执政合法性的重要资源。“在现代中国的变迁过程中,民族主义成为现代化的最有效的社会动员,成为凝聚人心、整合社会意识形态的象征。谁抓住了民族主义这面旗帜,谁就占据了领导现代化的精神制高点,掌握了统治中国改朝换代的合法性资源。”[①]在这种情势下,国民政府深知:要在短期内消解合法性危机,建立新的威权统治,必须祭起“民族主义”的大旗,才能有效地凝聚人心,整合社会资源。

近代上海,社团取得了长足的发展,除了担负着都市社会的公共职能,促进近代上海的城市发展,还成为民族运动得以发展的基础。[②]如前所述,五卅烈士公墓的筹建最初是在上海工、商、学界团体联合组成的丧葬筹备处的主导下进行,并得到了民众的参与和支持。以五卅公墓为场域的各种宣传和纪念活动传达了号召群众参加民族救亡运动的信息,起到了动员革命群众的效果。

然而,由地方精英所主导的民族主义的空间建构毕竟是建立在自发性基础之上的,它往往会分散或削弱中央政府的权力,从而导致社会权威体制和社会秩序的失范,不利于社会在国家层面上的整合。为此,国民政府为实现社会权力的统合,逐渐将五卅公墓的建设管理纳入政府的主导下进行。

由于资金问题及工程舞弊兴讼延搁,五卅公墓的建筑工程一度中断,无法进行。1927 年 5 月,国民政府介入五卅公墓的建设管理,由国民党上海特别市党部、上海学联会、各路商总会、工会组织统一委员会四团体重新组织五卅殉难烈士丧葬筹备处,使得工程得以继续。[③]公墓的工程建设事宜由上海市政机构工务局统一领导和监督。公墓及纪念碑的工程材料和施工规则均接受上海市工务局的勘查、监管[④];五卅公墓的泄水及挑筑沟管等工程也由上海市工务局负责办理[⑤]。工程结束后,为“保管永久,以垂纪念”,筹

---

① 许纪霖、陈达凯主编:《中国现代化史(1800—1949)》(第 1 卷),学林出版社 2006 年版,第 6 页。

② [日]小浜正子:《近代上海的公共性与国家》,葛涛译,上海古籍出版社 2003 年版,第 1 页。

③ 《五卅葬事继续进行》,《申报》1927 年 5 月 30 日,第 10 版。

④ 《上海市工务局查勘五卅烈士公墓工程文书》,上海市档案馆藏,档号:Q215-1-7033。

⑤ 《上海市工务局办理五卅烈士公墓泄水工程挑筑沟管文书》,上海市档案馆藏,档号:Q215-1-8406。

备处经上海市政府批准组织五卅公墓董事会管理公墓。①

五卅公墓内举行的祭奠仪式，通常由国民政府、国民党中央党部、上海市政府、上海市党部代表主祭，如 1928 年 5 月 30 日，即五卅惨案三周年之际，五卅公墓举行落成典礼，主祭有中央党部代表陈德征、国民政府代表张定璠、市党部代表钱大钧、市政府代表周雍能、公团代表虞洽卿。②政府的主导地位和权威得到了有效凸显。

"新的国家权力诞生于民族运动之中"③。南京国民政府成立后，国民党为了建立一个强大统一的国家政权，势必要将民族革命运动的领导权掌握在自己的手中。国民政府对五卅丧葬筹备处的介入、重组，对公墓相关事务的监管，以及在仪式中的主导地位，折射出国民政府以五卅公墓为场域进行权力的整合，实行政治动员和国民革命。

二、仪式与国家、政党的集体认同

仪式的种类众多，就仪式举行者而言，可以分为"民间仪式"和"国家仪式"。④烈士公墓内举行各种公祭仪式，属于后者。所谓国家仪式是由政府发动、组织民众参与，具有严格的命令性和规范性，传输政治信息的一种政治仪式，是"由国家意识形态所运用的一套权力技术"⑤。科泽在其《仪式、政治与权力》一书中强调，政治仪式在所有的社会中都是重要的，因为权力关系无论在哪里都是经由沟通的象征方式而表达和改变的。他在书中还进一步引述沃泽的话："国家是不可见的，它必被人格化方可见到，必被象征化方能被热爱，必被想象才能被接受。"正是在此意义上，B.安德森将国家定义为"想象的政治共同体"。权力必须通过象征形式而得以表现，仪式实践是传播政治神话的主要方式。"仪式不仅从认知上影响人们对政治现实的定

① 《五卅烈士丧葬会准组董事会》，《申报》1928 年 12 月 19 日，第 14 版。
② 《五卅烈士公墓前日落成典礼》，《申报》1928 年 6 月 1 日，第 17 版。
③ [日]小浜正子：《近代上海的公共性与国家》，葛涛译，上海古籍出版社 2003 年版，第 11 页。
④ 陈蕴茜：《崇拜与记忆——孙中山符号的建构与传播》，南京大学出版社 2010 年版，第 221 页。
⑤ 郭于华主编：《仪式与社会变迁》，社会科学文献出版社 2000 年版，第 3 页。

义，而且具有重大的情感影响力。”[①]可见，国家的认同离不开仪式实践及象征形式的表达。国民政府以烈士公墓为场域，努力设计和利用仪式，动员民众的情感以支持其合法性，并激发群众对其政策的热情。

首先，在仪式中凸显国家权威的象征。仪式中，国家权威不仅因国民党与国民政府对于仪式的主导得以凸显，还通过代表国家机器的军队和警察得以呈现。1928 年 5 月 30 日，五卅公墓落成典礼上，到会代表有五百个团体一千余人，市党部指定的纠察队、公安局指派的保安队及国民党三十二军部分士兵，分布于烈士墓的四周及墓道两旁，维持秩序。[②]政治仪式所特有的规格与国家威严从中得以体现。

其次，在仪式中凸显国家符号的象征。柯恩在《双向度的人》一书中指出，现代文明社会的权力运作离不开象征符号和仪式行为，“仪式与象征既可以表达权威，又可以创造和再造权威，它们与权力关系相互依存、互为因果”。[③]在以五卅公墓、无名英雄墓为代表的烈士公墓的历次公祭典礼中，国民政府精心设计仪式内容，将民众纳入规定的仪式程序中，让其不断感受国家符号的存在，如对党、国旗及总理遗像行三鞠躬礼，宣读总理遗嘱，唱党歌等。在这种程序化、陈规化仪式的反复操演下，民众不断接受国家符号的洗礼，必然会逐渐加深国家与政党观念，从而塑造国民的现代国家和政党意识。

再次，利用口号、祭文传播政治理念。仪式中，呼喊口号，除了彰显烈士精神，激发群众的民族主义情感外，也是国民党进行政治宣传的重要方式：“在中国国民党指挥之下团结起来”“中国国民党万岁”[④]“中华民国万岁”等[⑤]，是国民党口号的常见内容。国民党借此进行意识形态的传输，呼吁民众对中华民国及国民党产生认同。

宣读祭文是仪式的重要内容，也是国民政府传达政治信息和话语的重

---

① 郭于华主编：《仪式与社会变迁》，社会科学文献出版社 2000 年版，第 342—343 页。

②④ 《五卅烈士公墓前日落成典礼》，《申报》1928 年 6 月 1 日，第 17 版。

③ 郭于华主编：《仪式与社会变迁》，社会科学文献出版社 2000 年版，第 341—342 页。

⑤ 《前日五卅纪念》，《申报》1933 年 6 月 1 日，第 13 版。

要工具。以五卅公墓落成典礼上的祭文为例："今全国官民，已集合于三民主义之下，受中国国民党之领导，由消极的破坏，进为积极的建设。以我之地大物博，人众智多，生聚教训，同赴国难，帝国主义之必为三民主义所制服，兹可预卜。呜呼，烈士继承总理之国民革命精神，与天地长存矣。"①该祭文颂扬三民主义与中国国民党所取得的成绩，并将五卅烈士的精神与孙中山的国民革命精神相融合，宣扬国民党统治的进步性与合法性。

再如"五卅"十二周年公祭祭文：

> 谨以清泉鲜花致祭于五卅殉难烈士之灵曰：……溯自烈士殉难以后，继以沙基、继以万县、继以北伐、继以奠都南京、继以上海设市、继以五卅、继以九一八、继以一·二八、继以热河、继以察东绥北，迄今十二年，动荡潜化，虽可痛患多，然我中华民族已于□患之中，将有出死入生之曙光，何则？盖我国已真诚统一，我国已有蒋委员长为唯一领袖，白银国有，法币施行，经济已有来苏之象；西南一体，西北解忧，政治已有正轨可循；公民训练，文盲急扫，生活已有向上趋势。虽失地未复，革命未成，而建设猛晋，国力日充，必不任□之武装莱茵独美于前，此可告慰于诸烈士者也。虽然，业今世界风云，已非诸烈士殉难之时可比，盖缩军已变扩军，德意一轴，英法一轴，互为旗鼓，二次大战，迫如眉睫，在东邻日本，拟乘此机，囊括我国。政府国策，不反必抗，而国民大会举行有时，宪政颁布指日可期，行见三民主义之我国，在领袖指挥之下，在全国一德一心之下，必能措民族于磐石之安，而跻世界于和平之境。……②

上述祭文回顾了中华民族自五卅惨案以来所历经的患难，极力颂扬国民党在政治、经济、文化上取得的成就，国民党的统治被誉为中华民族之曙光。从中可以看出，国民党以烈士公墓为场域，充分利用仪式来传播国民党统治的合法性和进步性，以唤起民众对中华民国和国民党的集体认同。

---

① 《五卅烈士公墓前日落成典礼》，《申报》1928 年 6 月 1 日，第 17 版。

② 《五卅惨案十二周年纪念，各界今晨公祭》，《申报》1937 年 5 月 30 日，第 13 版。

小　　结

“空间是政治性的、意识形态性的。”①在近代中国民族矛盾丛生、社会革命运动此起彼伏、民族处于危亡之际的特定环境里，以五卅公墓、无名英雄墓等为代表的烈士公墓的建造与整个时代环境、民族命运、政治意识形态等因素紧密地联系到了一起。烈士公墓作为一种象征空间，附属于其上的象征因子不仅蕴含了对烈士的崇敬与记忆，更涵盖了民族主义情怀、近代政党国家意识。它折射的是纪念性与政治性合而为一的空间特质。这种象征性空间的构建，在一定程度上起到了社会整合、革命动员、建构现代民族国家意识的作用。

---

① [法]亨利·勒菲弗:《空间与政治》(第二版)，李春译，上海人民出版社2008年版，第46页。

第四章　个案研究：万国公墓与近代上海都市文明

万国公墓是近代中国第一个华人创办的新式公墓，开启了近代上海公墓制度的先河，推动了近代上海丧葬观念与礼俗的变迁，标志着近代中国社会新型公共空间的生成，对近代上海的都市文明产生了重要影响。

第一节　万国公墓与近代上海墓制的变革

万国公墓是近代中国首个华人公墓，打破了长期以来的封建族葬制度，对于丧葬观念的变迁和社会风俗的演变具有重要的影响。万国公墓的成功经营，为上海华人公墓赢得了良好的声誉和社会效应，推动了近代上海华人公墓的发展。

一、新式文明殡葬理念的形成

随着近代上海都市化的发展和租界公墓的出现，中国传统葬俗的弊端越来越显现，1909年，浙江商人经润山在上海首创近代中国的公墓制度，初名“薤露园”，后改名“万国公墓”，突破了传统的丧葬观念，蕴含了文明科学的殡葬理念。

（一）“宝贵壤地”

经润山在《创建薤露园记》中揭露了传统墓葬对土地资源的极大浪费：“中国人稠地宅，尺土寸金，江浙膏腴，尤为可宝。而居民每筑一墓，需地数分至数亩不等，此犹指寻常葬户言耳。若夫达官贵绅，豪商巨族，遍栽树木，广浚沟渠，绰楔崇闳，墓门幽邃，是则需地之多，竟有非数十亩或百余亩不可者，从此广田自芜，不耕不菑，坐是地失其利，人耗其财，可慨孰甚于此。假令一邑之中，添筑此等新墓一二，所寻常之墓百余所，已须耗地数十亩或百余亩。一邑如是，他邑未必不然；一年如是，积数十年以至百年，恐四乡几有墓满之患，而菽、麦、禾、麻、树艺岁减，菜、蔬、瓜、果，种植有妨，保无有食物奇昂、农工气沮之一日。呜呼！以纷营窀穸之故，而此风不杀，忍令冢中枯骨贻累后世生民，魂魄有知能无抱憾?”经润山创办薤露园，首要宗旨即为“宝贵壤地之念”，“以共同卜葬，每棺占地仅只毫厘，而固埋有椁，封树有碑，墓道清洁，园林幽敞。安葬后既不损失地利，治葬时又可节省金钱。倘得风气大开，各处响应，窃谓中国八十三州之大，每岁可省葬地不知几千万亩！国富民强或可肇基于此。”①

(二) 破除风水迷信

“中国惑于青鸟家言，谓葬地宜谋吉壤，庶卜丁财两旺，富贵千年，于是亲死之后，往往停棺不葬，沾沾于觅穴寻龙，为地师者，相其阴阳，度其流泉，苟云此地可用，地主必故昂其值，不厌欲壑不止。亦有地师与地主表里于奸，玩丧家于股掌者。……何况谈地理者比兼星命，今岁不易动土，明年方向欠通，某月与化命相冲，某日与生辰有碍，坐是日复一日，年复一年，尽有祖若父之葬事未营，而子若孙相继物化者卒至，桐棺累累，愈积愈多，竟无入土之一日。”经润山对这种迷信风水而谋求吉壤、停棺不葬等现象进行了讥评，感叹为子孙者“何以不谋自立，乃欲乞灵于祖宗骸骨作孤注一掷，卜垂荫于千秋，有地则不惜千方百计以相求，无地则棺朽骨摧而罔顾，其愚纵或可恕，其心未免可诛”。因此，他提倡以科学的态度来看待堪舆之说：“堪舆之学，甚属渺茫，以地脉论肥瘠有之，吉凶则否。以地势论高低燥湿有之，风雷水火则否。”经润山期望通过创办薤露园，“以共正首丘，无须择地之劳，更洗占星之陋，随处可以定窆，随时可以动工”，从而破除风水迷信，开创新风，“斯风一开，将见宗祠、会馆渐少久停不葬之棺，野厝荒郊可免日炙雨淋之

① 胡人凤续辑，许洪新标点:《法华乡志》，上海社会科学院出版社2006年版，第335—336页。

柩，永破风水惑人之恶俗，克慰山丘埋骨之初心，一灵不虑无归九京，此为乐土。”①

（三）力保永久，不扰长眠

传统的丧葬习俗下，由于世事无常，倘家族变故，子孙不肖，祖先的墓地通常难以得到很好的保存。经润山在《创建薤露园记》中指出：“世人孰无子孙，孰不望厥后克昌，门祚无衰微之叹，使人人皆曰某人有子可谓象贤、某人有孙克绳祖武，绵不世之遗泽，贻身后之令名，死者在天之灵，讵不大慰。”然而，“先人之期望虽殷，而后代之菀枯莫定。万一式微，致慨终窭，兴嗟始而典质衣物，使祖宗汗颜；继而变卖房产，使祖宗饮泣；终则售鬻坟茔，使祖宗罹暴骨翻尸之苦。殊令见者惨目，闻者酸心。”此种事情于通商大埠，较为常见，“良以商埠既盛，地价必昂。地价一昂，则地贩虎视于前，得主鲸吞于后，竟至此坟不卖不已，不拆不已。”尤其是上海，“尽以人非至窘、家非赤贫，而丧心病狂，每有封土未干，刨棺惨演者。”经润山感叹：“人生至悲痛者，蒿目无葬身之地；世间最残酷者，忍心来发冢之人。白骨无辜，啾啾鬼泣；黄金有祟，咄咄逼人。”经润山创建薤露园“以建共和之坟，无论谁氏之子孙，孰卖公家之土地，行见封崇，马鬣死者，不扰长眠，尽教念绝鹰瞵后人，永难起意”。②

经润山还强调，即便不会发生上述情况，然而“子孙之聚散无常，设或千里万里远适天涯，十年百年久居客里，不特辟山迢递，永无春尝秋礿之人，且恐禾黍苍凉，竞作乏祀孤魂之冢。斯时荒祠瓦砾孤墓丘墟，回首何堪伤心曷极”。因此，经润山呼吁人们“念及沧桑变幻之不足，恃儿孙贤否之不可知，坟墓保存之不可不慎益加慎”，选择薤露园，“此后松楸凭吊墓门起景，慕之思花木清娱地下得优游之乐，其事固一劳而永逸，此举历百劫而不磨”。③

（四）倡导平等思想

经润山在创建薤露园时主张“共同卜葬”，“志在大同，地成公共”，④抱

① 胡人凤续辑，许洪新标点：《法华乡志》，上海社会科学院出版社2006年版，第336—337页。
② 胡人凤续辑，许洪新标点：《法华乡志》，上海社会科学院出版社2006年版，第337页。
③ 胡人凤续辑，许洪新标点：《法华乡志》，上海社会科学院出版社2006年版，第337—338页。
④ 胡人凤续辑，许洪新标点：《法华乡志》，上海社会科学院出版社2006年版，第335—336页。

有“安得石椁千万间,遍葬共和鬼族尽欢颜”[1]之理想。后来其妻汪国贞女士经营时,明确规定不受国籍、种族、姓氏等限制,中西人士皆可安葬,并将公墓改名为万国公墓。

中国传统的墓葬以家族为单位——所有家族成员死后葬家族墓地,并以一定的顺序(昭穆制度)左右排列。万国公墓不分等级、不限国籍,共同营葬,打破了传统丧葬习俗中的封建等级观念,蕴含着平等观念。

万国公墓明显受到沪上外国公墓的影响。墓园草木葱茏,墓地排列井然有序。园内墓地皆为西式,“无圆顶,石板覆之,大部树碑其上,亦有冠以石像者。碑之形不一,精粗悬殊,上所镌者,姓名国籍而外,并及年岁”。由于租界的外国公墓逐渐饱和,故来此入葬的外国人日渐增多。“园中之墓,华洋不同处,然十九皆为西人者。”入葬的华人多为耶稣教徒,“其石刻每曰:耶稣教徒某某之墓;其一曰:女儿非死,乃是寝耳,想亦录自圣经者也。”[2]由于该公墓异国情调甚浓,其中有许多洋人墓地,入内参观者时常误认为是当年的外国人公墓。[3]

万国公墓不限国籍,与租界公墓对华人的种种限制形成了鲜明对比,经润山夫妇有此胸襟,实属难得,这也有助于提升万国公墓的社会影响力,使其很快发展成为上海一流公墓,闻名遐迩。

万国公墓的殡葬理念符合现代文明社会发展的需要,打破了传统的族葬观念和等级制度,不仅有利于节约土地,破除封建迷信,改良社会习俗,也体现了平等精神,是文明进步的表现,这种新式殡葬理念也为时人所认同:

> 万国公墓真正好,墓上只有一堆草,简简单单石作堆,其中没有金银宝,一墓不过六尺长,其式不过一长方,占地不足一方丈,而且墓门临道旁,道旁本是人行路,不必穿房又入户,稍微点缀四时花,疏疏落落几株树;不必招摇大出丧,又不家家竖牌坊,死而速葬古之义,不见遗体葬

---

① 胡人凤续辑,许洪新标点:《法华乡志》,上海社会科学院出版社 2006 年版,第 338 页。
② 志政:《记虹桥新公墓》,《申报》1930 年 4 月 20 日,第 19 版。
③ 邢建榕编著:《老上海珍档秘闻》,上海辞书出版社 2007 年版,第 79 页。

者藏，以薄为道是墨子，宁俭毋奢合孔旨，葬之为礼称有无，靡费金钱众所指；万国公墓天下公，天下为公是大同，不私一人是公理，总理遗训吾钦崇，於戏总理是神圣，平民主义足训政，仰体总理博爱心，丧礼从简著为令；公墓人人都赞成，划除阶级无所争，封建时代称陵寝，曾不廿年嗟东陵，一家之墓保不了，一国之墓亦难保，万国之墓万国公，万国保护真正好。①

二、新式殡葬空间的制度建构

（一）公墓的规划与管理

万国公墓不同于传统墓地。传统墓地缺乏规划，也没有规章制度，管理不善；万国公墓有着完善的规划与管理制度。首先，墓园布局园林化。公墓四周有小河环绕，前架小桥，桥上铁门镌刻着"薤露园万国公墓"七字。进入墓门，首先映入眼帘的是一条 6 米宽的林荫干道与通向各墓区的 4 条支道相连。墓地中央有一座罗马风格的纪念堂，其后是一座名为追思厅的庙宇式建筑。厅堂及厢房内陈设各式家具，壁上悬挂诗画屏障，中西合璧，富丽典雅。墓园为园林式风格，以草坪、鲜花、绿树、池水为主要元素，墓地绿草如茵，周围繁花似锦，绿荫浓蔽。②万国公墓内的道路都是水泥的，"十分整洁，东南西北，九十度的直角线，如棋盘形，不论正路、支路，都没有一丝歪斜"。③

园内池塘"夏日遍种芙蕖，翠盖红衣，与岸上芳草垂柳相掩映"。墓园有专人维护，"每星期日由园丁以鲜花表墓，每日园丁洒扫墓道，较之孤茔冷落、荆榛载道而勿除，古冢荒凉牛羊作践而罔逐者，其相去似不可以道里计也。"④

---

① 柳簃：《万国公墓歌》，《新闻报》1928 年 9 月 17 日，第 17 版。

② 《上海园林志》编纂委员会编：《上海园林志》，上海社会科学院出版社 2000 年版，第 348 页。

③ 小川：《海上杂忆之六：万国公墓》，《中央日报》1933 年 8 月 5 日，第 8 版。

④ 胡人凤续辑，许洪新标点：《法华乡志》，上海社会科学院出版社 2006 年版，第 338 页。

万国公墓因其优美环境和良好的格局,经常成为文人笔下赞美的对象。如诗人沈祖牟在游览万国公墓时,即写下了以万国公墓为题材的诗作:

这里有放青的柳条,有桐荫半肩,
我慢步的走来,踏着轻软的草尖;
啊!是谁人的惓念,这钟声,这暮烟?
多谢春时的迷醉满溢在这墓园,
让我得深深地把一捆哀伤埋掩,
别让它再酿成了我灵府的阴天。
让我得同样地葬埋我的心,我的甜,
在这女神的裙下,这白玉的碑边,
在这花一般的流光,花一般的春天!①

冰心在其作品《南归》中也称赞万国公墓“草树葱茏,地方清旷,同公园一般”②。矛盾对万国公墓更是赞赏有加:“第一次观光了万国公墓,走过那美丽的墓道时,也许每人都不免心中一动,将来自家死后,就埋在这里倒还不错罢。”③

万国公墓久负盛名,还吸引了影视界的关注,成为众多电影公司的拍摄场地。1926 年 10 月 31 日,明星影片公司洪深导演的影片《爱情与黄金》在万国公墓礼拜堂内拍摄婚变一幕,剧中两位男主角因情变相继自杀,葬于万国公墓。女主角异常悲痛,“斜阳影里,持花吊于灵前……冉冉至墓前,抚碑长嘘,泪珠涔涔夺眶而出。”④此情此景与万国公墓的环境极为相称。1927 年 9 月 25 日,亚东公司影片《一言难尽》在万国公墓礼拜堂拍摄结婚一幕,内有男女宾客数百人之众。⑤1927 秋,著名导演田汉自编自导拍摄电影《断

---

① 沈祖牟:《在万国公墓》,《新月》第 2 卷第 11 期,1930 年 1 月 10 日。
② 冰心:《南归》,北新书局 1931 年版,第 54 页。
③ 矛盾:《公墓》,《东方杂志》第 30 卷第 2 号,1933 年 1 月 6 日。
④ 《剧场消息》,《申报》1926 年 11 月 1 日,第 19 版。
⑤ 《剧场消息》,《申报》1927 年 9 月 24 日,第 19 版。

笛余音》时，也曾和摄影师顾梦鹤带着十几个演员到万国公墓内拍戏。[①]

其次，公墓形制西式化。万国公墓在形制规划上受西式公墓的影响，“园内筑墓约可一千有奇，悉本泰西石椁之制，坚洁逾常，与华俗砖灰狼藉、日久必至剥蚀毁损者有异。”[②]“每穴一棺，或数穴仅葬一棺，概用石椁，不得筑旧式土坟。”[③]

再次，公墓设施比较完善。“园门广辟马路，以便车马往来。”墓园中央建有一座罗马风格的纪念堂，“为葬者陈列遗照或设粟主之所，鸿爪雪泥借留纪念，俾后之登是堂者知某人葬此，动延陵挂剑之思。”纪念堂后面是一座名为追思堂的庙宇式建筑，“备治丧者之家属，为先人开会追悼，或设奠建斋之用”。纪念堂厅的西边建有男女宾客休息室各五间，“庶几素车白马，来者无徘徊道左之嗟”。[④]追思堂后面为殡舍，供停放棺柩之用。[⑤]

此外，万国公墓对外开放，任人参观，但规定“如小孩无大人领导者不得入、狗不得入、携摄影机者不得入”。[⑥]

万国公墓的规划与管理，明显效仿西式公墓制，同时也带有中国传统丧葬文化色彩，呈现出中西合璧的特征。

（二）公墓的商业化经营

中国传统墓地多为私墓或家族墓地，还有一些善堂或慈善家出资建立的义冢，带有慈善性质，没有出现商业性的墓地。万国公墓是近代中国首个经营性公墓，以营利为目的，开启了丧葬活动的商业化模式。

万国公墓需要缴纳的费用主要有：首先是穴价，“每穴地价，上海规银二十五两，预定亦可，先付收据，后换证书”。其次，公墓代办石椁的费用，“定穴者，预缴洋一百元，备筑石椁之用，由园代存，年息六厘，给以收据，后当存储银行，换给银行存单，此款即为代筑石椁之用，有余交还，不足补缴”。石

---

① 张慧灵：《愉快的回忆》，《南国周刊（合订本）》（第3册），1929年8月。

②④ 胡人凤续辑，许洪新标点：《法华乡志》，上海社会科学院出版社2006年版，第338页。

③ 商务印书馆编译所：《上海指南·卷三·公共事业》，商务印书馆1922年版，第34页。

⑤ 《上海园林志》编纂委员会编：《上海园林志》，上海社会科学院出版社2000年版，第348页。

⑥ 志政：《记虹桥新公墓》，《申报》1930年4月20日，第19版。

椁分成三等，一等为玻璃石，二等为矾石，三等为人造石，“惟无论本园代筑，或葬户自造，均须由本园事务所鉴定式样”。再次，丧家于纪念堂、追思厅开追悼会、诵经，需交费，每日洋二元，其余房屋可任意使用，不再收费。此外，园内设有厨房，可以代办筵席、便餐，“须早一日面定”。①

从上述规定来看，每穴售价 25 两，做椁 100 两，再加上墓碑等地上的装饰件，万国公墓一座墓的最低价约 200 两，银两与银元的比价约等于 1∶1.3，这样，单座墓的造价至少要 260 元大洋。而当时一位男性强壮劳力的日收入一般为 4 元，所以，万国公墓的墓价是不低的。②

上海的物价是不断高涨的，墓穴的价格自然随着物价而波动。至 1922 年，100 两银子，只能买到两个穴位；③1923 年，墓穴已涨价为 55 两；1927 年增加至 65 两；1930 年至 1934 年墓穴售尽以前，每穴价格为 85 两。④

如前所述，随着万国公墓的创建，1920 年以后，公墓制度逐渐兴起，近代上海也陆续出现商业性公墓。万国公墓与同一时期的其他公墓相比，价格也高出一等。例如 1928 年，上海公墓每穴定价为洋 60 元，矿料洋 60 元，墓碑价洋 20 元，合计约 140 元。⑤而万国公墓的墓穴收费一直以银两计，1927 年起墓穴价格已增加为 65 两，折合银元为 84.5 元，高出上海公墓墓穴价格二十余元。而矿料和石碑的价格虽然不明确，但据 1922 年《上海指南》记载，建筑石椁即需 100 元，此时定是有增无减。再如 1930 年，长安公墓的墓穴售价为 40 元，且股东介绍有 8 折优惠，再加上矿料、墓碑、运柩和手续费等，单座墓共需洋 137 元。⑥同年，万国公墓的墓穴价格已增至 85 两，折合银元为 110.5 元，是长安公墓墓穴价格的两倍多。同年，上海一般工人的月平均工资仅为 15.35 元。⑦所以能够入葬万国公墓的人自然不是平常之辈，

---

① 商务印书馆编译所：《上海指南·卷三·公共事业》，商务印书馆 1922 年版，第 34 页。
② 薛理勇：《丧葬习俗》，上海文化出版社 2011 年版，第 175 页。
③ 《万国公墓关于市民申请墓穴》(第四册)，上海市档案馆藏，档号：R50-1-498。
④ 参见王琳：《上海万国公墓变迁研究(1909—1949)》，硕士学位论文，华东师范大学，2014 年，第 21 页。
⑤ 广告：《上海公墓》，《申报》1928 年 11 月 25 日，第 10 版。
⑥ 广告：《长安公墓》，《申报》1930 年 12 月 14 日，第 20 版。
⑦ 《上海工运志》编纂委员会编：《上海工运志》，上海社会科学院出版社 1997 年版，第 150 页。

非富即贵。诗歌《万国公墓》便是对此现象的真实写照：

> 华丽参差的石碑，葱茏满目的松草，对着四野的土堆，好像狠是骄傲而微哭。阳光的线，把满场的坟墓照遍。他们都现着美的景色，但那堪设想先前！从热烈的英雄，直到微弱的婴孩，回想先前怎样，现在只是同埋在这一片广场！坟山呀！你们新的给人家做着，老的修着。你们包满了富人骨，只是忘记了造你们的劳动者。①

万国公墓属于经润山夫妇私人经营。经润山夫妇系商人出身，富有经济头脑。他们耗费重金建造新式公墓，除了意识到西式公墓的优越性和文明性，为实现“志在大同，地成公共”的理想外，应该还看中了其中的商机。因此，万国公墓不是公益性而是营利性公墓，其高昂的墓穴价格使其服务对象局限于上层社会。然而，万国公墓的经营管理模式，开启了近代上海公墓制度的先河，形成一种新型殡葬空间，对于近代上海殡葬制度的近代化和商业化发展起到了很大的推动作用。

三、新式丧葬礼俗的引领

万国公墓是近代中国首个华人公墓，对于上海公墓制度的形成和丧葬礼俗的变迁有着不容忽视的作用。

(一) 沪上公墓之典范

万国公墓以其优雅的环境、严格的管理和良好的经营状况，为上海华人公墓树立了典范，产生了良好的社会效益，“海内宏达，为文称道盛举，鸿篇巨制，褎然成帙”②。沪上有识之士及民间团体纷纷仿效万国公墓的建制设立公墓，1924 年 8 月，宁波旅沪同乡会会董提议建设一大规模公墓，“其一切设施，完全仿照上海万国公墓办法”，“以福利吾四明人也，抑上海万国公墓之成效，已播誉于四方。吾四明人当全体毅力，以成此切肤之善举，莫让

---

① 许广圻：《万国公墓》，《南洋周刊》第 15 期，1922 年 3 月 25 日，第 18—19 页。
② 桂笙：《万国公墓记序》，《小说月报》第 9 卷第 6 号，1918 年 6 月 25 日，第 2 页。

万国公墓专美于前也”。①

1926 年 4 月,许秋飒、吴任之、王彬彦等,在宝山县殷行镇之西,发起建筑公墓,“并另设殡房一所、礼拜堂、奉思堂各一所,便家族戚友追思纪念典礼,适合中外礼教民情风俗”,其办法大致与万国公墓相仿。②

此外,如前文所述,广肇山庄、潮州八邑新山庄特别公墓、江西公墓、浦东公所公墓等均以万国公墓为参考。江西会馆特别派人前往万国公墓参观,以资借鉴。③

万国公墓的优质服务、现代理念和良好环境还吸引了众多社会贤达和各界要人。万国公墓内的墓葬者除部分外籍人士外,其余大都是晚清和民国时期的达官显贵、名流富贾。其中著名的有曾任清政府四川总督、两广总督和邮传部尚书的岑春煊,李鸿章之弟、曾任清政府邮政大臣的李伯行,清政府上海道台袁伯夔等。墓葬者还有辛亥革命以来的社会名人和进步人士,如宋庆龄的父母宋耀如、倪桂珍,辛亥革命早期活动家黎仲实,曾任孙中山、张学良和蒋介石顾问的澳大利亚人端纳,国民党上海招商局长赵铁桥等。1936 年,鲁迅逝世后,也安葬于此。④此外,1936 年 7 月 23 日,商务印书馆元老、近代中国最富实绩和最具声望的出版家之一高梦旦因病卒于上海,也葬于虹桥路万国公墓。⑤每当有名人魂归于此,上海各大报刊都会争相报道。从某种意义上说,这些社会名流的入葬为万国公墓起到了显著的广告宣传作用,大大提升了其知名度。这也是万国公墓成为沪上公墓典范的一个重要因素。

传统中国人都期望窀穸妥安,万国公墓是沪上公墓的典范,享有盛誉,因此是很多人理想的葬所。时人认为卜葬于万国公墓“尚不愧为福人也”⑥。然

---

① 《旅沪甬人征求建筑公墓意见》,《申报》1924 年 8 月 4 日,第 14 版。

② 《殷行镇将建筑公墓》,《申报》1926 年 4 月 28 日,第 15 版。

③ 《江西会馆董事会纪》,《申报》1928 年 4 月 3 日,第 16 版。

④ 上海市长宁区志编纂委员会编:《长宁区志》,上海社会科学院出版社 1999 年版,第 1011—1012 页。

⑤ 荣斌、徐世典主编:《中国历史文化名城》,山东友谊出版社 1996 年版,第 795 页。

⑥ 志政:《记虹桥新公墓》,《申报》1930 年 4 月 20 日,第 19 版。

而，落葬万国公墓非富即贵，普通人想要入葬并非易事。有人为了死后葬入万国公墓，煞费苦心出奇招。

1926 年 1 月 22 日下午，万国公墓内发生了一件很离奇的自杀案。当天上午 10 时左右，一名自称王病侠的男子，来到万国公墓请求购买墓地。该男子声称是园主汪国贞女士的义子，年龄 22 岁，事先已与园主约定购穴，今日特来缴款。管事人回复已无余穴。下午 2 时许，该名男子取出 500 元钞洋和一封遗书托管事人转交给园主。下午 4 时，待管事人回园中，该名男子已开枪自杀。遗书中该男子称汪国贞女士为义母，向其介绍自己的身世和经历，并附有自拟的墓碑式样，上书“病侠的孤魂”，要求用西式墓葬于徐家汇万国公墓，刻字处须用白色丸石。①后经登报，其家属来万国公墓查验，才了解到死者自称王病侠，信中所言为汪国贞女士义子，以及所谓的身世全非事实。死者真实姓名为蒋仁干，浙江余姚人，26 岁，就职于永余钱庄，自杀原因为投机失败。②事后死者蒋仁干的家属，“以死者既有志于葬身万国公墓，自应完成其事”，因此并未收回死者之前交给公墓园主的 500 元，而将死者衣冠葬于园内，仍树“病侠的孤魂”石碑。但死者灵柩则一直存在绍兴会馆内，待 1936 年春运回原籍安葬。③此男子自杀前在万国公墓为自己选购墓地，安排后事，就是希望为自己寻找一处理想的葬所。

万国公墓的成功经营，为其赢得了良好的声誉和社会效益，使之成为沪上公墓的典范，上海商界、旅沪同乡组织、宗教界等各界团体和民众先后仿效万国公墓，掀起了兴建新式公墓的热潮，从而推动了近代上海华人公墓的发展。

（二）新式葬礼的宣传

万国公墓每逢有社会名流入葬，都要引起各界的轰动、媒体的详细报道，使得其名声大振。入葬万国公墓的名流多采用新式丧葬礼仪，名人效应不仅提升了万国公墓的知名度，也起到了宣传新式丧葬礼仪的作用。

入葬万国公墓的华人多为基督教徒，因此多采用西式葬仪。如王宠惠

---

① 《万国公墓中之自杀案》，《新闻报》1926 年 1 月 24 日，第 13 版。

② 《万国公墓自杀之确实情形》，《新闻报》1926 年 1 月 25 日，第 9 版。

③ 《万国公墓中自杀案之余闻》，《新闻报》1936 年 2 月 19 日，第 14 版。

的夫人杨兆良女士逝世后,1923 年 4 月 15 日葬于万国公墓,“诸戚朋好友暨王杨两氏家族,冒风雨前往观葬者甚众。葬事悉遵教会仪式,事虽简约,而殊呈肃穆之气。”①1921 年 11 月 20 日,上海绅商唐露园葬入万国公墓,葬礼极为简单,“尽去一切迷信习俗”,送葬队伍以“军乐队为先导,后随汽车一辆,内置唐君遗像,后为复旦大学童子军、柩车、送殡客车及家族车”,来宾有 600 余人,葬礼由费吴生牧师主礼,祈祷后,行安葬礼。当日来宾送的花圈有 300 余件之多。②1937 年 11 月 22 日,沪上著名骨科专家牛惠霖医师逝世后入葬万国公墓,葬仪依照基督教规则,仪式简单严肃,废除仪仗祭奠等俗例。③

万国公墓名人葬礼中,宋庆龄母亲倪桂珍的葬礼可谓最为显赫。倪桂珍,浙江余姚人,是清末民初余姚杰出的女性之一。她妇随夫唱,兴办实业,支持革命,是辛亥革命成功的功臣之一,演绎了一段中国近代商贸与政治结合的传奇。她的名字和中国近代史上几个著名人物联系在一起。1931 年 7 月 23 日,宋母倪桂珍在青岛溘然病故,遗体由青岛运到上海,停放在西摩路宋家老宅。8 月 17 日“开吊”,灵堂设在西摩路宋家老宅的外客厅中,厅外悬挂着南京政府颁给的“教忠报国”四字横匾一方,灵堂内布满花圈挽联,极为庄严。当日上午 8 时至下午 6 时,中外宾客往来凭吊者,络绎不绝。当时的来宾均属各界名流,有赵晋卿、张群、王晓籁、王一亭、杜月笙和日本公使重光葵及各国领事,共约数百人。下午 12 点 30 分,开始公祭,仪式程序为:(一)主祭者就位;(二)与祭者就位:(三)肃立;(四)奏哀乐;(五)主祭者献花;(六)读祭文;(七)行三鞠躬礼;(八)孝子谢;(九)礼成。(十)奏乐。④

8 月 18 日清晨,宋母出殡。《申报》对其进行了详尽的报道:“仪仗不用旗帜,及各种迷信物品,执绋者达千数百人,素车白马,盛极一时。”参加部队有:警备司令部步兵、宪兵共一营,军乐队全队;海军部海军陆战队一连,军

① 《王亮畴夫人之葬礼》,《申报》1923 年 4 月 16 日,第 18 版。
② 《唐露园灵柩出殡情形,丧礼简单》,《申报》1921 年 11 月 21 日,第 14 版。
③ 《牛惠霖医师昨日举殡》,《申报》1937 年 11 月 23 日,第 5 版。
④ 《宋母开吊纪》,《申报》1931 年 8 月 18 日,第 13 版。

乐全队；公安局警察第一大队全队、机车队、军乐全队；以及英法两租界中西巡捕，各军警机关侦缉员等，总数不下五六百人。①

宋母的发引秩序有：(一)公安局机器脚踏车队；(二)旗(宋)；(三)公安局乐队；(四)国府明令；(五)陆军部队；(六)国府代表旗；(七)匾额车；(八)警备司令部乐队；(九)遗像车；(十)海军陆战队；(十一)惠儿院乐队及学生等；(十二)海军军乐队；(十三)保安大队自执绋人员起，至家属汽车止，两旁随护，由陈局长负责支配；(十四)执绋人员，各参加团体及亲友等，在绋内随行；(十五)灵輀；(十六)宪兵；(十七)亲属车辆；(十八)来宾车辆。仪仗由西摩路出发，经南阳路、小沙渡路、静安寺路，往西入大西路，经中山路、虹桥路至万国公墓。沿途警备特别森严，但没有断绝交通，公安局机车队及捕房探捕为先导，沿途巡视；捕房由捕头亲自指挥，队列由江海关监督唐海安、励志社黄仁霖为指挥，公安局长陈希曾为总指挥。②

执绋来宾中政界要人有：国府参军长贺耀祖、中央研究院长蔡元培、绥靖督办张之江、海军部次长陈绍宽、南京市长魏道明、卫生署长刘瑞恒、上海市长张群等；沪上名流则有：杨杏佛、虞洽卿、郑毓秀、马福祥、荣宗敬、张作宾、王一亭、杜月笙、黄金荣等；外宾有：法、美、日各国使领；暨各商家、工部局董事等千余人。此外于凤至女士、于右任夫人、戴季陶夫人等，亦亲自乘车送殡。9点10分，灵輀及部队等抵达万国公墓。各部队除乐队外，暂息于万国公墓前门西首，然后由执事小工将挽幛、国府匾额等，一一恭送于万国公墓中央礼堂，并由工人将宋老太太灵輀运至礼堂中央暂厝。宋氏兄弟和三姐妹、蒋介石、孔祥熙等恭站柩前，由江长川牧师主礼，举行约五分钟的祈祷仪式。随后，来宾恭立棺前凭吊，围成一半圆形，行三鞠躬礼，最后由张市长致谢而退。9点30分，举行卜葬典礼。宋母的墓穴位于其夫宋耀如墓西侧，“穴深五英尺，上架铜栏，缚以皮带，俾安置灵棺时徐徐放下，穴内铺以水泥，四周铺以青草。”灵棺由十名穿蓝色长衫的工人，徐徐从礼堂中抬出，宋氏子女、蒋介石、孔祥熙等尾随于后。灵棺抵达墓穴后，即安置于预设之铜架

---

①② 《宋母殡仪志》,《申报》1931年8月19日，第13版。

上,棺上覆以青天白日党、国旗两面。先由江长川牧师祈祷,“旋由一西人将铜栏机钮开启,带即徐徐放下,棺亦徐徐下降”,约三分钟后,宋氏子女等退后,“乃由匠工将墓穴石版五方,平铺于上”。五分钟后,宋氏子女、蒋介石、孔祥熙等回到墓前,恭行三鞠躬,葬礼结束。宋氏家族及各来宾相继返回。①

宋母安葬后,宋氏家族定期上坟祭吊。为了表示对安息在公墓内的先人的尊敬,宋家人一般将车辆停在门外,然后步行进入墓区。正因宋家人的表率,万国公墓此后规定不允许车辆进入墓区。②

宋母葬礼采用的是基督教的仪式,摒弃了传统的迷信习俗,仪式庄重而简约。宋母葬礼可谓荣耀至极,影响也极为广泛,极大提高了万国公墓的知名度,也传播了新式丧葬礼仪。

除了基督教徒外,万国公墓内非基督教徒的葬礼也多采取新式葬礼。如 1925 年 11 月 23 日,五卅惨案中牺牲的烈士陈虞钦葬于万国公墓。当日上午,南洋大学师生在学校开追悼会,以吊英灵。追悼会结束后,全体师生在校门前迎接烈士灵柩。陈虞钦灵柩自西门岭南公所出发,绕海格路而来,抵达南洋大学,童子军举行路祭后,12 时左右,送葬队伍前往万国公墓,次序为上海各童子军团、南洋大学同学、南洋大学师长及来宾、灵车、南洋附小童子军团。抵达万国公墓后,队伍向北而立,以迎接灵车,行一鞠躬礼。下午 1 点,行落葬礼,抬灵柩者是陈虞钦的胞兄及亲友。入土时,灵柩由同学抬进,没有用工人。葬礼完毕后,全体静默两分钟,以示哀悼,“后各投鲜花、花圈等,一时堆积如山”。③

与中国传统丧葬礼俗相比,万国公墓举行的葬礼明显发生了变化,丧葬仪式简化,引入了很多西方葬礼的元素,比如西式的鞠躬礼、黑纱的使用、军乐队奏乐、遗像、灵车、鲜花和花圈等。

综上所述,万国公墓开风气之先,不仅开创了近代意义上的公墓,还吸收了西式丧葬礼仪,形成了新式殡葬空间,对近代上海墓制的演变和丧葬习

---

① 《宋母殡仪志》,《申报》1931 年 8 月 19 日,第 13 版。

② 薛理勇主编:《上海掌故辞典》,上海辞书出版社 1999 年版,第 382 页。

③ 《烈士陈虞钦葬礼记(一)》,《申报》1925 年 11 月 24 日,第 17 版。

俗的变迁有着重要影响，是社会文明进步的标识，反映了近代上海市民文明意识的提升。

第二节　市立万国公墓与文明的增进

万国公墓是上海的一流公墓，但到20世纪30年代初，其经营出现了较大困难："惜未专存基金，以便生息，而充永久维持之用，故自墓穴售完后，关于修葺及员工等经常费，日渐发生困难，浸成荒芜之丛"，不仅有碍市容，且原办人也感到难以维持。穴主方面，"因有间接或直接之关系，尤冀整理完善，以妥先灵，而安己心"。①可见，民间社会由于缺乏稳定的资金来源，其在公领域中职能的发挥往往会受到限制，影响公共事业的推进，因此需要政府的支持。公墓事关公益，政府乐于支持。"为维持公共利益，同时避免原办人遭受损失"，上海市政府决定将万国公墓改归市立公墓，由政府接办。经接洽，上海市政府于1934年9月10日正式接收万国公墓，由原办人汪国贞女士将簿册等件移交卫生、土地两局点收。②万国公墓改归市办以后，上海市政府对其积极进行整顿，主要从事以下方面的建设与管理：

一、市立万国公墓的扩建

上海市政府接收万国公墓之际，其原有地亩已经葬满，上海市政当局认为必须设法改良，方有益于该公墓本身及本市市民营葬。改良办法势必要征收附近民地加以扩充，才有实效。但限于以下阻碍因素：(1)随着市政建设的开展，虹桥路一带现已变为住宅区，设立公墓已不适宜。(2)上海市对于设立公墓早已划定区域，该处并非在规定区域内。如若征收民地进行扩充，不仅易于引起市民的反对，且于市政发展也有妨碍。(3)虹桥一带地价昂贵，如征收民地加以扩充势必耗费巨资，而政府财政支绌，目前实在无此财力。③

鉴于上述因素，上海市政府决定在原有公墓基础上进行扩建。首先，将

①②③　《上海市工务局筹划接收万国公墓文书》，上海市档案馆藏，档号：Q215-1-8277。

公墓内尚有的两亩六分新地迅速开辟墓穴出售。其次,在必要的情况下,“将现有之厨房拆除,或其他无需要之庭堂拆除一部分,即以之辟穴出售。”再次,将该公墓四周无用之河浜,填实辟穴,以资应用。填平之后,“约可辟穴三百个,每个以一百六十元计,约可售洋四万八千元”,既满足市民需求,又可增加收入。①

填实四周河浜以辟穴位,这是一项耗费较大的工程。1935 年 6 月,经工务局估价,填河费用共计 19 170 元,加上排沟、筑路暨布置树木花草等项,整个工程共需洋 20 170 元。11 月 18 日,工务局对外招标万国公墓填土及道路沟渠等工程,张新记、卢新记、王荣记、鸿兴行、王海记、中德公司、沈荣记、杨慎记、鸿庆建筑公司等九家参与此次竞标,最终杨慎记得标,填土标价为 4 786.43 元,道路及沟渠标价为 6 089 元,两项合计 10 875.43 元,比之前预算缩减了近 1 万元。该项工程至 1936 年 6 月方才竣工验收,卫生局由此增辟穴位 300 个。②除开辟墓地空地及填实河浜外,为了公墓的长久发展,满足市民需求,1935 年,土地局出面将万国公墓毗连的 33 亩土地划归万国公墓,以供应用。③由此,万国公墓的面积扩大至 120 亩左右。

二、市立万国公墓的修缮

万国公墓由于缺乏准备基金,墓园没有得到有效的日常维护,以致破旧荒芜。1934 年 4 月,上海市工务局会同卫生局派员对公墓的建筑状况进行了勘查,发现原公墓共有大小房屋六所,所有墙壁屋面均需粉刷修漏,而门窗柱身等均需要重加油漆;水泥路面及围墙,也需要酌加修葺;此外,公墓的管理也不够完善。针对上述现状,1934 年 9 月,上海市政府在接管万国公墓后,卫生局开始派员对万国公墓墓园进行了以下整顿:(1)芟除蔓草。(2)扶植树木及草地。(3)督饬工人按日打扫整洁。(4)因原册所载号码不便查考,重新编定墓穴号码。(5)因原有墓地图尚未将 1927 年后扩充之墓

---

①② 《上海市工务局筹划接收万国公墓文书》,上海市档案馆藏,档号:Q215-1-8277。
③ 《日伪上海特别市政府关于组织万国公墓委员会的文件》,上海市档案馆藏,档号:R1-12-422。

穴划入，重新绘制墓地全图。(6)修砌公墓内道路。(7)修葺房屋。同时，为维持墓园的日常管理，公墓征收墓穴管理费，每年每穴缴纳两元，有愿一次缴足十年者，以后永远不再收费。①

上海市政府接收公墓后不久，即训令财政局核拨了万国公墓自接收之日起一年的经常费 5 364 元，其中包括职员薪金、办公费用、杂费以及小部分的修理费用。②万国公墓房屋修理费用初步预算约 5 000 元，后因墓内男女休息室及门房的门窗均需换新，增加修理费 2 000 元，总计需洋 7 000 元。1935 年 2 月，工务局呈请上海财政局如数拨款，上海市政府则称该公墓房屋等项，确实有必要修理，但目前市库支绌，筹款维艰，无力承担此项修理经费，令卫生局和工务局向市银行商洽借垫，将来在公墓收入项下偿付本息。③

1935 年 6 月，工务局登报通告，公开招标修理万国公墓房屋工程：

> 兹有修理万国公墓房屋工程须招商投标承办，凡曾依本市营造厂登记章程在本局登记之营造厂或建筑公司，可自即日起至市中心区本局缴纳图样费五元、投标保证金一百元，领取图则、标单，照章投标，准于六月十一日下午二时在本局当众开标。④

此次竞标者有沈明记、利生、惠根记、建兴公司、张新记、华兴、新生记等七家营造厂。最终，利生营造厂以 5 819 元的标价胜出，承办了修理万国公墓房屋工程，工程经费来自上海市银行的借款。修理工程包括：(1)修理纪念堂一座；(2)修理追思厅一座；(3)修理男女休息室二座；(4)修理门房及大门；(5)修理厨房一座；(6)新建花棚一座；(7)修理全部围墙；(8)新筑三号粪池一座。9 月，万国公墓修理房屋工程完竣并验收。⑤

上海市政府接收万国公墓后，对墓园的管理与维护颇有成效，使其面貌大为改观，“各墓石碑，揩拭清洁，鲜花树木草地，均加修理，败叶乱草，尽力

---

①③⑤ 《上海市工务局筹划接收万国公墓文书》，上海市档案馆藏，档号：Q215-1-8277。
② 《上海市卫生局接管万国公墓支出备查报告》，上海市档案馆藏，档号：Q123-1-871-5。
④ 《上海市工务局招标承办修理万国公墓房屋工程》，《新闻报》1935 年 6 月 6 日，第 3 版。

清除。是以现在该公墓观瞻,已有相当之改良”①。有人在无意间进入万国公墓后,发出感叹:“我非常爱这地方,因为那儿不但环境静穆严肃,而且风景也极优雅美丽,绿荫蔽空,软草如茵的,很能使人留连忘返。”②

三、市立万国公墓的基金管理

1934 年 9 月 10 日,上海市政府接收万国公墓时,原有地亩墓穴及什物等项均已造册移交点收。但该墓为私人经营,墓主对于“购进地亩,出卖墓穴,以及一切开支,向系个人支付,故无账簿记载,亦无存款”。因此,市政府并未接收任何账簿或款项。公墓为永久事业,必须要有一定的基金,以资维持。上海市政府财政支绌,于是“拟就公墓本身筹划的款若干作为基金”,并组织基金管理委员会,维持万国公墓的经营。③

市政当局计划共筹集基金十万元,“专管存储,以所生利息,拨充一切维持费用,严格限制,只准支息,不准动本,除经常开支外,如有剩余,概充公墓所需之其他费用。”该项基金来源于三种途径:(1)重新开始登记,每穴收取登记费十元,由穴主缴至卫生局,掣取收据,并换领墓穴使用证书。此项登记费预计约可收集四万元。(2)将填浜所得基地及新地二亩六分,分别辟穴出售,除一切开办费外,约可净得三万五千元。(3)由墓主协同劝募。为此,1935 年 3 月,上海市卫生局组织召开穴主大会,除了向穴主征收登记费外,请各穴主协同募款,务必达成十万元之数目,如能超出,则以超出之数作为墓内建筑或布置之用。同时,为防止此项基金被移挪,特设“万国公墓基金管理委员会”,委员人选,除政府机关委派者外,由各墓主推定基金保管委员五人,共同组织委员会,“负监督保管之责,以垂久远”。④

然而此项计划,实际上并没有得到严格贯彻,市立万国公墓的工程费在很大程度上有赖于基金收入。据工务局测绘估算,市立万国公墓的扩建及修缮的主要工程有:(1)房屋的修建工程。(2)填土工程。(3)填河、排沟筑

① 《市卫生局整顿万国公墓》,《申报》1934 年 11 月 9 日,第 12 版。
② 霞飞:《万国公墓中》,《申报》1936 年 10 月 20 日,第 16 版。
③④ 《上海市工务局筹划接收万国公墓文书》,上海市档案馆藏,档号:Q215-1-8277。

路及布置树木花草工程。其中房屋修理费，“共计需洋七千元”；墓基填土，“以二亩计，约须土方二千立方公尺，计洋一千四百元”；“填河、排沟、筑路暨布置树木花草等项，共需洋二万零一百七十元”。①

上述工款，卫生局和工务局会呈上海市政府令财政局如数拨款，以便早日兴工。但上海市政府以“目前市库支绌，筹款维艰”，指令卫生局、工务局关于万国公墓修理费，可向市银行商洽借款，将来以公墓收入偿付本息。卫生局和工务局对此表示反对，认为上海市政府之前已批准公墓登记费等项收入作为筹集基金十万元之用，不能动本。现在提出向银行借款，并以公墓基金收入偿付本息，“则与前定原则似有抵触，足以引起穴主之疑虑”。上海市财政局则提出：“在此市库极端支绌之际，该公墓每月经常费，已由市库拨发，断无余力再担任修理费用，拟请仍遵钧府前令，由卫生局等向市银行商借办理。至借款本息，即在该公墓收入项下，先行提出偿付，将来筹集基金，如能超出原额时，即以超出之数，尽先抵补，似与所定原则尚无抵触。更进一步言，以公墓本身之收入用之于本身业务之支出，亦属名正言顺。”上海市政府也赞同财政局的主张，令卫生局和工务局据此办理。②

万国公墓由私立转为公办后，其经营管理模式发生了重要变化。首先，服务对象趋向平民化。私立万国公墓曾经是上海一流公墓，主要服务于社会上层，转归政府经营后，万国公墓按照《上海市立公墓管理规则》划分墓穴和制定墓穴价格，收费渐趋合理，逐渐成为服务于大众的普通市立公墓。其次，经营管理更加规范。万国公墓在汪国贞女士经营期间，因属于私人经营，组织管理不够完善；收归政府经营后，无论是人员组织、公墓建设与管理，还是财政收支，都由政府统一管理，经营管理更趋规范。再次，有政府财政作为依托。私人经营时期的万国公墓，没有预留公墓保障基金，公墓墓穴售完后，没有收入来源，公墓便难以维持。市立万国公墓有政府财政作为依托，尽管从市立万国公墓的维护与建设来看，政府的财政一直比较紧张，但公墓的日常经费还是有保障的，即便工程建设款短缺，政府尚可向

①② 《上海市工务局筹划接收万国公墓文书》，上海市档案馆藏，档号：Q215-1-8277。

银行借款,使得公墓各项工程得以顺利进行,这些是私人力量所无法比拟的。

总体而言,万国公墓收归市办后,一方面使得公墓得以保全,公共事业得以延续,同时公墓的原主也减少了经济损失;另一方面,满足了市立公墓的需求。上海地价高昂,上海市政府财政支绌,无力从事公墓的规模性营建,当时只有市立第一公墓一处公办公墓,且尚未建成使用。万国公墓曾是上海久负盛名的公墓,总体格局和设施比较完备,将万国公墓收归政府所有,上海市政府就可以获得一座形制比较完备的公墓,只需在原有公墓的基础上进行修缮和扩建,从而为市立公墓的创办节省了大笔资金。万国公墓收归政府所有,既可以满足市立公墓的需求,有利于公墓事业的推广,也符合市政建设和都市文明发展的需要。上海市政府对万国公墓的接管,反映了近代上海民间社会与政府在公共事业的建设与管理上形成了一种合作与互补的关系,共同推进了近代上海都市文明建设。

第三节　鲁迅葬仪与民族主义诉求

1936 年 10 月 19 日清晨,文坛巨子鲁迅在上海寓所溘然长逝,安葬于万国公墓。鲁迅逝世之时,正值全国抗日救亡运动日益高涨之际,以宋庆龄、沈钧儒等为代表的救国会拟通过鲁迅先生的葬仪,向国民党当局进行政治示威,将抗日救亡运动推向高潮。这样,鲁迅的葬礼在特定的时代环境下,被赋予强烈的民族主义色彩。

一、鲁迅葬仪与民众动员

1939 年 10 月 19 日鲁迅去世当天,宋庆龄得知消息后,决心将鲁迅生前为中国民族求解放而奋斗不懈的精神宣传给全国的民众,纪念他、效法他,并把他的这种求中国民族解放的斗争精神,“扩大宣传到全世界去”。①因此

① 《鲁迅昨大殓,今日下午殡葬》,《益世报》1936 年 10 月 22 日,第 3 版。

她致电胡子婴："鲁迅的丧事我们救国会包了，要办成运动式的。"所谓"运动式的"，就是要把鲁迅的丧事办成一次动员人民起来继承鲁迅未竟的革命事业的教育运动；办成动员人民起来争取民主、救亡图存的伟大示威运动。[①] 19 日，蔡元培、马相伯、宋庆龄、内山完造、史沫特莱、沈钧儒、矛盾、萧三等组成治丧委员会，处理丧葬事务。[②]10 月 20 日，治丧委员会正式对外发布讣告：

> 鲁迅（周树人）先生于一九三六年十月十九日上午五时二十五分病卒于上海寓所，即日移置万国殡仪馆。由二十日上午九时至下午五时，二十一日上午九时至下午二时，为各界人士瞻仰遗容和礼祭的时间。二十一日下午三时入殓。二十二日下午二时在虹桥万国公墓下葬。依先生的遗言，"不得因为丧事，收受任何人的一文钱"，除祭奠及表示哀悼的挽辞花圈以外，谢绝一切金钱赠送。谨此讣告。[③]

10 月 19 日下午，鲁迅先生的遗体由万国殡仪馆派灵车前来迎接，在馆内进行化装、小殓。[④]20 日，前往吊唁及瞻仰遗容者，络绎不绝，共计 102 个团体，5 298 人。殡仪馆门前设有签到处，吊唁者须签到，并于臂上佩戴黑纱。礼堂设在楼下大厅，四壁悬满各方赠送之挽联。灵堂在厅的西侧，门首缀以鲜花及布额，上面书写"失我良师"。遗体置于堂中，"身穿咖啡色绸袍，神采如生，惟两颧较瘦削，身覆深色锦被，上及胸际。其后设灵桌，上供八寸遗像，均缀以鲜花，并有各界致赠之瓶花及花圈等，满堆四周。"[⑤]

21 日上午，前往万国殡仪馆吊唁及瞻仰遗容者，仍然络绎于途，"有徒

---

① 刘家泉：《宋庆龄传》，中国文联出版公司 1988 年版，第 281—282 页。

② 治丧委员会名单最初定为 9 人：蔡元培、马相伯、宋庆龄、毛泽东、内山完造、史沫特莱、沈钧儒、矛盾、萧三。但这个名单在第二天在见报时，除了上海一家外国人办的《上海日日新闻》日文、中文版全文刊登外，其他各报纸都删去了毛泽东的名字。参见陈凤尤：《鲁迅的葬礼》，《党史纵横》2011 年第 10 期，第 57 页。

③ 《讣告》，《申报》1936 年 10 月 20 日，第 5 版。

④ 《我国文坛巨子鲁迅昨晨逝世》，《申报》1936 年 10 月 20 日，第 9 版。

⑤ 《五千余人昨日瞻仰鲁迅遗容》，《申报》1936 年 10 月 21 日，第 9 版。

步自远道而来者,学校团体约达八十单位”。下午3点至4点,进行大殓,吊唁者退出屋外。大殓时,在场的有鲁迅妻子许广平和儿子周海婴、其弟周建人夫妇,治丧委员宋庆龄、胡愈之、内山完造,友人郑振铎、池田幸子,及治丧职员三十余人。入殓仪式结束后,吊唁者依次致敬。鲁迅的棺材为深红色,质地为楠木,西式制造,四周有铜环,上加内盖,“半系玻璃,露出首部”,任人瞻仰,棺之四周堆满花圈。①

22日上午8点至午后1点前,仍有众多吊唁者。下午1点50分开始行启灵祭奠仪式,礼堂门户关闭,吊唁者均退出。与祭者三十余人,分列数行,最先为家属,其次为治丧委员蔡元培、宋庆龄、内山完造、沈钧儒,其后为亲友等。由姚莘农任司仪,全体肃立静默,并行三鞠躬礼,然后由司事将棺盖严封,礼成后绕棺一周而退。随后由黄源、姚克、孟十还、田军、欧阳山、聂绀弩、胡风、周文、吴朗西、巴金、靳以、黎烈文、张天翼、曹白等十四人扶柩出礼堂,将其移置柩车内。执绋者随柩而行,至门外整队,约2点半出发,前往虹桥路的万国公墓举行葬礼。“送殡行列长达里许,执绋者约六千余人”,前导为白布横旗,题写“鲁迅先生殡仪”,由蒋牧良、欧阳山掌执;其后依次为乐队,持挽联、背花圈之送殡者,歌咏队,遗像,灵车,妻子许广平、周海婴、周建人及蔡元培、宋庆龄分乘汽车四辆;最后为步行执绋者。送葬队伍离开万国殡仪馆,经胶州路、极司菲尔路、地丰路,折入大西路而至虹桥路,4点半左右抵达万国公墓。②

送葬队伍中没有国民党政客和社会名流,主要为以上海抗日救国联合会为领导的民众团体,涵盖了文化界人士、工人、学生,甚至小学生也加入了送葬队伍。其中来得最多的是青年学生,他们对鲁迅充满敬仰之情,听闻鲁迅逝世后,结队前来瞻仰。③其中有一位十四岁的学生被问到为什么参加鲁迅的葬礼,他的眉毛竖起来,圆圆的眼睛睁得很大很大,吼着道:“为什么,先

---

① 《鲁迅遗体昨午大殓》,《申报》1936年10月22日,第14版。

② 《鲁迅昨日安葬》,《申报》1936年10月23日,第11版。

③ 子罔:《伟大的伴送——十·廿二送鲁迅先生安葬》,《生活星期刊》第1卷第22号,1936年11月1日,第282—283页。

生！这用得着问么？周先生给人类留下了很好的教训，为着中国，为着孩子，为着正义和公道，他战斗了一生，现在，连最后的血肉也喂了我们了。活着的都该去瞻仰瞻仰他，这已经是最末的一次了呀！”①

电影界也参加了送葬行列，上海联华和明星两电影公司分别派代表参加，并组织摄影队将鲁迅葬礼摄成纪录片。②有人回忆起不久前在苏联影片中高尔基丧仪的新闻片，指出“民众的热烈正和自己一样，但在这儿，‘中国的高尔基’并没有受到当局什么热烈的慰唁和珍视，他只生长在民众心头，受着青年们的永恒的爱情！”③从中可以看出，民众对鲁迅十分敬仰和爱戴，同时对国民党当局的冷漠感到不满。

中国共产党对鲁迅的葬礼极为重视，特派员冯雪峰在鲁迅葬仪中发挥了重要的作用。据冯雪峰回忆，中国共产党不仅发表了吊唁词，同时代表人民向南京国民政府发出一封电报，要求给鲁迅先生以国葬，并撤销对于他著作的禁令。然而国民政府并未作出回应，也没有撤销对鲁迅著作的禁令，反而派了特务分子监视鲁迅先生的葬仪。④租界当局和国民党上海市政府迫于鲁迅在民众中的崇高威望和舆论压力，不敢公开禁止，就派出大批的巡捕和警察对送葬队伍进行监视，并且对于送葬的路线进行了干预。送葬路线原定为卡德路、同孚路、福熙路繁华的地段绕一圈，但遭到租界和国民党上海市政府的阻挠，只得改由僻静的地丰路经大西路，直达虹桥路。⑤

尽管国民党对于鲁迅葬礼进行了干预，“当时上海，国民党反动派和帝国主义是那么严重，特务分子到处散布着”，然而仍有如此众多的民众前往万国殡仪馆瞻仰鲁迅先生遗容并送葬至墓地，上海进步人民的力量还是不小的。鲁迅葬礼是一场有效而广泛的民众政治动员，也是对爱国群众力量

---

① 唐弢：《鲁迅先生不死》，《申报》1936年10月23日，第14版。

②⑤ 《鲁迅葬礼》，《大晚报》1936年10月23日。

③ 子罔：《伟大的伴送——十·廿二送鲁迅先生安葬》，《生活星期刊》第1卷第22号，1936年11月1日，第282页。

④ 冯雪峰：《一九二八至一九三六年的鲁迅：冯雪峰回忆鲁迅全编》，上海文化出版社2009年版，第177页。

的一次检阅。据冯雪峰回忆,那几天参加治丧工作的人都觉得自己是在进行一次斗争。正是由于受上述胜利心情支配,那几天不但冯雪峰忘记了悲哀,连许广平和周建人等也似乎忘记了悲哀。①

二、鲁迅葬仪与"民族魂"的建构

沈钧儒领导的救国会拟以鲁迅葬礼为契机,号召民众参加抗日救亡运动。为此,治丧委员会特制作了挽歌:

> 你底笔尖是枪尖,刺透了旧中国的脸。你底发音是晨钟,唤醒了奴隶们的迷梦。在民族解放的战斗里,你从不曾退却,擎着光芒的大旗,走在新中国的前头。呵,导师;呵,同志,你死了,在艰苦的战地,你没有死去,你活在我们的心里!你没有死去,你活在我们的心里!呵,同志,我们会踏着你底路向前,那一天就要到来,我们站在你底墓前,报告你,我们完成了你底志愿。愿你安息,安息;愿你安息,安息在土地里;愿你安息,愿你安息,愿你安息,安息在土地里。②

另外,由周鸣钢按照歌曲"打回老家去"的谱填写了一支《哀悼鲁迅先生》,歌词凸显了鲁迅"民族魂"的精神象征:

> (男)哀悼鲁迅先生,哀悼鲁迅先生,(女)哀悼鲁迅先生,哀悼鲁迅先生,(男)他是我们民族灵魂,(女)他是新时代的号声,(合)唤起大众来争生存;他反抗帝国主义,他反抗黑暗势力,一生到老不屈,始终为着革命而努力。(男)哀悼鲁迅先生,(女)哀悼鲁迅先生——(合)我们底导师。③

---

① 冯雪峰:《一九二八至一九三六年的鲁迅:冯雪峰回忆鲁迅全编》,上海文化出版社2009年版,第177页。

② 静芬:《从万国殡仪馆到万国公墓》,《救亡情报》第24期,1936年11月1日。

③ 《鲁迅出殡》,《大晚报》1936年10月22日。

游行队伍出发前后，治丧委员会组织参与者有序进行《哀悼鲁迅先生》及挽歌的现场教学，“一句一句的学习着，这一批会了，再换那一批。”[①]送葬队伍由作家田军（萧军）任总指挥，巴金等分任纠察，秩序整肃。众人循着军乐队的乐声，唱着悲壮的挽歌，迸发出阵阵口号声：“鲁迅先生精神不死”“纪念鲁迅先生，要打倒日本帝国主义”“纪念鲁迅先生，要打倒出卖民族利益的汉奸”“中华民族解放万岁”！群众的革命热情被完全激发，歌声响彻云霄，“咆哮的队伍，钢铁一般的队伍，好像在一条静穆的虹桥路上进军”！[②] 一种无比壮烈的力量，感召着路上的行人和居民。

此外，治丧委员会在沿途散发传单和歌曲，计有四种：(1)鲁迅先生挽歌；(2)安息歌；(3)鲁迅先生生前救亡主张；(4)鲁迅先生传略。人们对这些宣传品表现出极大的热情，人群中不断有人发出喊声：“喂，我还缺一张呐”，“我也要的啊”！[③]

挽歌和口号等仪式语言宣扬象征“民族魂”的鲁迅精神，具有强烈的号召力和感染力。在救国会的组织和感召下，民众的救国热情和民族主义情绪被充分激发出来了。

下午 4 点半左右，送葬队伍抵达万国公墓，举行葬礼。鲁迅墓地在万国公墓东侧，占八穴位置，每穴长 366 公分，宽 183 公分，总面积 53.6 平方米。[④]葬礼的程序主要有：(1)奏哀乐；(2)沈钧儒报告生平事迹；(3)致诔词；(4)演说；(5)行最后礼；(6)唱挽歌；(7)下葬。[⑤]

葬礼中，救国会为代表的团体以万国公墓为场域，进行墓畔演讲，彰显鲁迅“民族魂”的象征精神，实践中国民族精神话语的建构。奏过哀乐之后，治丧委员会主席蔡元培首先致辞。他庄严地号召：“我们要使鲁迅先生的精

---

① 魏护：《十月的殡仪》，刘运峰编：《鲁迅先生纪念集》（下），天津人民出版社 2007 年版，第 691—692 页。

② 静芬：《从万国殡仪馆到万国公墓》，《救亡情报》第 24 期，1936 年 11 月 1 日。

③ 《鲁迅葬礼》，《大晚报》1936 年 10 月 23 日。

④ 鲁迅逝世周年时，许广平订购柏树 21 株，给坟地加土、种树、铺草，形成墓区。参见上海市《长宁区志》编纂委员会编：《长宁区志》，上海社会科学院出版社 1999 年版，第 1012 页。

⑤ 《鲁迅出殡》，《大晚报》1936 年 10 月 22 日。

神永远不死,必须担负起继续发扬他精神的责任来!……我们要踏着前驱的血迹,建造历史的塔尖!……”“是的!”群众齐声回答着,继以雷霆似的一阵口号声:“鲁迅先生精神不死!”“鲁迅先生不死,中华民族永存!”①

接着由救国会代表沈钧儒报告鲁迅事略,强烈表达了对国民政府的控诉。他说:“像鲁迅先生这样伟大的作家的死去,无疑的是国家民族的巨大损失,当局对于这样文化界的先驱的溘然长逝,竟毫无表示,这不免有些遗憾。但像目前这样的民众的纪念式,也许更适合于鲁迅先生。”演讲突显了鲁迅葬礼的民众性,民众的热情也因此而被激发,掌声雷鸣般响起来了,“继续鲁迅先生的精神,奋斗到底”的口号也更高亢地喊了起来。②

在暴风雨似的掌声中,宋庆龄激动地说:“鲁迅先生是革命的战士,我们要承继他战士的精神,继续他革命的任务!我们要遵着他底路,继续打倒帝国主义,消灭一切汉奸,完成民族解放运动!”③

章乃器先生随后发表慷慨激昂的演说:“鲁迅先生所以伟大,是在于他的笔,肯为全世界被压迫大众讲话,肯为特别被压迫最厉害的中国民众讲话。纪念鲁迅先生,我们必须发起一种鲁迅运动:第一,使没有参加联合战线的人,都觉悟了来参加;第二,应使每个人每天都能做一小时有利于民族解放的工作;第三,每个人都应该学鲁迅先生的样,为全世界被压迫者讲话,而且至死不屈!”④

《中流》《译文》《文季》《作家》四个刊物的代表田军(萧军)发表演说:“鲁迅先生的死,是他的敌人迫他死的,鲁迅先生正像给我们胸口上插上了一柄刀,我们必须为他报仇。”邹韬奋先生也作了简短而有力的演说:“别人是不战就屈,而我们的鲁迅先生,却是战而不屈。”最后演说的是鲁迅先生知友日人内山完造。他说:“鲁迅先生是个大文豪,他给我们日本人的印象,是永远不能磨灭的。”⑤

演讲结束之后,鲁迅夫人许广平女士致哀词:“悲哀的氛围笼罩了一切,

①③④ 静芬:《从万国殡仪馆到万国公墓》,《救亡情报》第24期,1936年11月1日。
② 《送鲁迅先生下葬》,《救亡情报》第24期,1936年11月1日。
⑤ 《鲁迅葬礼》,《大晚报》1936年10月23日。

我们对你的死，有什么话说？你曾对我说：'我好像一只牛，吃的是草，挤出的是牛奶、血'，你不晓得什么是休息，什么是娱乐，工作工作！死的前一日还在执笔。如今——希望我们大众锲而不舍，跟着你的足迹！"①

最后，由救国会代表章乃器、王造时等四人，献上一幅写有"民族魂"的黄绸旗，覆盖于鲁迅先生的棺柩，然后由十四名作家抬棺，落入墓穴。②至此，鲁迅的"民族魂"的象征精神得以充分展现。

冯雪峰认为"墓前大会开得很成功。鲁迅逝世形成了一个政治性的运动，成了革命力量的一次大检阅"。而这也引起了国民党当局的恐慌，由于墓前讲话曾公开批评国民党反动派对鲁迅的迫害，国民党在 11 月份就把救国会"七君子"抓起来了。③

路易-樊尚・托马指出葬礼的意义："哪怕所有活动都是围绕着尸体进行的，这个礼仪仍然是只冲着惟一的对象来的：即活人，这个活人可能是个人，也可能是团体。"④"参与仪式之中会带来心理上的刺激，一种情绪上的激发；通过这些感觉，仪式架构了我们的现实感和我们对周围世界的理解。"⑤

以救国会为代表的民众团体，以鲁迅葬礼为契机，以万国公墓为场域，借助各种挽歌、口号、演讲等仪式语言塑造了"民族魂"的鲁迅形象，实践了抗日救国这一政治诉求的表达。在这次葬礼中，民众的民族主义情感被充分激发，这是一次广泛有效的政治动员，是民众民族意识觉醒的重要表现。

小　　结

万国公墓打破了传统的墓葬制度，开启了近代中国公墓制度的先河，促进了国人丧葬观念的变迁与丧葬陋习的革除，反映了近代上海市民文明意

① 《鲁迅昨日安葬》，《申报》1936 年 10 月 23 日，第 11 版。

② 静芬：《从万国殡仪馆到万国公墓》，《救亡情报》第 24 期，1936 年 11 月 1 日。

③ 冯雪峰：《一九二八至一九三六年的鲁迅：冯雪峰回忆鲁迅全编》，上海文化出版社 2009 年版，第 275—276 页。

④ [法]路易-樊尚・托马：《死亡》，潘惠芳译，商务印书馆 2001 年版，第 97 页。

⑤ [美]大卫・科泽：《仪式、政治与权力》，王海洲译，江苏人民出版社 2015 年版，第 13—14 页。

识的提升;万国公墓经历了私人经营向政府接管的转变,体现了国家与民间社会在不同历史时期在公共事业方面所承担的角色与功能,二者相互合作,相互渗透,共同推进了近代上海都市文明的发展。伴随着中华民族日益严重的民族危机,万国公墓还成为民众和进步团体民族主义诉求的空间载体,深刻影响了近代上海城市的公共空间,成为都市公共性增长的重要表征,是都市文明的重要体现。

第五章　传统与现代的融合：公墓与近代上海丧葬习俗的演变

近代上海公墓是中西文化交流的产物，租界公墓的建制对近代上海的公墓制度的形成有着很大影响。但近代上海公墓在引入西方元素的同时，也秉承了中国传统文化的内涵，融入中国传统的丧葬文化因素，从而使得近代上海的丧葬习俗呈现出传统与现代交融的特征。

第一节　公墓规划中的文化传承与创新

一、传统文化在公墓规划中的应用

(一) 风水

中国传统风水理论以自然山水为创作主体，对基址的地质、水文、土壤有一定的要求，尤其是要求基址与自然山川景观浑然一体，达到完美的境界。风水学不仅有着驳杂的理论，还有一整套极为繁复的操作程序。这套繁复的操作程序，通常由具备专门知识和经过专业训练的阴阳先生来承担。阴阳先生通常把繁琐的理论和技法概括为“地理五诀”：龙、砂、水、穴、向。“龙”是地脉行止起伏，亦即山脉，“觅龙”即观察山向、山形、山势，判断其吉凶；“砂”指主要山脉周围的较小山丘，“察砂”即察看其与主山的侍卫朝迎关系；“水”在风水之说中当然不可缺少，“观水”即观看水口、流向、形态、与山形地形之关系等；“穴”即墓穴所在之地，“点穴”是确定阴宅的位置；“向”则是根据上述四个要素及其相互间的关系决定阴宅的位向。①

墓地风水不但事关先人的冥福，而且承载着子孙后人的祸福，因此，生者世界与死者世界存在着一定的关联感应，是风水说的基本理念。这种感应风水与百姓的日常生活密切相关，成为维系家族生存与发展的纽带。它既能让祖先神灵得以安息，更能确保祖先庇佑后代家族兴亡，给人以生活的信心和希望。这是风水说流行数千年而不衰，并且在民间有深耕化趋向的重要原因。因而作为中国特色的墓地文化，风水对中国传统墓葬行为影响深远。墓地(阴宅)选得好坏，与子孙后代的兴衰有着重大关系。对风水的信崇和敬畏，成为一种根深蒂固的民族文化传统。

近代上海，随着西俗东渐及民主科学思想的传播，传统风水之说受到部分开明人士的质疑和批判。新式公墓并不拘泥于风水之说，但风水观念仍然影响着民众的思想，一些公墓在规划过程中仍秉承传统风水文化的精神。

如上海佛教第一公墓在规划时，便利用风水学“相其阴阳，观其流泉”原则来选择墓址。②有人专门研究佛教第一公墓的风水，认为该墓址“位于沪渎之乾方，距真茹大场之中间，地势山隆然，前有长浜在离，通于潮水；后有插浜在坎，直贯其中，亦通潮水；四围沟通细流，密而不疏，兑方水源正朝，旺而不衰，是亦地之中正和平者也。经曰：坎离交而成乾坤；又曰：三阳水向尽源流，富贵永无休是也”。此处山环水绕，水道绵延曲折，符合传统风水学的基址要求，“尽多美穴”，“人事有不兴隆者乎?”③

又如上海莫厘三善堂在兴建东山公墓时，特聘著名堪舆家谈养吾先生视察，“许为吉壤”。④联义山庄也以墓穴朝向、风水作为划定等级的重要标准。⑤

---

① 郭于华:《死的困扰与生的执着:中国民间丧葬礼仪与传统生死观》,中国人民大学出版社 1992 年版,第 89 页。

② 《佛教第一公墓启事(二)》,《申报》1936 年 4 月 24 日,第 8 版。

③ 镇江熊悟庭评:《佛教第一公墓风鉴观》,《佛学半月刊》第 125 期,第 6 卷第 8 号,1936 年 4 月 16 日,第 24 页。

④ 《莫厘三善堂建设东山公墓落成通告》,《申报》1932 年 10 月 25 日,第 5 版。

⑤ 吴越、李裕春:《闸北殡葬业寻踪》,吴汉民主编:《20 世纪上海文史资料文库·第 9 辑·宗教民族》,上海书店出版社 1999 年版,第 377 页。

（二）墓上建筑

中国传统丧葬文化因素，在新式公墓建筑物上也有所呈现。牌坊（牌楼）是中国古代建筑艺术与古代旌表文化的结合体。有学者认为牌坊的原始雏形在春秋中叶即已出现，它不仅是一种单纯的建筑，更是一种文化符号。牌坊具有旌表褒奖、道德教化、空间分界、情感承载、纪念追思、炫耀标榜、风俗展现、装饰美化、标识引导等社会功能。宋朝时期，牌坊逐渐演变发展成为牌楼。①

近代上海公墓的建筑设计中，牌坊（牌楼）通常是墓园的重要设施，延续了传统牌坊（牌楼）的社会文化功能。如联义山庄，有些墓中的安葬者因在前清做过官，或者得到过封诰，故其墓道前均建有石牌坊，借此流芳百世。②山庄内的唐家墓地，入口处也建有很大的石牌坊，上书“唐庄”，富丽堂皇，象征着唐家的财富和权势。③潮州会馆的八邑新山庄特别公墓在入口处建有一座牌楼，“以壮观瞻”。④广肇山庄的牌楼，跨度近十米，四周砌有围墙，十分壮观。⑤此外，上海市立第一公墓入口处也建有牌坊，壮丽宏伟，给人以一种庄严肃穆的感觉。

古代皇帝、贵族、官僚的墓地上，往往要设置石刻群，有石刻人像、石刻动物以及传说中的怪兽等。其目的在于标识、显示墓主人的身份等级和生前仪卫，驱邪赶鬼，护卫等。唐人封演撰《封氏闻见记》卷六“羊虎”条说：“秦汉以来帝王陵前有石麒麟、石辟邪、石象、石马之属，人臣墓则有石羊、石虎、石人、石柱之属，皆所以表饰坟垄，如生前之仪卫耳。”⑥近代上海公墓墓园内，仍时常有石刻的出现。市立第一公墓门首两边各立有石狮。联义山庄大多墓前也有石狮、石兽等摆设，清朝官僚墓前还面对面地排列着石翁仲和

---

① 金其桢：《论牌坊的源流及社会功能》，《中华文化论坛》2003 年第 1 期，第 71—72 页。
② 孙树棻：《上海滩风情》，学林出版社 2009 年版，第 128 页。
③ 姚克明：《海上洋泾浜》，学林出版社 2004 年版，第 198 页。
④ 《潮州会馆议案备考》，上海市档案馆藏，档号：Q118-9-18。
⑤ 蔡丰明、张丽丽主编：《民俗上海·闸北卷》，上海文化出版社 2007 年版，第 58 页。
⑥ 转引自徐吉军、贺云翱：《中国丧葬礼俗》，浙江人民出版社 1991 年版，第 296 页。

石马。[①]联义山庄的特等墓区，每一个墓地中，都有几个圆形石桌，周围还有几只石凳，案几形的石供桌旁立着石马、石羊、石牛等石兽。圆拱形的坟墓外面都包裹着水泥，墓后还有大屏风一般的石壁，上面雕龙雕凤、篆刻文字，整个墓地都用石栏围住，外面栽满珍稀树种，还架起葡萄棚，“很像供给活人享用的私家花园天井”。[②]这种现象既体现了墓主雄厚的财力，更是传统“事死如生”的丧葬观念的反映。

传统丧葬习俗中，为纪念先人，人们往往在墓地附近建立庙寝，安放祖先牌位（又称神主、栗主），供奉祖先，定期祭祀。[③]这种祭祀性建筑，也是近代上海公墓的重要建筑设施。如万国公墓纪念堂，就是专门为丧家提供“设栗主之所”，以满足民众祭扫之需。[④]八邑山庄公墓内建有一座祭亭，以便送殡和祭扫。[⑤]此外，上海市立第一公墓也设有祭堂，供人祭扫之用。[⑥]

佛教文化对中国传统丧葬礼俗有着重要影响，近代上海公墓的建筑设施也常常呈现佛教的信仰因子。如万国公墓建有追思厅，供人念经以超度亡灵。[⑦]联义山庄内庙、堂、场、厅之类的设施一应俱全，堂内设置经堂，厅内供奉佛像，佛教文化元素非常明显。[⑧]

由于棺柩入葬公墓、认穴、筑坟须一定时日，待葬房屋是公墓的必备设施。但待葬时间过长，就会导致这些房屋变成实际上的丙舍。据上海市卫生局对当时各私立公墓停柩待葬情况的调查，待葬房屋成为变相丙舍的情况相当严重：“各私立公墓虽均无正式丙舍名称房屋之设备，然停柩待葬之房屋大半均有设置，且多停有棺柩。”[⑨]为此，上海市政当局制定的《上海市管理私立公墓规则》明确规定：“私立公墓附设之暂行停柩待葬之房屋至多不得过三间，每间停柩不得过五具，每具停放不得过三十天，倘超过规定间

---

① 孙树棻：《上海滩风情》，学林出版社 2009 年版，第 128 页。
②⑧ 姚克明：《海上洋泾浜》，学林出版社 2004 年版，第 198 页。
③ 徐吉军、贺云翱：《中国丧葬礼俗》，浙江人民出版社 1991 年版，第 291 页。
④ 胡人凤续辑，许洪新标点：《法华乡志》，上海社会科学院出版社 2006 年版，第 338 页。
⑤ 《潮州会馆议案备考》，上海市档案馆藏，档号：Q118-9-18。
⑥ 《上海市立第一公墓之祭堂》，《卫生月刊》第 6 卷第 6 期，1936 年 6 月，第 15 页。
⑦ 商务印书馆编译所：《上海指南·卷三·公共事业》，商务印书馆 1922 年版，第 34 页。
⑨ 《上海市政府第 161—170 次市政会议议程汇编》（第六册），上海市档案馆藏，档号：Q1-5-572。

数及具数，每间或每具罚金五十元，仍令将超出间数拆改，具数掩埋。”[①]

然而，政府的限制措施并没有取得实际成效。一些会馆公所在建设新式公墓的同时，仍然兼营丙舍运柩业务。广肇山庄建有殡舍数十间。[②]甚至像上海公墓这样的新式商业性公墓，也兼办运柩业务。[③]公墓的停柩房，实则传统丙舍之延续。

（三）墓区的空间布局

近代上海公墓在墓区空间布局上，同样带有某些传统丧葬文化的元素。上海日晖港清真公墓，空间布局特色鲜明，深受儒家文化影响，“以孝悌忠信礼义廉耻八字编列号数”，区分墓区。[④]

八邑山庄特别公墓，在空间布局上也独具匠心。它以天、地、元、黄、宇、宙来划分墓区。[⑤]这六个字取自《千字文》的首句“天地玄黄”（“玄”即“元”）四字，以及第二句“宇宙洪荒”的前两个字。以《千字文》的内容来划分新式公墓墓区，既显示了对中国儒家文化的尊崇，又使得公墓蕴含了浓厚的文化韵味。上海保安公墓以“福禄”二字来划分墓区[⑥]，同样透露出浓郁的中国传统文化气息。

二、公墓规划中的现代因子

（一）注重景观建设

园林化是近代上海公墓区别于传统墓地的重要特征。如前文所述，小桥、流水、树木、花草为其必要元素，体现了生命的气息。除此之外，近代上海公墓规划尤其注重整齐划一，注重墓园的整体美观、和谐。如江西公墓章程中规定“营葬于本公墓者，其葬式及方向须按照规定办理，以归整齐”[⑦]。

---

① 《上海特别市市政法规汇编四集》，上海市档案馆藏，档号：Y2-1-573。
② 蔡丰明、张丽丽主编：《民俗上海·闸北卷》，上海文化出版社 2007 年版，第 58 页。
③ 广告：《上海公墓》，《申报》1928 年 12 月 18 日，第 9 版。
④ 《上海清真寺成立董事会志》，上海市档案馆藏，档号：Y3-1-195。
⑤ 《潮州会馆议案备考》，上海市档案馆藏，档号：Q118-9-18。
⑥ 《保安公墓启事》，《申报》1936 年 7 月 22 日，第 4 版。
⑦ 《上海江西会馆征信录》，上海市档案馆藏，档号：Y4-1-654。

1929年11月,首都市民孙乃湛函陈卫生部,提出:“公墓规划须注重美术化,凡筑坟之形式、植树之种类、排列之顺序,与碑碣之长短广狭、竖立之方式,皆宜由部规定,务使涉足公墓者有肃然起敬、沛然生游兴之感,不可任葬户各自为政,致式样参差,有旧时丛葬阴惨之象,尤不可任其简陋如昔之义冢,使人见之有不忍卜葬其亲之意。”这项提议获得了国民政府卫生部的认可,认为尽管卫生部所颁布的《公墓条例》中对于公墓墓地图案、碑碣样式与建筑公路、栽种花草树木均有相关规定,“惟若管理不得其人或于筹设之际,稍涉迁就不为合理之建筑,自不免发生上述种种流弊”。为此,命令各省民政厅及特别市卫生局遵照有关规定,加强对公墓规划的监督和管理。①

遵照国民政府卫生部《公墓条例》的相关规定,上海市立公墓管理规则中明确规定:“墓地建筑式样须经主管机关核定后始得动工”②。1936年,上海市政府通令坟墓改革办法,强调墓葬方向“须力求一律,不得错乱秩序”;墓穴之间须有适当距离,以便种植花草树木,力求庄严美观。③墓穴周围预留空地,以便进行绿化,可以将墓地巧妙地掩映在绿色之中,不经意间减少了阴森、凄凉的感觉,而给人以视觉上的美感和内心的安详、愉悦。即如时人所称赞,当踏进公墓的大门,“它会给你一种澹淡的感念和一种严穆的沉思……在这公墓里走着的时候,你一定会让你自己的灵魂沐浴于宁静之中的”④。

公墓是现代城市公共空间的重要组成部分,近代上海公墓的规划注重景观建设,趋向园林化,有利于生态环境的改善,是现代文明发展的重要标识。

(二)完善的建筑设施

上海新式公墓有着完善的功能分区,一般分为园务管理区(包括办公、后勤、保卫、业务、园林等)、公墓管理区(碑墓施工、维护、服务等)、祭奠服务

---

① 《卫生部令各省民政厅、特别市卫生局:据孙乃湛函陈筹设公墓意见饬遵照部颁条例注意办理由》,《卫生公报》第1卷第12期,1929年12月1日,第2页。

② 《上海市工务局有关市立各公墓文书》,上海市档案馆藏,档号:Q215-1-8144。

③ 《市政府通令办理坟墓改革办法》,《申报》1936年1月1日,第27版。

④ 路茜:《上海杂忆:万国公墓》,《中央日报》1935年3月31日,第12版。

区和游览休憩区等,各项建筑设施齐全。

如联义山庄内建筑和设施配套齐全,庙、厅、楼、堂、场应有尽有。庙供存放棺柩、操度亡灵、安置牌;厅有供佛厅、餐厅、休息厅;楼有办公楼;堂有经堂;场有刻石场和作坊。从大门到庙、厅、楼、堂等建筑,均有宽阔水泥大道相通。庄内主干道长达500米,宽8米;支道延伸至各墓区,纵横交叉,达70余条,宽度均在1.8至2.2米。道路错落有致,便于丧家快速到达墓区。①

又如广肇山庄设施仅次于联义山庄,除了建筑办公场所,殡舍外,南有地藏殿,殿内有土地堂,殿旁还有敦梓堂、祭亭、诵经堂等。②

再如市立第一公墓功能性用房完备,除了休息室、厨房外,大礼堂前方左右两侧房间,分别建有男女厕所,"新式建筑,内砌硚砖,并用抽水设备"。其中男厕设在左侧,"内设座位两处,小便斗两处,自来水洗手盆一个,附有镜子";女厕设在右侧,"内备座位四处,自来水洗手盆一个,上装镜子"。寄柩室北边的一间房屋,辟为工人厕所,"内备便桶四个,小便斗二处"。③为便于接洽业务和日常管理,市立第一公墓建有"应接室""司阍室",即办事处,以及专门的园丁住所等公务用房。④此外,中国公墓建有礼厅、饭堂等建筑,服务于丧家。⑤

近代上海公墓地质高燥,大多配有完善的排水设施。如万国公墓的墓地四周"遍浚瓦筒沟以洩积水,使地气无潮湿之患"⑥。排水设施的建设也是市立第一公墓、五卅烈士公墓等公墓的重要工程之一。⑦1936年11月国民政府内政部颁布的《公墓暂行条例》中明确规定,公墓内必须有"泄水设

① 吴越、李裕春:《闸北殡葬业寻踪》,吴汉民主编:《20世纪上海文史资料文库·第9辑·宗教民族》,上海书店出版社1999年版,第377页。

② 吴越、李裕春:《闸北殡葬业寻踪》,吴汉民主编:《20世纪上海文史资料文库·第9辑·宗教民族》,上海书店出版社1999年版,第378页。

③ 《上海市工务局有关市立各公墓文书》,上海市档案馆藏,档号:Q215-1-8144。

④ 《上海市财政局关于筹建公墓经费》,上海市档案馆藏,档号:Q432-1-170。

⑤ 薛理勇主编:《上海掌故辞典》,上海辞书出版社1999年版,第386页。

⑥ 胡人凤续辑,许洪新标点:《法华乡志》,上海社会科学院出版社2006年版,第338页。

⑦ 《上海市工务局有关市立各墓文书》(第一公墓),上海市档案馆藏,档号:Q215-1-8142;《上海市工务局办理五卅烈士公墓泄水工程挑沟管文书》,上海市档案馆藏,档号:Q215-1-8406。

备”①。排水设施可以保持地气的干燥,减少对墓地的腐蚀,有利于公墓的维护,符合公共卫生的需要。

公墓不仅是人生的最终归宿,也是生者追忆、纪念逝者的场所。公墓完备的建筑设施,体现了功能齐全、服务完善的现代性特征,也是公墓相对于传统墓地文明进步的表现。

(三) 新式墓碑设计

与传统墓碑相比,公墓的墓碑设计新颖,融入了很多现代元素。随着摄影术在上海的流行,人们开始将照片嵌入墓碑,并且注重墓碑设计的艺术化。上海公墓“建筑精雅者,其阡上嵌有磁像一枚,以示死毋相忘之意。至碣上之文字,皆措辞新颖,无不趋于艺术化。至若‘朝议大夫’‘淑人恭人’‘孝男奉祝’等字样,殆在仅见之列”②,体现出中西合璧的特色。

万国公墓是近代上海的上等公墓,墓区内的墓碑也较有特色,“有的用像大理石一样的白石,砌着一座伟大洁净的碑座,使人想到死者在生前的一种荣贵。”③有的墓碑不仅使用花岗石、大理石的原料,而且雕刻也很精致,有各式各样的花纹,或者嵌着死者的照片。墓碑的形式也多样化,有的呈锥体状,有的上面有欲飞的石制的鸟儿;有的上面有微笑的天使。④

万国公墓内鲁迅墓墓碑由其夫人许广平亲自设计图样,又选出鲁迅1933年为斯诺编译《活的中国》时所摄的照片,由周建人去画像店烧制瓷像。鲁迅逝世周年时,水泥碑立于墓穴之后。墓碑呈梯形,瓷像嵌在墓碑上部。⑤

中国公墓墓园内部分富家的坟墓建造富丽堂皇,非常精致。这些公墓墓碑高大,用极好的花岗岩制成,光可鉴人,而且镶上死者的照片,墓碑前面还有祭坛。⑥

---

① 《公墓暂行条例》,《上海市政府公报》第175期,1936年12月10日,第46页。
② 子群:《上海公墓参观记》,《新闻报》1929年10月19日,第21版。
③ 路茜:《上海杂忆:万国公墓》,《中央日报》1935年3月31日,第12版。
④ 阿比:《万国公墓》,《大公报(上海)》1936年10月23日,第15版。
⑤ 上海市《长宁区志》编纂委员会编:《长宁区志》,上海社会科学院出版社1999年版,第1012页。
⑥ 黄胜年:《黄胜年诗文集》,原子能出版社2007年版,第233页。

一般公墓都为丧家代筑墓碑，但随着公墓在上海的兴起，一些公司专门经营墓碑设计，并在上海各大报刊上刊登广告，以设计新式墓碑招徕顾客。如1936年7月，中国石公司即在《申报》上刊登新式经济墓碑的广告："各种式样，照客图或代为设计，无不精美雅观。兹为经济化，不惜牺牲，特制新式经济墓碑，式样四种，每组廉价八十元。"①

(四) 现代化营销策略

近代上海公墓以经营性为主，采取现代化的营销策略。首先，以赠品招徕业务。例如佛教第一公墓规定，购买"三等及四等穴，并奉赠小碑一块，及石灰一担"，倘穴主自将灵柩送至本公墓，可给予价格上的优惠。②

其次，充分利用现代媒体进行广告宣传。随着近代商业的兴盛，报刊及各种新式传播媒体不断出现，商人逐渐认识到广告的作用，充分利用广告来进行促销。正如上海竹枝词所形容："纷纷登报为招徕，何业何方择日开。只要价廉兼物美，一经上市便增财。"③公墓的营销也不例外，经营者纷纷利用广告这一新式营销手段，广为宣传。如佛教第一公墓在专门的佛学刊物《佛学半月刊》上刊登广告，介绍该公墓之特点：

> 佛教第一公墓(真茹真大路第二号桥旁，无线电台北)：依胜立名区，择尤须速购。本公墓之特点：慎终追远，悉遵佛制；佛力加被，佛国长春；基金雄厚，久远能持；花木繁雄，胜景长怡；曲径萦回，步转神移；念佛堂中，梵唱六时；入德池内，光动琉璃；地藏宝殿，巍峨云齐；经幢高树，礼诵巡回；放生池际，水族咸嬉；有大礼堂，观礼于兹；有纪念厅，瞻仰徘徊；如意名寮，调养所须；茶维置场，仰遵佛仪；普同筑塔，善信神楼；幽冥钟声，灵界永依。章程图样，函索即寄。办事处：上海愚园路一五四号佛学书局内(电话三五五二四)。④

---

① 广告：《墓碑》，《申报》1936年7月19日，第17版。

② 《佛教公墓概况便览》，上海图书馆藏，出版地、出版时间不详。

③ 顾柄权编著：《上海洋场竹枝词》，上海书店出版社2018年版，第212页。

④ 《佛教第一公墓广告》，《佛学半月刊》第123期，第6卷第6号，1936年3月16日。

为扩大影响,佛教第一公墓又在《申报》上发表启事:

> 现在政府积极提倡公墓,圆瑛等以纯粹佛化公墓尤关重要,相其阴阳,观其流泉,特于真如北首真大汽车路第二号桥旁地方创建佛教第一公墓,已呈准宝山县政府立案。除建筑礼堂、修治道路、栽培花木外,并特建筑念佛堂、地藏殿、荼维场、普同塔、经幢、钟楼,慎终追远,适遵佛制,冥阳共利,四众咸宜。现正在分区定穴,有意承购者,请即驾临接洽,备有章程图样,函索即寄。办事处:设在愚园路佛学书局内(电话三五五二四)。董事长:圆瑛、远尘、屈映光。[①]

佛学第一公墓广告充分凸显了佛教第一公墓的特色,纯粹的佛教公墓,宗教色彩浓厚;设施完备,服务完善;环境优美,毫无阴森、恐怖之感,充满了祥和、灵动的气息。

《申报》广告栏中经常可见关于上海各公墓的信息,一些广告的内容设计颇具匠心,以特色服务和巧妙的打折促销来招揽业务。如吉安公墓的广告除了宣扬其便利、经济的特点:“壤地高爽,风景清幽;墓穴宽大,布置完备;交通近便,车马直达”,还介绍了特色服务和打折优惠:“清明祭扫,特备汽车,免费接送,每年扫墓,不费车资。尤为特色,购满十穴以上,优待折扣。佳壤无多,选择从速”。[②]再如长安公墓广告中声称为丧家提供便利的运柩服务:“自备柩车,迅速简便”[③],而且经股东介绍,墓穴价格享有8折优惠[④]。

商家还善于利用政府政策导向,进行广告宣传。如在上海实行新生活运动,改良社会风俗之际,久安公墓的经营者在广告中便以新生活运动为号召,并予以打折优惠,“提倡新生活运动,划出穴场四百穴,照原价八折计算,余额无多,选购请速。”[⑤]

---

① 《佛教第一公墓启事(二)》,《申报》1936年4月24日,第8版。
② 广告:《吉安公墓》,《申报》1936年12月6日,第15版。
③ 广告:《长安公墓》,《申报》1932年11月20日,第15版。
④ 广告:《长安公墓》,《申报》1930年12月14日,第20版。
⑤ 广告:《久安公墓》,《申报》1935年12月28日,第18版。

广告宣传无疑会扩大公墓的影响，推动民众逐渐接受公墓这一新事物，给公墓带来良好的经济效益。比如长安公墓供不应求，应葬户需求，陆续添购地亩，扩充墓穴。[①]佛教第一公墓在初具规模后，售出墓穴即已超过半数。[②]

第二节　公墓与丧葬礼俗的变革

随着公墓在上海的兴起，在西方丧葬文化的冲击下，中国传统的丧葬礼俗开始发生了变革，出现了新式丧葬礼俗，呈现出文明简约的特征，但中国旧有的丧葬习俗仍然可见。从而使得近代上海丧葬礼俗的变迁呈现出新旧杂糅、中西并存的特征。

一、文明简约的新式葬礼

清朝时期，上海人的丧葬基本上遵循中国传统的礼俗，包括报丧、小殓（给死者换衣服）、大殓（死者入棺）、停灵、出殡等程序。“丧礼之异者，尸不停于堂前，任其偃曲于床榻。至殓时，始得着衣入棺。子孙必择日易凶服。棺之前户镂刻花物极工。冥镪坚致，胜于他处。他如入殡停柩，出殡卜葬，皆必以僧道。七七皆建道场。士大夫葬事，一听诸地师，则又江浙之所同业。”[③]死亡意味着人生旅程的终结，葬仪是人生礼仪的最后一环。中国向来重视丧葬，传统丧葬蕴含着慎终追远、事死如生、崇尚厚葬的精神，因此，旧式丧葬礼俗存在着两个严重弊端：一是铺张奢靡，二是迷信色彩太浓。公墓在上海的兴起，引导了近代上海丧葬礼俗的改变。在西人丧葬礼俗的影响下，上海葬礼中逐渐出现了西方文化的特点，趋向于文明和简约。表现在以下方面：

---

① 广告：《长安公墓》，《申报》1935 年 10 月 22 日，第 18 版。

② 高振农：《上海佛教概况》，吴汉民主编：《20 世纪上海文史资料文库·第 9 辑·宗教民族》，上海书店出版社 1999 年版，第 10 页。

③ （清）王韬：《瀛壖杂志》，岳麓书社 1988 年版，第 36—37 页。

(一) 丧葬仪式的简化

一方面,以讣告代替之前的举哀报丧。上海人自古就有人死报丧的礼俗,其方式为口头通知,或为书面讣告。开埠后,随着报纸这一现代传媒的出现和西方丧葬礼俗的传入,利用报纸刊登讣告逐渐成为一种新的报丧方式。人们通常在报刊上登载讣告,通知亲友举行葬礼的时间和地点。如1936年9月20日的《申报》刊登讣告:"定于十月四日准上午九时由新闸路大通路平江公所发引,约十时许直达虹桥路万国公墓礼堂设祭后,准十一时安葬,凡先生之亲友参加葬礼者,请于是日九时前至平江公所齐出发,备有汽车接送,特此布闻,蔡宅治丧处。"①

另一方面,葬礼引入鞠躬礼、黑纱、哀乐等西方元素。在公墓举行的葬礼中,首先,鞠躬礼逐渐为人们所接受,除了孝子行跪拜礼外,鞠躬礼在一定程度上代替了跪拜礼。其次,黑纱取代了传统的丧服。如宋母倪桂珍的葬礼上,宋氏三姐妹身穿黑布旗袍,头戴黑纱。②鲁迅的葬礼上,前来吊唁者均于臂上佩戴黑纱。③再次,播放哀乐代替了传统的鼓乐吹奏,成为公墓葬礼中一种比较常见的哀悼方式。上述元素在葬礼中的引入,体现了新颖、庄重、文明和简约的特点,推动了近代上海丧葬习俗的改良。

(二) 迷信色彩的淡化

首先,旧时停棺不葬的现象大为减少。清代上海人们惑于风水之说,凡有葬事,必定要请堪舆来择吉壤、定方位、选时辰,由于选地过于苛刻,再遇上时辰不巧,往往会因此迁延岁月,以致后来因家道中落等原因,数十年未葬。公墓一般将墓穴编列号数,按序购穴安葬,如浦东公所公墓章程规定"公墓并无迷信风水之说,应依次各排营葬,不得争前退后"④。加上政府对停柩行为的取缔,因此近代上海停棺不葬的陋习有很大改观,有利于公共卫生和社会风俗的改良。

---

① 《蔡止穆先生安葬通告》,《申报》1936年9月30日,第2版。
② 《宋母殡仪志》,《申报》1931年8月19日,第13版。
③ 《五千余人昨日瞻仰鲁迅遗容》,《申报》1936年10月21日,第9版。
④ 《浦东公所购得公墓基地》,《申报》1926年6月17日,第15版。

其次，摒弃僧道、仪仗等旧习。旧时上海一些富贵人家出殡时，声势十分浩大，前以旗帜、金锣、红伞开道，有时还要用"肃静""回避"之牌导引。丧葬礼仪的最后一个程序是"落葬"。落葬的时间、地点和各项仪程都要事先选定。一般多选清明、冬至等节气举行落葬仪式。届时先请道士、和尚做经忏法事，然后亲友们一齐向灵柩哭泣致哀。负责葬礼的司仪在棺材上放上明器、铭旗等物，棺材缓缓放入事先筑好的墓穴，然后覆土于棺材上，丧主则退至灵柩旁肃立，谢送亲友回家。①

公墓举行的一些新式葬礼中摒弃了僧道、仪仗等迷信习俗。如1925年4月25日，王广圻公使夫人葬入万国公墓，"一切僧道仪仗，概皆省去，只由警厅法捕房派警捕照料"②。时任北平政务整理委员会委员王伯群的母亲刘太夫人1934年9月去世，10月26日在永安公墓举行葬礼，"关于迷信仪仗，一律免除"③。

再次，以鲜花和花圈代替纸扎品、纸钱等祭品。旧时上海葬礼及之后的祭祀必焚烧各种纸扎品和纸钱给死者，亲人死后，家属在床前号哭致哀，焚烧纸钱及死者生前衣物，以作送别之意。④人从死亡那日起每逢七天一祭，习称"做七"，其中"五七"是重要悼念日，前夜要闹五更，谓死者要回家，要办酒菜于灵牌前供祭，通宵达旦，焚烧用纸糊扎成的房子及死者的衣服，名为"化库"。死者过世一年，家人供祭和烧化锡箔纸钱，称"做周年"。⑤这种习俗与传统的事死如生观念和鬼神信仰相联系，迷信色彩浓厚，且上海每年葬礼上焚烧的这些纸质祭品造成巨大的浪费。南浔东北汪牙兜人善于以稻草制成帛纸，这种帛纸是制作祭祀先人的纸钱的最好材料。上海浦东每年焚化这种冥资靡费浩大，沪上有谚语对此进行讥讽："浦东人乖做乖，年年代南浔人煨稻柴。"⑥

---

① 蔡丰明：《上海都市民俗》，学林出版社2001年版，第154—155页。
② 《王公使夫人领帖变更地址》，《申报》1925年4月25日，第14版。
③ 《王伯群母刘太夫人身后荣哀》，《申报》1934年10月27日，第11版。
④ 蔡丰明：《上海都市民俗》，学林出版社2001年版，第154页。
⑤ 周明珠、王晓玉、仲富兰主编：《民俗上海·宝山卷》，上海文化出版社2007年版，第42页。
⑥ 武占坤主编：《中华风土谚志》，中国经济出版社1997年版，第116—117页。

葬仪中送鲜花和花圈是近代西方传入上海的，一开始是用鲜花编成花环，后来演化成纸质花圈。“丧葬馈送花圈，向惟西人有之，以鲜花最为高洁，故特陈诸死者之墓，以表敬意。近则华人亦纷纷效之。试观大出丧除各种仪仗外，必有花圈列入。”①这种风俗传入上海后，成为一种新式丧葬礼俗。“万国公墓有的墓上终年供养着鲜艳的香花。”②1930 年 12 月 31 日，上海银行总经理朱成章葬于万国公墓，“礼堂前满阶之花圈，亦均运往坟墓，堆排墓下”③。鲁迅葬仪中各界致赠之瓶花及花圈等，满堆四周。④鲜花没有迷信色彩，寄托了生者对逝者的纪念与哀思，时人曾专门题写了一首回文诗描述了此种意境：“伤心洒泪恨绵绵，吊祭凄凉暮雨天；荒冢献花鲜摘得，香云抚墓冷凝烟。”⑤

（三）西式追悼会的引入

追悼会除了私家遭遇丧事时举行，大多数是社会各界悼念仁人志士时举行，借以追思逝者的功绩，一般在公共场所的礼堂、殡仪馆的礼厅，或公墓的祭堂举行。如沪上著名记者戈公振 1935 年逝世后，12 月 15 日在市立第一公墓举行葬礼，并召开追悼会。追悼会在市立第一公墓的祭堂内举行。堂内陈设清雅简单，“中悬戈氏遗像，四壁均各界致送之挽词，灵前则供鲜花蔬果数事。”⑥追悼会的程序有：奏哀乐；主祭团就位；与祭者就位；主祭致开会词；全体肃立；主祭团诣遗像前肃立；奏哀乐；献花；读祭文；全体向戈先生遗像行最敬礼；静默；主祭团复位；与祭者复位；报告戈先生行述；致哀悼词；家族致答谢礼；奏哀乐；礼成（会场注意事项：不鼓掌、不吸烟、不谈笑、不戴帽、不离座）。⑦

西式追悼会没有旧式丧葬礼俗中的铺张浪费和僧道诵经等迷信活动，

---

①⑤ 碧：《上海社会之现象：丧葬馈送花圈之新异》，《图画日报》第 142 号，1909 年 11 月 23 日，第 7 页。

② 路茜：《上海杂忆：万国公墓》，《中央日报》1935 年 3 月 31 日，第 12 版。

③ 《朱成章之哀荣》，《申报》1931 年 1 月 1 日，第 19 版。

④ 《五千余人昨日瞻仰鲁迅遗容》，《申报》1936 年 10 月 21 日，第 9 版。

⑥ 《市立第一公墓报人长眠：戈公振昨安葬》，《申报》1935 年 12 月 16 日，第 11 版。

⑦ 《戈公振今日公葬》，《新闻报》1935 年 12 月 15 日，第 11 版。

肃穆庄严，不仅寄托了对亡者的哀思，还体现了文明、节俭的新风尚，是社会进步和文明的一种表现。

(四) 摄影在葬礼上的运用

在近代上海公墓中很多名人葬礼上，经常有摄影者拍摄照片和录像，留下非常珍贵的资料，成为历史记忆的一部分。如鲁迅逝世后，年轻摄影家沙飞用手中相机把鲁迅遗容拍了下来。当鲁迅出殡游行时，沙飞是当时最活跃的摄影者，为中国人民和世界人民记录了珍贵的历史镜头。沙飞以摄影形式报道鲁迅逝世的消息，在上海的《良友》《时代》《中华图杂志》《生活星期刊》等刊物上登载。阮玲玉的葬礼上，当时的上海黑白影社成员、摄影记者王炳耀用手中相机将阮玲玉葬礼过程记录下来，留下一份非常珍贵的影像资料。①

二、传统丧葬礼俗的沿袭

公墓入葬者的葬礼虽然呈现出文明和简约趋势，然而中国传统丧葬观念根深蒂固，其蕴含的慎终追远、事死如生、崇尚厚葬的精神一脉相承，因此，传统丧葬礼俗在公墓举行的葬礼上仍时有体现。

1. "大出丧"的延续

近代上海丧葬礼俗基本沿袭旧制，但值得注意的现象是浮靡之风盛行。人死后第一夜，家属便延请道士为死者诵经，安定死者魂魄，即"暖棺"。第三天，死者魂魄返家，家族必陈设酒菜，供于灵前，即"做三朝"。每逢七期，无论富贵还是普通人家均延请僧道诵经，为死者超度。②人死以后，亲友前来吊唁，馈送纸箔、钱物。丧家对前来悼念者分赠发给白布一条，并以素餐豆制品待客，称"吃豆腐饭"。一般备"豆腐饭"七八桌，多则二三十桌。③

浮靡之风最为突出的即是"大出丧"。"沪地奢靡，日甚一日，即以丧家

① 王天平、蔡继福、贾一禾编著：《民国上海摄影：海派摄影文化前世之研究》，上海锦绣文章出版社 2016 年版，第 371 页。
② 袁燮铭：《上海：中西交汇里的历史变迁》，上海辞书出版社 2007 年版，第 113 页。
③ 周明珠、王晓玉、仲富兰主编：《民俗上海 · 宝山卷》，上海文化出版社 2007 年版，第 42 页。

出殡一事而论，向惟有职者用旗锣执事，今则视为普通排场矣；向惟用旗锣执事以为荣者，今则踵事增华，阔绰者皆用马执事、洋号队鼓等种种矣……其各种排衙，衍为路由牌一道，亦足见沪江风俗之一斑焉。”①为炫耀财富和势力，当时上海的达官贵人、富豪巨绅死后必举行盛大的丧葬仪式，铺张程度令人难以想象。例如盛宣怀出丧时，“前以印度巡捕开道，后以新兵排成仪仗队，吹奏军乐为其伴奏，耗资三十多万”。②

随着西式公墓在上海的兴起，受西方丧葬文化的影响，不少公墓举行的新式葬礼力求从简，但受传统观念和习俗的影响，一些名人葬礼的排场仍旧十分盛大。如 1934 年 10 月 26 日，大夏大学(华东师范大学前身)创办人王伯群母亲刘太夫人出殡当天，党政要人及各界领袖吴铁城、张学良(来春霖代表)、张啸林、杜月笙、王晓籁、李大超等，大夏大学教职员代表、大夏中学学生代表共数百人，前往执绋。“素车白马，备极哀荣”。送殡队伍“最前为保安队、市公安大队、小机关炮队，约二百人；次为军乐队，吹奏哀乐；再次为孤儿院音乐队，及大夏童子军；再次为遗像车、灵榇汽车、孝子家属及执绋来宾汽车约一百余辆”。市公安局特派大队警察沿途站岗，气象颇为肃穆，此外工部局也临时派探捕维持秩序。抵达永安公墓时，遗榇暂停预先搭就之祭棚内，“来宾肃立，行三鞠躬礼致祭，复由王伯群氏亲出答谢”，然后举行灵榇入圹典礼，“全圹白石精琢”。③如此排场，可谓声势浩大，隆重至极。

薛保正是民国时期上海染化行业的大资本家，死后安葬在万国公墓。薛保正葬礼极尽奢华排场之能事，“堪称丧葬之最”。上海民俗中，入葬时抬棺的一般是 4 人至 8 人，抬棺者俗称为“白杠”，以区别于抬轿的“红杠”。抬杠的人越多，排场和威风就越大。薛保正入葬时光抬棺者就达 32 人之多，而来参加葬礼的人乘坐的轿车从虹桥路一直停放到中山西路口。薛家人为了招待这些前来参加葬礼的人，别出心裁地把豆腐席办到了公墓里，酒席一共摆了二十多桌。一时间，冷清的公墓热闹非凡，墓碑旁人来人往，苍松翠

① 碧:《上海社会之现象:大出丧排场之阔绰》,《图画日报》第 93 号,1909 年 10 月 4 日,第 7 页。
② 蔡丰明:《上海都市民俗》,学林出版社 2001 年版,第 156 页。
③ 《王伯群母刘太夫人身后哀荣》,《申报》1934 年 10 月 27 日,第 11 版。

柏上炊烟环绕，杯来酒去，人声鼎沸，直吃到杯盘狼藉，夕阳西下，众人才离开公墓。薛家在公墓摆酒大宴群宾，“在殡葬史上可谓绝无仅有的壮举”。①

2. 经忏法事习俗的相沿

如前文所述，经忏法事是传统葬礼中一个重要仪式。从死者死后第一天开始，出殡、做七等程序中都要延请僧道做法事，为亡者超度。这一习俗在公墓举行的葬礼中仍然可见。联义山庄遇有“大出殡”时，可谓热闹非凡。出殡队伍由北宝兴路经过全长4公里左右的煤渣路，从粤秀路至彭江路，到达“联义山庄”大门前的蚂蚁桥（又名田鸡桥），过桥入庄后先在“八角亭”歇柩，家人焚香烧纸，哭泣跪拜后，再起柩移至庙中存放，并由道士、和尚做经忏法事，家属亲友按照主持吩咐，纷纷向灵柩哭泣致哀。然后，棺材运至事先筑好的墓穴，并有道士、和尚念经导引，待至吉时，主持安放好冥器、铭旗等物后，棺材缓缓放入墓穴，再由山庄泥水石匠予以封墓，家属亲人告别后即到餐厅一起吃“豆腐饭”。②

1935年3月14日，阮玲玉安葬于联义山庄。整个葬礼仪式力求从简，注重庄严肃穆，但保留了做法事的传统，“由道士一名鸣铙钹作法事”③。

举行普利水陆功德法会，“放焰口”，超度众生，是佛教一种大型佛事活动。佛教《谕伽焰口》中讲，人在死亡后就成了鬼，新鬼的喉咙特别细，难以吞咽食物，而食物一旦进入喉口，喉口就会像被火焰灼痛之感，如不及时超度，此鬼将是永世的饿煞鬼，于是要借用佛的力量，用甘露水注入喉咙、放开细口而使之能正常饮食，故称之“放焰口”。放焰口最初是丧礼中的一种超度，而后来成为普遍的超度形式，丧仪中的放焰口通常是“做七”时举行，而公众或社会性的放焰口则定于七月十五的“中元节”举行。④

“为安葬者普同荐度，并为各穴主联络感情起见”，1935年9月15日至21日，永安公墓连续七天举行普利水陆功德法会，并恭请天童寺方丈圆瑛

---

① 丁汀、白芷：《“万国公墓”秘闻》，《上海采风》1991年第3期，第29页。
② 蔡丰明、张丽丽主编：《民俗上海·闸北卷》，上海文化出版社2007年版，第59页。
③ 《阮玲玉昨日殡葬》，《申报》1935年3月15日，第11版。
④ 薛理勇：《丧葬习俗》，上海文化出版社，2011年版，第187—188页。

法师,及本埠玉佛寺方丈远尘和尚主行法事。各穴主积极报名,为安葬公墓内之家族设位荐度。[①]此外,永安公墓还恭请欧美人在中国出家之和尚照空等六人,"于法会期内,每日到会念经,普同回向,实为难得之胜,缘其功德当亦不可思议。又闻照空和尚等不日即须动身回国,不再来华,即此次加入法会尤为唯一之盛事"[②]。法会布置十分庄严,连日参加者也极为踊跃。20日晚7时,"由玉佛寺方丈远尘和尚主座施放五方焰口",热闹非凡。会期于21日圆满。[③]

3. 墓祭习俗的传承

丧葬活动并不随死者的埋葬而结束。当吹吹打打、哭哭啼啼、鞭炮齐鸣的丧葬场面结束后,墓地一般转为寂静、荒凉、冷清。然而,由于中国墓地的多功能,墓地作为联结生者和死者的特殊空间,并不因为安葬工作的结束而完成自己的使命。在中国人的观念中,亲人虽然死了,但其灵魂依然存在,还会像生前一样有各种各样的要求,所以生者会经常通过祭祀表达对死去亲人的哀思,同时祈求他们的保佑,从而形成了一整套葬后礼仪,使得坟墓不断对活人的世界产生影响。人们通常在某个固定时节,按时回到墓地来祭奠死者,举行扫墓活动怀念先人,表达情感。每逢清明、七月半、十月朝以及死者的生忌、周忌,均需祭祀。[④]

公墓有着和传统墓地同样的祭奠和缅怀功能,承袭了传统的墓祭习俗。农历七月十五,是我国民间的一个重要节日——盂兰盆会。人们将佛教的盂兰盆节和道教的中元节合而为一,超度亡灵,普度众生。近代上海的一些同乡团体通常在这一天于公墓内举行盛大的盂兰盆会,祭祀已故同乡,同时借此凝聚同乡情谊。其中最具代表性的是粤商。广肇山庄每年中元节都举行盛大的盂兰盆会,"广延僧道,超度孤魂,并陈设古玩字画以供来宾鉴赏,入夜有影灯戏剧"。每逢此节,自七月十三日至十六日,游客众多,"车水马

---

① 《永安公墓举行普利水陆》,《申报》1935年9月7日,第15版。
② 《永安公墓功德法会,欧美和尚到会念经》,《时报》1935年9月12日,第3版。
③ 《永安公墓水陆法会明日圆满》,《申报》1935年9月20日,第12版。
④ 袁燮铭:《上海:中西交汇里的历史变迁》,上海辞书出版社2007年版,第113页。

龙,鬓影衣香,热闹异常”。①

民国成立后,清明节已改为植树节,但人们仍习惯于清明扫墓。上海的清明扫墓,以旅沪粤人最为热闹。1928 年 4 月 5 日的《申报》详细记载了粤人清明扫墓的情景:

> 清明节日,除各家自祭外有省祭、有邑祭、有社祭、有堂祭、有行祭,种类之多,不胜枚举。省祭由广肇公所举行之,典礼之隆、祭品之丰,为各祭之冠;邑祭由粤省各邑旅沪同乡会举行之,典礼不及省祭之隆重,可称次之;社祭由会社举行之,粤籍工商界多设会社,会员中有作古者,各会员公份致祭。祭品以烧猪为主要,祭毕将猪瓜分,及其他祭品,一并摊派与份者。族祭由旅沪本族同人捐资致祭其族之死亡者,祭品丰菲,视其所捐之款多寡为率。祭毕当场将祭品照份均分之。堂祭由各善堂举行之,不用捐款,凡与该善堂有关系者,均得参与祭礼,祭毕,可索取胙肉一份而归。行祭由工商业之同行者举行,粤人平时对于同行者极敦睦谊,凡同行中之有死亡者,于清明日齐集致祭,费用均集资而成,随人乐助,多寡均甚自由,如不加入者,亦不相强,其办法一如社祭,兹不再及。是日由朝至暮,往来于广肇山庄道路者,络绎不绝,大有车水马龙之概,骤视之似颇热闹,与其他节令无甚差别,惟细察之,沿途中之寡妇孤儿,面带愁容,眼含泪珠者,不知几许焉,呜呼!②

每到清明节,各公墓扫墓者如云。由于公墓选址大多在郊区,为便于民众扫墓,上海一些公共汽车公司提供扫墓专车服务。如上海华商公共汽车公司在清明节期间,开启扫墓专线,每天自上午 8 时起,至下午 5 时止,自宝山路口出发,路经广肇山庄、联义山庄、潮州山庄等,“路程不拘远近,每客单程一律小洋二角”。③上海一些公墓如吉安公墓则于清明祭扫时,自备汽车,

---

① 陈伯熙编著:《上海轶事大观》,上海书店出版社 2000 年版,第 388—389 页。
② 谭小谷:《旅沪粤人扫墓之特别》,《申报》1928 年 4 月 5 日,第 17 版。
③ 《宝山路口开驶扫墓公共专车》,《申报》1936 年 4 月 3 日,第 12 版。

免费接送。[①]这些举措反映了清明扫墓习俗在都市社会中所具有的现代特征,是城市文明的重要体现。

4. 家族墓地的承袭

家族墓地是中国封建社会长期存在的宗法制度和家族观念的集中反映,也是中国古代墓葬制度的主要特点之一。在家族墓地中,既有本家族的夫妻合葬墓,也有本家族的单人墓,但和本家族无血缘关系的死者,不得葬入。这样代代相传,自成体系,由墓葬就能看出这一家族的兴衰和演变。

受中国传统族葬习俗的影响,近代上海公墓兴起之初,即有人提出以家族为单位创建公墓,建议实力雄厚的家族可置一家族公墓,“购地若干亩,划分若干区,依次安葬,葬满后,可再行辟地”;小族或无力自办公墓者,“可附葬于地方公墓”。家族同葬一处公墓,一方面使得后世子孙不必代代营谋葬地,“省费心力,省耗金钱”;另一方面,也方便子孙后代祭扫,“到一处而数代祖先之墓均已展拜,不必因墓地四散,有劳奔走,多费时日”。[②]

从近代上海各公墓的章程来看,诸如万国公墓、佛教第一公墓、浦东公所公墓、潮州八邑山庄特别公墓等,为节约资源,虽然对墓穴的占地面积均有所限制,规定每穴限葬一棺,却允许一棺占有多穴。而上海市政府对于市民的购穴数量也没有明确限制。1936 年 11 月,国民政府行政院颁发《公墓暂行条例》规定:“团体或一姓宗族或个人,呈经市县政府之许可,得设置公墓。”“每一墓基之面积不得超过二百平方市尺,但两棺以上合葬者得酌量放宽之。”[③]可见,政府不仅允许家族设置公墓,而且对合葬墓穴的占地面积有所放宽,上述情形为公墓中家族墓地的存在提供了有利条件。

家族墓地中夫妻合葬较为普遍,上海民俗中,如夫妻俱亡,则行合墓。如夫妻中一人未亡,则墓穴内留下空圹,俗称“有红有白”。[④]邹韬奋(原名邹恩润)的妻子叶复琼女士 1925 年逝世后,葬于万国公墓。邹韬奋于墓旁预

---

① 《吉安公墓》,《申报》1936 年 12 月 6 日,第 15 版。
② 蔡俊夫:《葬事之改良》,《申报》1921 年 4 月 6 日,第 16 版。
③ 《公墓暂行条例》,《上海市政府公报》第 175 期,1936 年 12 月 10 日,第 45—46 页。
④ 郑土有主编:《上海民俗》,甘肃人民出版社 2002 年版,第 277 页。

留一空穴,以备将来自己合葬时用。墓碑上书写:“邹恩润先生(红色)、叶复琼女士(黑色)之墓”。[①]墓碑上既有黑色的死者的名字,也有红色的生者的名字,这是生前便把地买下来,作为死后之用的,叫作“寿域”。[②]这也是沿用了传统丧葬习俗,中国人通常在生前便把后事料理妥善。

由于国人希望亲族日后可以安葬在同一处,政府对于公墓购穴数量也没有限制,导致一棺占多穴的现象愈演愈烈。尤其是一些富贵人家在亲属死后一次性购买多个墓穴,将其余的墓穴留作寿穴,以备家族其他亲属死后安葬。如万国公墓普通人家只占一穴,“有钱的,排场阔的一些的,则占到七穴,或九穴的地位”[③]。

近代上海公墓内家族墓地最著名的当数宋氏墓地。宋氏墓地系 1918 年上半年购于万国公墓。1918 年 5 月,宋庆龄的父亲宋耀如在上海逝世后就安葬在此,当时只立了一块高约 1.3 米的大理石墓碑。1931 年 7 月,宋庆龄的母亲倪桂珍病逝,葬在宋耀如墓的左侧。1932 年 8 月,宋庆龄兄弟姐妹六人修建了宋耀如、倪桂珍的合葬墓,并立了墓碑。宋氏墓地共占地 22 穴,约 145 平方米,东西两侧石栏上各有石屏风一座,围墙后植有龙柏,墓盖为大理石。[④]

一棺多穴的现象,容易造成穴位的极大浪费。时人对此表示了不满和担忧,指出上海的公墓不仅售价高,而且“有钱的人则可以买上三四十穴,四边种些花木,装潢得非常讲究。照经济土地的原则来谈,这自然是不应该的。但他们有的是钱,当然要任他们享受!”这样一来,穷苦人民将有死无葬身之地的忧虑了! 为此,提议政府如果真想节约土地,就应该规定一人一穴,不能因为有钱就多占土地,而且要控制墓穴的价格,公墓应该平民化。最好的办法就是政府取缔私人或团体办理公墓,由地方政府自己办理公墓。

---

① 解国记:《中外新闻掌故》,河南教育出版社 1993 年版,第 35—36 页。

② 华复:《万国公墓》,《民报》1936 年 12 月 21 日,第 10 版。

③ 小川:《海上杂忆之六:万国公墓》,《中央日报》1933 年 8 月 5 日,第 8 版。

④ 孙娟娟:《宋庆龄陵园建设的前前后后》,上海孙中山故居、宋庆龄故居和陵园管理委员会、上海宋庆龄研究会编:《纪念宋庆龄文集》,上海人民出版社 1993 年版,第 359 页。

公墓不再是营利性事业,公墓制度自然走上正轨。[①]然而,在很长一段时间内,上海公墓对于市民购穴数量都没有作出限制性规定,一棺多穴现象始终存在。直至上海沦陷,日伪统治上海期间,卫生局于1944年根据租界公墓管理规则,对上海公墓管理制度进行了调整,明确了一棺一穴的售穴规则。[②]抗战胜利后,国民党统治的上海市政府沿用了这一规定。[③]

尽管上海公墓一棺多穴的现象无疑不利于资源的节约,但与传统家族墓地尤其是富豪家族动辄占地几十亩的情况相比,仍是进步的表现。这也反映了公墓在推广过程中,传统的丧葬观念仍深刻影响着人们,社会习俗的改良不可能一蹴而就。

5. 二次葬的存在

二次葬,也称复葬或迁葬,是一种对死者的尸体和遗骨进行两次或两次以上分别处理的葬式。二次葬的方式多种多样,最常见的是把死者先停放或暂厝于一个地方,等尸体腐烂殆尽,再收拾骨殖,用水洗刷干净后正式埋葬。二次葬是灵魂观念在墓葬行为中的典型表达方式,采取这种葬式的人们认为,人的肉体属于人世间,灵魂可以离开肉体而独立存在,并且永远不死。肉体腐尽,即肉灵分离,灵魂已经进入另一个世界。因此,人死后需在肉体腐烂之后进行骨殖埋葬,死者灵魂才能进入另一个世界。如上海宝山区长兴、横沙两岛殡殓后,棺材均暂浅葬。三年后,择日请人开棺拾骨。前夕请拾骨人吃夜饭,送一块肥皂、一条毛巾及酬金。第二天拂晓,由家属陪同去坟地,随带骨甏一只,开棺把尸骨从脚到头装入甏内,未腐烂尽的还要剔肉留骨,入甏后加石灰深埋。[④]

粤俗素有死亡若干年后由家属捡骨重葬的风俗,旅沪粤人创办的公墓保留了这一传统葬俗。晚清小说家吴趼人死于1910年,据吴趼人的女儿吴铮铮所述,吴趼人去世后,遗体先暂厝在闸北潭子湾车袋角广肇山庄第三

---

① 一厂:《公墓和殡仪馆都应当平民化》,《立报》1937年2月21日,第6版。
② 《日伪上海特别市卫生局有关万国公墓法则的文件》,上海市档案馆藏,档号:R50-1-1391。
③ 《上海市卫生局关于万国公墓的文件》,上海市档案馆藏,档号:Q400-1-3923。
④ 周明珠、王晓玉、仲富兰主编:《民俗上海·宝山卷》,上海文化出版社2007年版,第42页。

庄，直至1931年9月21日，正式下葬于宝山县大场广肇山庄，墓穴为“宙字三九六号”。1947年，原墓地因需筑路，又迁到该山庄西北隅的“南海先友公墓”区。1962年，吴墓被发现于宝山县大场的广肇山庄的“南海先友公墓”，该公墓内都是骨甏。[①]骨甏用于二次葬，这从侧面反映了广肇山庄内二次葬式的存在。

此外，潮州会馆在迁往新山庄特别公墓时，特雇用汕头存心善堂修理骨殖职员十五名，并定购大号骨甏一千只，中号骨甏五百只。[②]这些同样证明了该公墓存在二次葬式。

三、公葬与公葬墓园

民国建立后，北洋政府和南京国民政府先后颁布“国葬法”。1930年颁布的国葬法规定，中华民国国民有特殊功勋于国家者，身故后依照国葬法举行国葬。国葬的举行由国民政府国务会议决定，国葬经费由国库支出，由国民政府派员组织国葬典礼办事处筹备国葬事宜，根据国民政府命令举行国葬仪式。国葬举行当日，凡公务人员均须臂缠黑纱，全国停止娱乐，各机关、各团体及商店、居民均下半旗以志哀悼。[③]国葬设立国葬墓园，地点在首都郊外，由南京市政府选定，呈请国民政府核准备案。[④]1937年国民政府立法院修正国葬法，规定国葬应经行政院提请中央政治委员会会议，无记名投票三分之二以上通过，才由国民政府颁发国葬的命令。国葬经费标准为一万元，由国库开支。凡国葬均应葬于国葬墓园，如愿择地另葬者，应经国民政府核准，由受国葬者之家属领取丧葬费自行安葬，但仍应于国葬墓园内建立碑记。[⑤]

对于有功于国家，但其地位和影响尚未达到举行国葬条件者，一般由当地政府或民众团体等组织举行公葬。民国时期，关于公葬一度没有明确的

① 魏绍昌编：《吴趼人研究资料》，上海古籍出版社1980年版，第34—35页。
② 《潮州会馆议案册》，上海市档案馆藏，档号：Q118-9-30。
③ 《法规：国葬法》，《内政公报》第3卷第10期，1930年11月，第5页。
④ 《国葬公葬条例在立院法制委会审查中》，《申报》1936年3月29日，第3版。
⑤ 《国葬法》，《新闻报》1937年4月17日，第7版。

法规可循。1931 年 10 月 17 日,国民政府立法院第一百六十七次会议审议制定公葬条例,并议决交由法制委员会会同委员张维翰、董修甲审查。①法制委员会审查后,经一百三十一次会议议决“有功劳而尚未合国葬法者,国府可照向例给予治丧费或派员致祭,以示优异,似无以法律规定公葬之必要”②。实行公葬,是对死者的一种褒扬、尊显和肯定,并向社会介绍和推崇死者生前的事迹和品德,客观上起了教化民众的作用,是低于国葬而又高于民间私家葬礼的一种丧礼规格。③

1935 年 10 月 22 日,著名记者戈公振在上海红十字会医院逝世,戈氏在沪好友潘公展、马荫良、萧同兹、严独鹤、周剑云等三十余人成立治丧处。④治丧处征得戈氏家属同意后,决定在上海市立第一公墓为其举行公葬。10 月 25 日,治丧处勘定墓地“四穴地位,俾可竖立墓碑及建立铜像”,并呈文请上海市政府拨给。⑤

12 月 15 日,戈氏遗体在上海市立第一公墓举行公葬,墓地由吴市长捐赠,“地位颇大,将来并可建筑纪念堂等”。下午 1 时,执绋者有各团体代表及戈氏亲友二百余人,在中国殡仪馆启灵行礼,分别乘特备之送殡车数十辆,随灵车经由北京路、河南路、宝山路、淞沪路,到达市第一公墓。仪仗简单,“仅乐队车一辆前导,其后为灵车,而客车数十辆后殿,迤长达里许”。灵榇运达公墓后,“即就圹穴安置,前置灵桌。戈氏家族,匍匐桌旁,来宾则围立四周”。3 点整,行安葬礼,“于哀乐声中,灵柩徐徐降置穴内,家属均痛哭失声,而各来宾亦悲不自胜。”行礼后,即至公墓祭堂内举行追悼仪式。堂内陈设清雅简单,“中悬戈氏遗像,四壁均各界致送之挽词,灵前则供鲜花蔬果数事。”追悼会程序为:“主祭者汪伯奇、马荫良、潘公展、黄伯惠、萧同兹、林伯生、严独鹤、朱少屏、邹韬奋、赵仰尘、戈曙东就位后,由潘公展代表献花,严谔声读祭文。行礼后,主祭者先后致哀悼词及戈氏之行述。末由戈兄曙

---

① 《立法院一六七次会议》,《申报》1931 年 10 月 18 日,第 10 版。
② 《制定公葬条例案审查报告》,《立法院公报》第 36 期,1931 年 12 月。
③ 王夫子:《殡葬文化学:死亡文化的全方位解读》(下),中国社会出版社 1998 年版,第 630 页。
④ 《戈公振今日大殓》,《申报》1935 年 10 页 24 日,第 11 版。
⑤ 《戈公振墓地勘定》,《申报》1935 年 10 月 26 日,第 10 版。

东代表家属致答谢词，礼成已四时许。”①戈公振的公葬典礼，祛除了传统的繁缛礼节和迷信活动，遗像、鲜花等灵堂布置，奏哀乐、追悼会等仪节，是新式葬礼的体现。

中华民国每年公葬的名人、伟人数量众多。尽管国民政府于 1928 年颁布《公墓条例》，在全国推广公墓制度，但公墓制度在各地发展不平衡，很多地方仍以传统的墓葬制度为主，不少山明水秀的地方被公葬的墓地占领。例如民国不过二十年间，湖南长沙岳麓已被许多公葬的坟墓占地，长此以往，“不消百年，岳麓便可变成丘茔累累的景象”。时人认为，国家推行公墓制度之际，“要是一面提倡民众公墓，一面公葬者可以占有无限的山林，公墓制度的风行，恐怕还是难望的。只有凡是公葬者都入葬公墓，方才能使天下从风”。时人还指出中华民族历史上有无数的圣贤豪杰，然而现在很少能见到古人的坟墓，可以供后人凭吊，最主要的原因在于从前的坟墓都是私墓，年代久远，子孙式微，或是离散，或是不肖，辗转易手，发生种种的变化，几世之后，大都无从考查了。为解决上述问题，时人提议各省建立公葬的公墓墓园，“每墓占地不得超过一方或两方，那么十亩之园，便可以容几百个伟人、要人、名人的坟墓”。这样既可以永久尊崇贤豪，也可以节约资源，使国家和人民受益。②

鉴于上述现象，为节约土地资源，推广公墓制度，公葬和公葬墓园也被纳入国民政府的议事日程。1937 年 4 月 12 日，国民政府颁布《公葬及公葬墓园暂行条例》，其主要内容为：

第一条　凡中华民国国民，有勋劳于国家，身故后，经行政院会议议决，呈请国民政府明令，举行公葬，但本人家属如声明不愿接受公葬者，得自行安葬。

第二条　凡公葬者，应依本条例之规定，营葬于公葬墓园。

---

① 《市立第一公墓报人长眠：戈公振昨安葬》，《申报》1935 年 12 月 16 日，第 11 版。
② 陈西滢：《公葬与公墓》，《国闻周报》第 14 卷第 14 期，1937 年 4 月 12 日，第 65—66 页。

第三条　公葬墓园,得设于各省市政府所在地。

第四条　公葬墓园,由各该省市政府设置,咨请内政部备案,前两条所称之市系指直辖市而言。

第五条　举行公葬,由行政院指定所在地之省或市政府筹办之,其经费不得过五千元。

第六条　公葬墓园之设计、建筑、管理、警卫等事宜,由各该省市政府办理之,其坟墓面积及墓碑式样,应由各该省市政府核定之。

第七条　公葬墓园,应于每年植树节日,由各该省市政府派员致祭,其典礼另定之。

第八条　本条例自公布之日施行。[①]

1937年6月30日,国民政府颁布"划一公葬费用支给令",凡有勋劳于国家或地方之人员身故后,经中央议决公葬者,按向例交由原籍省市政府办理。公葬费用至多不过五千元,经中央核定后,由国库支付。[②]

1937年6月18日,行政院还对公葬墓园致祭典礼作了专门规定:

第一条　本典礼依《公葬及公葬墓园暂行条例》第七条之规定制定之。

第二条　各省市政府于每年植树节日,派员致祭所属公葬墓园,依本典礼行之。

第三条　致祭公葬墓园,由各该省市政府所派人员主祭,当地各机关团体学校,均得派代表陪祭。

第四条　受公葬人之家属,得参加典礼与祭。

第五条　致祭秩序及位次,依公祭礼节之规定。

---

① 《公葬及公葬墓园暂行条例》,《内政公报》第10卷第4期,1937年4月,第210页。

② 《国民政府训令:令直辖各机关:划一公葬费用支给令》,《法令周刊》第366期,1937年7月14日,第2页。

第六条　本典礼自公布日施行。①

1937年6月22日,国民政府公布公祭礼仪,吸收了西式礼仪,具体程序有:“一、祭礼开始;二、全体肃立;三、奏哀乐;四、主祭者就位;五、陪祭者就位;六、与祭人全体就位;七、上香;八、献花;九、恭读祭文;十、行祭礼三鞠躬;十一、主祭报告致祭意义;十二、演讲;十三、奏哀乐;十四、礼成。”②

《公葬及公葬墓园暂行条例》颁布以后,鉴于各省市奉令举办公葬者,为数颇多,国民政府内政部下令各省市尽早设置公葬墓园,以供需要。③不久,上海市政府下令卫生局协同工务局、地政局商定筹设公葬墓园办法。1937年6至8月,上述各局召开筹设公葬墓园会议,议决在市立第一公墓中心的礼堂前面划出五亩地,建立公葬墓园,每墓所占面积,至多不得超过二分。④公葬墓园的建立,新式公祭礼仪的推行,对于公墓制度的发展和近代丧葬礼俗的变革有重要意义。

四、新的殡葬文化组成的衍生:殡仪馆

近代上海殡仪馆的兴起与公墓的出现有着直接的联系,它与公墓是一对孪生行业。万国公墓的建立,引导了近代上海墓葬习俗的改变,上海公墓逐渐形成规模性营建。然而,公墓大多在远离市区的郊外,给丧家及送殡者带来诸多不便。因此,为丧家承办丧葬事宜的殡仪馆应运而生。

1924年,美国纽约瓷器棺材公司的老板,派他的儿子带了一名随从人员施高德到上海,租下胶州路207号一座花园洋房,在此开了一家大利行,从事殡殓服务。后来在报上公开征名,该行正式命名为万国殡仪馆。⑤这是

① 《致祭公葬墓园典礼》,《内政公报》第10卷第6期,1937年6月,第264页。

② 《公祭公葬国葬事项》,《内政公报》第10卷第7—12期,1937年7—12月,第280页。

③ 《咨各省、市政府:奉行政院训令公布公葬及公葬墓园暂行条例通饬施行一案抄件咨请早日设置公葬墓园咨部备案》,《内政公报》第10卷第4期,1937年4月,第209页。

④ 《上海市工务局规定公葬场地禁止自由营葬文书》,上海市档案馆藏,档号:Q215-1-6935。

⑤ 叶志强、传锋:《静安区的殡殓业》,施福康主编:《上海社会大观》,上海书店出版社2000年版,第165页。

上海出现的第一家大规模商业性殡仪馆，承办丧仪、运柩、公墓安葬事务，有以下特色:“(一)供给各种木质及金属之精美寿器;(二)以最上香料，用科学方法保藏肉身;(三)特建精致幽雅厝室，以备寄藏灵柩;(四)设有富丽堂皇礼厅，以供治丧之用;(五)特备稳妥优良运棺汽车，输送灵柩;(六)派有转运专员，办理灵柩运输事宜;(七)敦请美国著名专家，在馆日夜服务。”①

万国殡仪馆“布置幽丽绝伦，铜木棺柩不下百种，铜棺外壳系以纯铜制成，髹漆光艳夺目，柩内以白绫为垫，堆叠如花瓣”。每具棺材售价自两万五千两至数十两不等。其中价格最高的是馆中陈列的与孙中山先生所用同样之铜棺，“全用独幅纯钢雕刻而成，重量达一千一百十五磅”，售价为两万五千两。“棺内嵌有厚玻璃，殓后可遗容常瞻”。该馆号称有高超的尸体防腐术，死者的尸体经药物处理化妆后，容颜如生，“三五十年间，永不变烂”。出殡、送葬等一切事务，悉由馆中代办，无需丧家费心，还可上门办理丧事。收费自然不菲，注射防腐液二十五两，其他如运柩、入殓、送丧等费用数十两以至数百两不等。②该馆收费高昂，非一般中国人所能承担。时人感叹“万国殡仪馆，则对死者盛奢极侈，铜棺相望，尸体如生，海上豪华，对于死者又将进一步矣”③。

万国殡仪馆开办之初主要以外侨为服务对象，兼容一些上层中国人，但规定:不许丧事家属哭叫;不许和尚道士进馆做法事;不许焚化锡箔元宝等。④后来，万国殡仪馆实行制度改良，聘请粤商容鹏为华人经理，为迎合华人心理起见，允许用僧道诵经礼忏。⑤值得一提的是，万国殡仪馆专门邀请新闻界参观，并且“曾以各报馆与殡仪馆同为社会服务，有如兄弟行，因有优待记者之规定”。有记者则声称“此种优美之棺木，日前参观时，曾有即不

---

① 《万国殡仪馆今日开幕》,《新闻报》1926 年 9 月 26 日，第 16 版。
② 《万国殡仪馆招待新闻界》,《新闻报》1928 年 8 月 3 日，第 15—16 版。
③ 转陶:《记万国殡仪馆》,《晶报》1926 年 10 月 21 日，第 3 版。
④ 陶乃纫:《华人首创之中国殡仪馆》，上海市文史资料馆编:《沪滨掠影》，中华书局 2005 年版，第 178 页。
⑤ 《万国殡仪馆现在改良办法》,《金刚钻》1928 年 7 月 24 日，第 2 版。

死,亦须一睡为乐之想”。[①]此举不免让人以为该馆有意联合报界宣传,以提升社会影响力。

然而,受传统观念影响,万国殡仪馆在开办初期不为世人所理解和接受。该馆曾四处散发传单式请帖,打着“本馆陈列铜棺与中山先生者同样”的旗号,邀请市民于开幕当天前往参观。此举遭到了世人的非议,有人甚至公开在报上予以指责:“你是弄死人的一种营业,尤其是太太们,更多忌讳。我今天得着某太太撕得七分八裂的一张万国殡仪馆请帖,真觉得营那种行业的人,太不识相了!”[②]

万国殡仪馆经营初期,因收费高昂,一般中国人难以承受,且不为国人所理解,而外国丧家毕竟有限,因此一度生意甚是清淡。直至1934年,原经营者将万国殡仪馆转让给施高德。施高德改变了经营方针,他降低了收费标准,面向中国人开放,因而生意逐渐兴隆。施高德经营不到两年,就摇身变成一位腰缠万贯的富翁,他不但还清了受盘万国殡仪馆时的债款,还把万国殡仪馆原来租赁的房屋买作自己私人的产业。[③]

万国殡仪馆是近代上海首个殡仪馆,“布置悉西式,极华美,四围花木茂翳”[④],环境幽雅,设施完备,受到了中国上流社会的关注。一些军政要人、社会名流谢世,必假万国殡仪馆殡殓。如一代影星阮玲玉、鲁迅先生等逝世后均在万国殡仪馆治丧,然后前往公墓安葬。万国殡仪馆也因此享有盛誉,发展为上海一流的殡仪馆。

万国殡仪馆的经营为上海华人提供了典范,20世纪30年代,上海一些商业资本家发现了这种新兴行业的商机,纷纷开始效仿。安乐殡仪馆是中国人在上海开设的第一家殡仪馆。1930年,原木材商人穆季湘与谢宝华等人合资在武定路496号开设安乐殡仪馆。安乐殡仪馆建成拥有廊庑厅殿、

---

① 潜龙:《万国殡仪馆优诗报界》,《人报(上海)》1928年8月19日,第2版。

② 曼妙:《不识相的卖棺材朋友:万国殡仪馆的请帖》,《晶报》1926年10月15日,第3版。

③ 叶志强、传锋:《静安区的殡殓业》,施福康主编:《上海社会大观》,上海书店出版社2000年版,第166页。

④ 转陶:《记万国殡仪馆》,《晶报》1926年10月21日,第3版。

雕梁画栋的宫廷式楼房,大门为朱红圆柱彩绘门楼,颇为古朴壮观。馆内分设大、中、小礼厅20间左右,依照中国传统格局进行陈设。安乐殡仪馆采用较为灵活的经营模式,按高、中、低档制定收费标准,以适应各种经济层次市民的需要。殡仪馆内附设寿器寿衣部,兼办多种业务,如出租孝服丧幛,代扎灵堂白彩,代请僧尼道做佛事,代办墓地等。安乐殡仪馆后来又买下一处空地,盖起一幢三层楼房,辟为寄柩楼,兼做寄柩业务,是楼上寄柩的首创者。它的经营方法,为后来的同业提供了足可仿效的模式。安乐经理谢宝华善于交际,他广结社会闻人名流以为依恃,并与广东帮、宁波帮的工商界交往密切。凡是这两帮发生丧事,大多光顾安乐,加上地段适中,交通方便,它的名字又起得很好,有祝告死者"安登极乐"之意,所以安乐的业务应接不暇,几乎天天客满。①

1931年,南昌人陶醒予以恢复中华传统礼仪为号召,在华山路670号创办中国殡仪馆。此后有华商在沪西一带陆续建成上海殡仪馆、中央殡仪馆等。"八一三"事变后,沪西的殡仪馆增多,有大众殡仪馆、乐园殡仪馆、万安殡仪馆、世界殡仪馆、大华殡仪馆、白宫殡仪馆、上天殡仪馆、大陆殡仪馆等。主要业务有接尸、整容、着衣、停柩、入殓、寄柩及出售棺木、寿衣、代办运柩、落葬、延请僧尼诵经,等等。②几年间,中国人开设的大小殡仪馆达40多家,至1949年据统计还有23家。③

随着殡仪馆的兴起,上海市政当局制定了专门的殡仪馆管理规则,规定殡仪馆地点宜在空旷之地,四周应有围墙,房屋至四面围墙均应有八公尺以上距离之园地,除了种植树木,不得搭建其他建筑物。管理规则尤为注重公共卫生,规定殡仪馆不得附设丙舍,暂行停柩之房屋最多不超过三间,每间停柩不得超过五具。馆内应设施术室、焚毁炉或消毒池,以便尸体防腐消毒

---

① 叶志强、传锋:《静安区的殡殓业》,施福康主编:《上海社会大观》,上海书店出版社2000年版,第166—167页。

② 《上海通志》编纂委员会编:《上海通志》(第9册),上海人民出版社、上海社会科学院出版社2005年版,第6432页。

③ 叶志强、传锋:《静安区的殡殓业》,施福康主编:《上海社会大观》,上海书店出版社2000年版,第165页。

及焚毁一切曾与尸体接触之衣物。殡仪馆在接洽收殓业务时,应向接洽人索取曾在本市卫生局登记的医生诊断书。凡尸体进馆后须用消毒药水洗涤,如系因传染病而死,搬运死亡尸体时,应用两张厚布包袱将尸体严密包裹,到馆后应立即予以严行消毒,并且迅速入殓;死者所有用过的衣服、被褥及曾与尸体接触的物件均须烧毁或严行消毒。施术后的尸体不得在馆内露置十日以上,尸棺寄存不得超过一个月。"所有馆内职员工役每三年应种痘一次,每年应受传染病预防注射"。①

旧时上海市民遇有丧事,通常在家中或假借寺庙、公所、会馆等地操办,有着一整套的繁文缛节,耗费人力物力。殡仪馆设施完备,可以包办运柩、殡殓、送葬等一系列丧葬事务。尤其公墓地处郊外,丧家在殡仪馆治丧完毕后,可直接将棺柩运往公墓安葬,为近代上海市民的丧葬提供了极大的便利,人们也逐渐习惯于由殡仪馆承办丧葬事宜。如 1934 年 7 月 29 日《申报》载:"自天气暴热,亢旱不雨后,沪上疫疠流行,疾病丛生,不善医养者,多至死亡。本埠法租界徐家汇路上海殡仪馆,为人办理殡殓葬仪,乃大为忙碌。盖值兹酷暑,丧家惨遭不幸之余,于料理善后,每感手足无措,连日若运动家孙硕人、方镜湖及今日(二十九)在该馆大殓之闵纪方等各丧家,委托该馆办理殡仪,均认为非常满意,既节省光阴,又经济便利,一举数便,为各界称道。"②

公墓和殡仪馆的兴起推动了近代上海丧葬商业化发展,也引导着近代上海丧葬礼俗和丧葬观念的变迁。

小 结

近代上海公墓是中西文化交流的产物。公墓在规划、管理和丧葬礼俗等方面吸收了许多西方近代元素,同时保留了不少中国传统的文化习俗,从而呈现出传统与现代交融的显著特征。这种现象说明了由于传统习俗的根

---

① 《修正上海市管理殡仪馆规则》,《上海市政府公报》第 143 期,1934 年 4 月 10 日,第 145—146 页。
② 《疫疠流行死亡滋多,上海殡仪馆业务太忙》,《申报》1934 年 7 月 29 日,第 13 版。

深蒂固,丧葬文化的变迁持久而复杂,绝非短时期内可以实现。然而,近代上海公墓制度的兴起和发展,在很大程度上推动了近代中国丧葬习俗与观念的演变,是社会进步和现代文明的重要标识。

结　语

上海是中国现代公墓的发源地。上海自开埠以后，西式公墓便在租界内逐渐兴起。随着西俗东渐和城市化的发展，沪上有识之士对中国传统墓葬不断进行反思和批判，民众的丧葬观念逐渐发生变化。部分开明人士开始提倡仿效西式公墓，进行墓制改革，华人创建的近代新式公墓随之兴起。近代上海公墓的兴起与发展，蕴含着丰富的社会文化内涵，从多方面折射出近代上海的城市化与社会变迁。

一、公墓与近代上海公共性的建构

小浜正子将国家与社会之间的中间领域设定为公领域，公领域包括教育、社会福利、治安、基础设施等公共职能所涵盖的领域。中国公领域的一个极大特征是“社团所起的作用巨大”。①社团在承担都市社会的公共职能的过程中，公共性也由此而形成。②居民的多样性和权力的多元化，使得近代上海成为中国社团最为发达的地区，以此为基础开展的公共性，在上海表现得最为显著。③

“近代上海的公领域并不是民间势力与国家权力进行对抗的过程中取得对公共事务的权限而形成的。对于民间社团行使都市社会的公共职能，国家报以合作的态度”。然而，近代上海公领域中国家与社会的关系在不同

① ［日］小浜正子：《近代上海的公共性与国家》，葛涛译，上海古籍出版社 2003 年版，第 6—7 页。
② ［日］小浜正子：《近代上海的公共性与国家》，葛涛译，上海古籍出版社 2003 年版，第 287 页。
③ ［日］小浜正子：《近代上海的公共性与国家》，葛涛译，上海古籍出版社 2003 年版，第 13 页。

时期是有所不同的。[①]近代上海公墓经历了由民治到官治的发展轨迹。上海特别市政府成立以前,近代上海华界市政机构一度处于各自为政的局面,给殡葬事业的改革和统一管理带来了极大的阻碍,这为上海民间社会提供了很大的活动空间。即如小浜正子所说:"在政府行政权力呈现某种空白状态的情况下,便由社团来承担城市相当部分的各种公共职能服务。"[②]因此,20 世纪 20 年代前后,主要由民间社会投身于公墓的建设与发展,推进了近代上海墓葬制度的变革和都市文明的演进,客观上弥补了政府公共职能的不足,是民间社会承担公共性的重要表征。

南京国民政府时期,上海特别市政府成立之后,公墓建设纳入了政府的市政规划中,从而开启了市立公墓的建设历程。然而,政府财政支绌极大地制约了市立公墓的发展。为了推动上海市政建设和殡葬事业的改革,上海市政府开始鼓励和支持民间公墓的发展,为公墓的发展创造有利条件,从而使得近代上海公墓在 20 世纪 30 年代有了进一步发展,民间社会继续承担着某些公共职能。然而国民政府并非处于不作为的状态,为了强化政府的公共职能,树立政府的权威,上海市政府必然要加强对社会的控制,将公共事务的管理纳入政府的主导下进行。这样,上海市政府在进行市立公墓建设的同时,加强对民间私立公墓的指导和监管,将公墓的建设与管理纳入政府控制的轨道。由此,国家逐步渗入民间社会承担的公共性。

总的来说,从近代上海公墓建设与发展的历程来看,国家与社会在公领域中相互影响、相互渗透,呈现出一种良好的互动关系。

近代中国饱受列强欺凌,民族救亡成为时代的主题。上海的民间社会在民族运动的过程中形成了共同性的认识,即民族意识的形成。"上海的民族主义是以社团为基础发展起来的"[③]。为纪念因民族救亡而牺牲的爱国烈士,促进民族意识的觉醒,上海各界社会团体及精英联合筹建五卅烈士公墓、无名英雄墓、四烈士衣冠墓等纪念性公墓。烈士公墓在筹建、建筑形式

① [日]小浜正子:《近代上海的公共性与国家》,葛涛译,上海古籍出版社 2003 年版,第 187 页。
② [日]小浜正子:《近代上海的公共性与国家》,葛涛译,上海古籍出版社 2003 年版,第 38 页。
③ [日]小浜正子:《近代上海的公共性与国家》,葛涛译,上海古籍出版社 2003 年版,第 42 页。

及附属于这一空间的仪式文化等方面都体现了明显的民族主义情怀，从而成为民族主义的象征空间。此外，公墓还成为人们进行政治诉求的空间载体。如在鲁迅的葬礼上，以救国会为代表的民众团体，以万国公墓为场域，塑造鲁迅“民族魂”的形象，表达抗日救国的政治主张。以公墓为场域的民族主义空间的构建和政治诉求，是近代上海民间社会承担公共性的另一种表现形式。

南京国民政府成立后，为了建立强大的国家政权，将民族运动的领导权掌握在自己手中，树立政府的主导地位和权威。国民政府以公墓作为权力的场域，进行社会整合，传输现代民族国家意识并从事政党形象的构建活动，使人们在参与仪式的同时，不自觉接受国民党的政治教化，促进民众对中华民国及国民党的认同。国家通过这种方式对民间社会承担的公共性进行权力介入。

二、公墓与近代上海城市的现代化

公墓作为城市建设的一个重要方面，对于近代上海都市文明的发展和城市现代化有着重要的推动作用。

上海自开埠后，随着城市化的发展，传统墓地既不利于城市公共卫生建设，也不利于市政建设的拓展，故逐渐成为城市化发展的障碍，改革墓制成为必然趋势。上海租界兴起的西式公墓，冲击了中国传统丧葬礼俗。租界公墓的合理规划和制度化管理，为华界提供了良好的示范样本。随着西俗东渐和城市化发展，上海地方社会精英及民间团体对传统丧葬礼俗进行了反思，丧葬观念开始发生潜移默化的变化，逐渐认同西式公墓并加以仿效，华人创建的西式公墓随之兴起。近代上海华人公墓既缘于租界的示范效应，也是城市化发展和市民意识觉醒的产物。

公墓制度推动了丧葬习俗的改良，也促进了城市的建设与管理。近代上海公墓采用园林式规划，园内绿树成荫，芳草幽幽，摆脱了传统墓地的冷寂、阴森气息，美化了城市环境。此外，经营者努力增加公墓的艺术性，通过对墓区的合理划分、道路的合理布局、中西合璧的建筑设施、风格各异的墓碑等,使得公墓不再是令人恐惧的地方,而变成城市的一大景观,成为市民休闲游览的场所,是一种新型的城市空间。如万国公墓幽雅的环境和布局多次成为文人笔下赞美的对象。联义山庄是上海市不收门票的公园式公墓。①佛教第一公墓也成为人们游览的一大胜景。②

为便于民众祭扫,公墓经营者除了修筑墓区内的道路外,还开辟四周通往公墓的道路,从而带动了上海城市道路交通设施的发展,在一定程度上推进了城市公共空间的拓展。

公墓在建设与管理体制上,公共卫生意识日益凸显。为推进公墓的建设,国民政府加强了对传统丙舍和停柩等旧习的取缔。公墓管理规则对于选址和葬埋均有严格限制,规定公墓必须远离工厂、水源、市区和民众的生活区,杜绝浅葬和旧式葬法,以维护公共卫生。可见,公墓的推行促进了人们卫生观念的改变,有利于城市公共卫生和生态空间的改善,是城市建设与管理的重要内容。

三、公墓与近代上海丧葬文化的变迁

近代上海公墓是中西文化交流的产物。公墓在规划、管理和丧葬礼俗等方面吸收了许多西方近代元素,同时保留不少中国传统的文化习俗,从而呈现出传统与现代交融的显著特征。

近代上海公墓的兴起对中国传统丧葬观念有着很大冲击,伴随西俗东渐和城市化的发展,与近代城市文明相适应的现代殡葬伦理逐渐形成。

首先,族葬观念的突破。在传统的宗法社会中,墓葬以家族为单位,所有家庭成员死后入葬家族公墓,并按照一定的伦理次序排列,墓地具有维系代际的社会功能。公墓制度的实行,则打破了长期以来的族葬观念。死亡对每个人来说都是平等的,每个人死后都可以进入公墓安葬。尽管一些公

① 吴越、李裕春:《闸北殡葬业寻踪》,吴汉民主编:《20 世纪上海文史资料文库·第 9 辑·宗教民族》,上海书店出版社 1999 年版,第 377 页。

② 杨欣莲:《佛教第一公墓记游》,《佛学半月刊》第 139 期,第 6 卷第 22 号,1936 年 11 月 16 日,第 19 页。

墓仍保留家族墓地的形式，但非主导地位。公墓的主要功能不再是维系宗族和血缘关系，更多的是表达对先人的纪念、缅怀之情，是社会进步和文明的表现。

其次，理性务实精神的渗透。上海自开埠后，随着就业机会的增多，人口急剧增长；租界的建立与扩展、近代工商业的发展，使上海土地资源趋向紧张，传统的墓葬制度，必然会造成生存空间的狭小和生存资源的减少，不利于国计民生。因此，随着城市现代化的发展，传统的丧葬观念必然受到冲击。尽管“入土为安”的观念根深蒂固，仍然存在于人们的思想之中，然而，人们已逐渐将理性务实精神融入丧葬观念之中，追求现实利益。因此，节约资源，国富民强，成为公墓创办的重要宗旨，无论私立还是市立公墓，对于公墓的占地面积均有严格限制。近代上海由于商业的繁荣和都市化的扩展，地价昂贵，寸土必金。公墓制度实行科学规划，有利于节约土地资源，促进近代上海社会经济的发展。

再次，文明意识的提升。在慎终追远的丧葬伦理的指导下，隆丧厚葬成为中国传统墓葬的主要特征，并且产生了一系列繁缛的丧葬礼俗。万国公墓等新式公墓的出现，引导了上海丧葬观念的变迁，文明举丧渐成风气。尽管风水观仍旧存在于人们的脑中，“做七”，请僧道做佛事、道场，豆腐宴等旧习依然可见，但趋向文明的新式丧葬开始在上海出现。丧葬仪式趋于简化，迷信色彩渐渐淡化；人们以鲜花陈列于墓地，表达对先人的哀思和敬意；佩戴黑纱、献花圈、奏哀乐、行鞠躬礼等逐渐被人们接受。此外，由公墓衍生出殡仪馆、公葬及公葬墓园。新式丧葬去除了传统丧葬愚昧落后的成分，反映了近代上海市民文明意识的提升，是都市文明的重要体现。

最后，乡土观念的淡化。随着近代上海移民人数的增加，许多人由于几代人都生活在上海，与家乡的关系渐渐疏远，若不远千里返回家乡安葬，坟墓则无法确保能够得到有效保护。公墓有着较为完善的管理制度，可以起到杜绝盗卖坟茔，保护坟墓的作用，先人的灵魂得以安息，真正实现“入土为安”。因此，一些旅居上海的外乡人，愿意选择在上海的公墓就地安葬。冰心的母亲在上海弥留之际，冰心父亲在商量安葬事宜时对冰心说：“你想还回到故乡去么？山遥水隔的，你们轻易回不去，年深日久，倒荒凉了。”①冰心母亲去世后，其遗体即安葬在上海虹桥路的万国公墓，且冰心在写给其杰弟的信中指出：上海是中途，“无论我们下南上北，或是到国外去，都是必经之路，可以随时参拜，比回老家去好多了。”②

传统的义冢和丙舍为旅沪同乡团体提供丧葬服务，是会馆公所的一项主要功能。然而，随着上海城市化的快速发展，尤其是公墓的兴起，原有的义冢和丙舍已不合乎时宜，一些旅沪同乡团体，如联义山庄、广肇山庄、上海潮州会馆、江西会馆等，逐渐改变了传统殡葬观念，相继在上海建立新式公墓，为同乡的丧葬事宜提供便利。同乡团体公墓的出现，促进了传统丧葬习俗的演变，体现了乡土观念逐渐淡化，对于推动移民适应都市生活起到了重要作用。

总之，近代上海公墓的产生既缘起于租界西式公墓的示范，也是城市现代化和市民意识自觉的产物；公墓的建设既体现了民间社会对公共事务的参与，是都市公共性的重要表征，同时也渗透了国家政权为构建一个现代国家而进行的社会控制与整合的意向，二者相互渗透、相互影响，呈现出一种良性的互动，共同推进了近代上海公墓的建设与发展。特定政治背景下，烈士公墓实践了象征性空间的构建，反映了近代上海公共性的增长，深刻影响了近代上海城市的公共空间。公墓是中西丧葬文化融合的产物，既反映了中国近代丧葬习俗的演变与民众丧葬观念的变迁，也体现了西方风俗习惯在华传播及为国人接受的程度，推动了城市文明的建构和城市现代化进程。

---

① 冰心：《南归》，北新书局 1931 年版，第 23 页。

② 冰心：《南归》，北新书局 1931 年版，第 54 页。

附录 1　近代上海公墓建立情况

租界公墓一览(1844—1937 年)

公共租界				法租界			
名称	创建时间	地点	面积	名称	创建时间	地点	面积
山东路公墓	1844 年	山东路二八七号	14.1 亩	八仙桥公墓	1863 年		
浦东公墓	1859 年	浦东陆家嘴坟山码头		卢家湾公墓	1905 年	卢家湾	23 亩
八仙桥公墓	1863 年	普安路一五六号	60 亩	徐家汇公墓	1933 年	徐家汇路六四六号	
涌泉路公墓	1896 年	今南京西路	64 亩				
虹桥公墓	1926 年	梵王渡路老混堂弄三号					
军人公墓	1862 年	南市民国路 813 号					
静安寺公墓	1898 年	南京西路一六四九号					

近代上海华人公墓一览(1909—1937 年)

公墓名称	创建时间	地　　点	面积	创建者
万国公墓	1909 年	虹桥路	94 亩	经润山(1934 年收归市办)
旅沪广东中华基督教公墓	1918 年	江湾路翔殷路	7.36 亩	广东中华基督教会
联义山庄	1924 年	宝山县	10 余亩	林镒泉
广肇新山庄	1924 年	大场、江湾	300 余亩	广肇公所

续表

公墓名称	创建时间	地　点	面积	创建者
上海公墓	1926 年	江湾淞沪路	160 亩	永茂公司
中国公墓	1926 年	漕河泾南、吴家巷	78.395 亩	虞洽卿等
川沙模范公墓	1926 年	九团乡十四墩	7.1 亩	陆家骥
基督协记乐园公墓	1926 年	庙头镇	6.387 亩	程幼甫、潘旭昇等
五卅烈士公墓	1926 年	闸北方家木桥	10.375 亩	上海工商学联合会
浦东公所公墓	1926 年	浦东	8 余亩	浦东公所
永安公墓	1928 年	霍必兰路	93 亩	董杏生
江西公墓	1928 年	徐长桥	36.5 亩	江西会馆
息焉公墓	1929 年	沪西新泾港	27 亩	马相伯等
普安公墓	1929 年	闵行镇北郊	141.3 亩	张启熏
广东浸信会公墓	1929 年	淞沪闸殷路	5.05 亩	广东浸信会
沪西回教公墓	1929 年	沪西地区	13.315 亩	清真董事会
理教公墓	1929 年	宝山大场镇	5.7 亩	上海市理教公所
长安公墓	1930 年		323 亩	汪云赏
潮州公墓	1930 年	江湾张三桥	10 亩	潮州会馆
万年公墓	1930 年	漕河泾东口	28 亩	
青邑诸巷会天主教教友公墓	1930 年	中山路第一号	35 亩	教会
久安公墓	1932 年	洋泾区盛家行	60 亩	张上珍
普益公墓	1935 年	沪北真大路		普善山庄
枫泾镇公墓(太平公墓)	1935 年	枫泾镇西部		黄越富
市立第一公墓	1935 年	江湾高境庙	140 亩	上海市政府
警察公墓	1935 年	漕泾区黄家花园西首	30 余亩	上海市公安局
佛教第一公墓	1935 年	大场乡真大汽车路	100 亩	圆瑛法师等佛界人士
保安公墓	1936 年	吴淞西北杨行镇西首		
天长公墓	1936 年	龚路镇北首	29.5 亩	

续表

公墓名称	创建时间	地　　点	面积	创建者
人力车夫公墓	1936年	宝山县	6亩	上海人力车夫互助会
邮工烈士公墓	1936年	南翔郊外	3余亩	全国邮务总工会
无名英雄墓	1936年	庙行	50余亩	上海民众
真如清真公墓	1936年	真如	0.56亩	清真董事会
吉安公墓	1936	奉贤县	30亩	陈晓初、宋夔君、陈花周
徽宁公墓	1937年	沪闵公路被桥镇南首	60余亩	徽宁会馆
湖州公墓	1937年			湖州会馆
圣慕堂公墓		沪南天堂路	9.667亩	
浸礼会基督教徒墓园		宋公园路	21.082亩	
基督教公墓		斜桥	10.380亩	
天主堂公墓		闸北谈家桥	8.724亩	
圣公会公墓		闸北谈家桥	14亩	

附录 2　近代上海公墓章程法规选辑

上海工部局公墓章程摘要

管理公坟者之责任：

一、公坟管理人，须听卫生局之指挥，凡事须报告于卫生局，凡属于工部局之坟地及火葬所一切之事务，该管理人均须负责。

二、该管理人须存留与坟地及火葬所有关之书籍函件。

三、该管理人须令余人遵守坟地及火葬所一切之定规。苟无正当执照之尸骸，勿听掩埋及焚化。

四、该管理人须亲与经理丧事之人，接洽一起之事务，勿任迁延掩埋之期。

五、该管理人须监察挖掘土地建筑圹穴及火葬一切之事，至于布置之适当与否，须负其责。

六、凡遇丧葬之事，该管理人须躬莅其地监察之，勿使有喧哗失仪之举。

七、该管理人须躬亲督察火葬之事，每次焚化既毕，须整理火葬炉，勿使有损坏之处。

八、公坟中之秩序，宜井井有条，房屋墙垣等如有破损，即须修葺。

九、公坟中所雇佣之园丁工人等，宜时时召集之，以便分派各人应为之事。工作之时间，为上午七时至十一时半，下午一时至五时。

十、派一得力园丁为总管，按时召集各工人，如有无故告假等情，须报告于管理人，按情节之轻重，分别罚金。

十一、坟地内一切之事，须由该管理人亲定规程，以资遵行。

十二、该管理人须督察园丁整理各人之墓，勿听野草蔓延。坟地内宜清洁有序，勤于修葺；坟周为饰之细草，宜常剪之；坟前枯萎之花、破毁之品及空瓶等，亦立取去。

十三、该管理人宜令园丁总管注意以下各节之事：(一)园艺之事，宜按序而行，例如自A段坟地为始，各段坟地事毕后，可以余暑整理琐事，如修剪墙上长春藤、磐旋草、粪除工作所等。(二)所谓园艺二字，实统括刈除野草、修整草地及路径、种植草皮、扫除残花等。即无戚族亲友临视之坟墓，亦宜勤于整理。(三)每值风雨之时，凡坟前之陈设，易于毁坏者，宜收藏之，俟天晴陈于原处。(四)秽桶宜每日洗涤之。

公坟办理法：

一、该管理人既得丧事经理人之通告，与死人之执照，即于静安寺路公墓号簿中空墓地之下，作一记号。如欲葬于八仙桥公墓，则于墓地图样上作一记号。

二、该管理人宜以请求葬瘗之函件及死者之执照呈卫生局局员，且告之此项请求可准与否。若此墓前此曾经用过，宜向局员详述此墓之历史，即前人致死之由，亦须详考呈报。

三、死者之执照，宜另录一份，与原纸及请求葬瘗之信，同呈卫生局，阅后即以该件呈死者所属之国之领事，不得延搁。

四、如卫生局准许该项请求，该管理人宜一面通知包办葬瘗者，从事工作，一面将请求信录一副纸，寄还丧事经理人。如卫生局不准，宜立即通知该经理人。

五、死者之执照，既经卫生局盖印之后，须列号其上，存于死人号册中，并详记该执照所经过于册中。既葬之后，记丧葬之事于墓地号簿及丧葬号簿中，且于墓图样上作一记号。丧事经理人之信，宜收存以备稽查。

六、如有人欲预购坟地，须函告卫生局，并告之可允与否。如购静安寺路坟地，须将购者之姓名住址等，书于坟地号簿上；如购八仙桥坟地，须于坟地图样上注明。购地者之信件须收存,如有教名,执照上以用教名为上。

七、凡遇火葬之事,丧礼毕后,即须举行。礼毕时,须通告送丧者以焚化之期至。

八、公坟中须备笔墨及已消毒之纸。

九、丧事经理人之帐目,于每月之第一日记入公墓帐簿中,包办葬瘗人之帐,每月一结,凡各项帐目,该管理人均须详加核对。

十、坟中所需石龛,其外须以石板或栅栏为盖,尸灰既贮入甕中,死者亲友如欲临视,可允一观,然后以水门汀封固瓮口。石龛之号数,可暂以中国墨书之,及加石板或栅栏后,则将墨字拭去。

十一、工作场专供筑墓工匠之用,砖瓦及弃物,不得任意散置于坟旁隙地。路径之上,不得有泥土石灰之污迹。

十二、凡公坟中所用之器物,皆系工部局之产,该管理人宜逐件记载,时时点查,有无遗失。

十三、树碑之时,该管理人须督察之,基础宜坚固,碑座及围栏均宜以水门汀筑之,俾墓与碑能并持久远也。

公坟内华工之职:

一、静安寺路公坟中司阍者,自上午六时至下午六时,不得离其职守。在此期内,须立门前看守,并接电话。上等华人,可听其入内。苟无年长者领带之华童,勿听擅入。凡对于车马、狗等所定之章程,阍者宜严守,不得姑纵。凡肆中送来物件,由阍者签字为据。

二、静安寺路及八仙桥公坟中之更夫,自下午六时至次日上午六时,为其工作之时间,入夜须常巡行坟地上。礼拜堂中及坟上之物,如有被窃,更夫须负其责。天晚时门户须严钥,以防宵小入内。

三、静安寺路公坟礼拜堂内之役夫,自上午六时至下午六时,为其工作之时间。夏日如有意外之丧葬,工作之时须稍延长,其职为整理礼拜堂圣器室、火葬炉及消毒之品,并须留意火葬炉外之井,当火葬之时,须在炉旁照看。

四、八仙桥公坟礼拜堂内之役夫,执役之时间,自上午六时起至下午六时止。夏日须少延长，并须整理礼拜堂及消毒品。

五、当丧葬之时，仆人役夫，勿杂于人丛之中，须远立伺候，并宜肃静勿哗。

静安寺路坟地：第一等坟地为 CDEF，第二等坟地为 GHIJK。

八仙桥坟地：第一等坟地为 ABCDEFGKLRS 及 T 二百四十五号至五百十七号，第二等坟地为 HJMNOPQT 及 T 第一号至二百四十四号。

坟地及火葬所之定规：

（一）欲购坟地或要求火葬，向丧葬经理人、或公坟管理人、或卫生局接洽可也。

（二）葬瘗及火葬号册与坟地之图样，须留存以备稽查。

（三）如无卫生局给与之死人执照，不得掩埋或焚化。

（四）如无卫生局之许可，不得擅发坟墓。

（五）如无卫生局之许可，不得擅自建树迁移或修理坟前之碑碣。

（六）工部局所定价目如左：火葬及甕与石龛：五十两；第一等坟地：二十两；第二等坟地：十两；预购坟地：十两。

建筑坟墓：平墓：五两；穹形墓：廿五两；穹形墓小儿者：十二两半。

马车、人力车不得入内，狗不得入内。

法租界公董局管理徐家汇公墓章程

（1933 年 10 月 2 日）

第一条　本公墓应在每年五月一日至九月三十日间，自晨七时至晚七时开放；及在十月一日至四月三十日间，自晨八时至晚五时开放，任人参观。

第二条　除丧车外，任何车辆概不得开入墓内。

第三条　凡十二岁以下之幼童，应在成人监察之下，方准入内。

第四条　凡犬类即已用绳牵在手中者，亦不准入内。

第五条　凡欲在墓内摄影或摄影制片者，应先得有公董局市政总理处书面核准后，方可从事。

第六条　墓内不准奏演任何音乐。

第七条　凡欲设立墓碑,应先向公董局工程处捐领营造执照,凡欲移动、改变或修理墓碑者,亦应先领照;该项执照应于执行工程时,交与守墓人备查;应俟埋葬四个月后,方准设立墓碑。

第八条　每墓之面积,规定为二公尺乘八公寸,墓碑及碑之周围装饰物,无论如何不得超过上定面积。墓上概不得有凳、椅、荫蔽物、凉棚等之设备。

第九条　凡墓碑或碑旁装饰物,如有损坏时,应由其家属修理或撤除之。

第十条　公董局保留有权进行清除一切破碎祭器、枯萎花卉、残物及损坏墓碑。

第十一条　维持坟墓事务,无论如何不得归由公董局职工负责。

第十二条　凡整理坟墓之工作,应于每日上午八时半至十一时半,下午一时至五时举行,星期日及假日,概不得进行工作。

第十三条　凡墓碑及碑旁装饰物与花盆等,所有损害或丧事装饰品有所遗失,公董局概不负责。

第十四条　严禁在墓上栽植树木,但只准在第八条所规定之面积范围内,栽植小干植物。公董局保留有权掘除或修剪凡溢出墓界之植物。

第十五条　入葬之尸身,应装在棺内封固,方准运入墓内。

第十六条　凡非得有公董局之命令,不得下葬或起葬。每年五月一日至九月三十日间,入晚五时后,及十月一日至四月三十日间,入晚四时半后,概不准举行下葬或起葬。

第十七条　凡有违犯本章程者,应按照卫生救济处章程第五部罚则处罚之。

公墓条例

(1928年10月21日,国民政府内政部颁发)

第一条　各市县政府应于市村附近,选择适宜地点设立公共墓地。

第二条　私人或私人团体设立公共墓地者,须呈经市县政府之许可。

第三条 公墓须设于土性高燥地方，并须于左列各地保持相当之距离。(一)工厂学校及各公共处所；(二)住户；(三)饮水井及上下水道；(四)铁路大道；(五)河塘沟渠。距离限度，由各市县政府斟酌当地情形定之。

第四条 公共墓地须划分地段，建筑公路，栽植花木，并于其周围建筑坚固围墙。

第五条 公共墓地之图案，及墓与碑碣之式样，由市县政府定之。

第六条 各墓面积及深度，由市县政府斟酌当地情形及土质定之。

第七条 各墓之距离，左右不得过六尺，前后不得过十尺。欲于墓之四周建设垣围者，其垣围所占地面不得超过前项距离二分之一。

第八条 公共墓地得划分收费区与免费区两种，但收费区面积不得超过全墓地三分之一。收费区征收地价，应按面积计算，其价额由市县政府定之。

第九条 公共墓地由市县设立者，须由市县政府按墓编号，派员管理；由私人或私人团体呈请设立者，须由呈请人编号管理。管理规则，由市县政府拟定，但须呈报该管民政厅备案。

第十条 葬者之姓名籍贯，及殁葬年月日，须刊载之于墓碑。墓碑如有损坏，管理人须通知墓主自行修理。通知后逾年仍不修理，认为有妨碍时，得撤除之。

第十一条 各墓除由墓主自行扫除外，每年秋冬间，应由管理人扫除一次。

第十二条 墓及墓碑，并墓地所植花木，不得践踏拆毁，公墓地内不得狩猎及放牧牲畜。

第十三条 凡公墓非墓主自愿并呈准该管市县政府，不得起掘。

第十四条 公墓由私人或私人团体设立者，关于第五条、第六条、第八条第二项、第九条第二项规定各事项，须由原呈请人呈经该管市县政府核定之。

第十五条 各特别市地方设立公共墓地，由特别市政府准用本条例各规定行之。

第十六条 本条例自公布日施行。

上海市市立公墓管理规则

(1931 年 6 月 13 日)

第一条　本市为便利市民营葬,并整理市容保持公共卫生起见,设立公墓若干处,定名为上海市市立第几公墓。

第二条　市立公墓划分收费区、免费区两种,收费区面积占全部墓地三分之二,免费区面积占全部墓地三分之一。

第三条　凡领用收费区内之墓穴,应填具声请书并照规定数目纳费,经主管机关核定后给予使用墓穴证书。

第四条　凡领用免费区内之墓穴,须先由柩主填具声请书,呈明确实理由,经主管机关核准后始得领用。

第五条　市立公墓每墓所占地亩之面积,长不得逾五公尺,宽不得逾三公尺;每穴限葬一棺;穴之深度以椁盖低于该处地平面半公尺以上为准。

第六条　落葬后,如有迁移、修理或起掘等事,应先将理由呈请主管机关备案。

第七条　葬在免费区内之棺柩,经五年后得起出葬入义冢或火葬之,但须先期通知其家族。

第八条　墓面建筑式样,须经主管机关核定后始得动工。

第九条　市立各公墓设置管理处,管理该公墓之一切事务,受主管局之监督指挥,其办事细则另订之。

第十条　本章程如有未尽事宜得随时修正之。

第十一条　本章程自公布之日施行。

上海市市立公墓管理处办事细则

(1931 年 9 月 16 日)

第一条　本细则依据《上海市市立公墓管理规则》第九条订定之。

第二条　每市立公墓管理处设管理员一人，秉承主管局管理该公墓之一切事务。

第三条　市立公墓甲种区域，每穴地价收费银六十元，其他葬费概归葬户自理。

第四条　凡领用葬穴者，须先依式填具声请书，向主管局声请认穴并缴纳地价，由主管局给予使用墓穴证书。该项证书并须缴纳贴印花税一元，由认穴人持至公墓管理处验明领地。预定寿穴者，应填具预定寿穴声请书并缴地价，经主管局核准后，给予预定寿穴临时证明书，俟使用墓穴时再行换给正式证书。前项证书遇有遗失时，应由原具领人或其合法代理人登报声明，于一个月后如无异议，方得呈请补给证书，并须照缴印花税。

第五条　凡葬户领地埋葬完毕，应向管理处报明埋葬日期，管理员据报后即予查填埋葬完毕证二联，一联交葬户，一联呈主管局。

第六条　公墓管理处应备簿册，将各使用墓穴证书所载事项详细登载，以备查考。

第七条　管理处于每月月终时，应将本月办理状况及经收费用列表呈报主管局察核。

第八条　公墓内公路、礼堂及公共场所，管理员应督饬工役随时打扫，以维整洁。

第九条　公墓内所植花木，不得攀折践踏，并禁止燃放炮竹等物。

第十条　舆马除灵车外，非经特别许可不得驶入墓内。

第十一条　本细则如有未尽事宜得随时修改之。

第十二条　本细则自呈奉市政府核准之日施行。

上海市立公墓建筑基金保管委员会章程

（1935年11月8日）

第一条　上海市为完成市立各公墓，特设立本会保管建筑基金。

第二条　本会保管之建筑基金，指市立各公墓售穴收入及其他因建筑市立公墓所筹集之款项而言,但市立万国公墓因已另订办法,暂不在本章程范围之内。

第三条　本会之任务如左:一、关于经费之保管事项;二、关于经费之支拨事项;三、关于公墓建筑工程之查考事项;四、关于经费收支之稽核事项。

第四条　本会额定委员九人,以左列人员组织之。甲、卫生局局长;乙、财政局局长;丙、工务局局长;丁、土地局局长;戊、市政府秘书处第三科科长;己、财政局第二科科长;庚、卫生局第一科科长;辛、卫生局第二科科长;壬、卫生局主管技正。

第五条　前条各委员由市政府令派之,均义务职。

第六条　本会设常务委员三人,由卫生局局长、财政局局长、工务局局长任之。卫生局第一科科长兼任常务委员会秘书。

第七条　本会全体大会每年举行一次,常务委员会每三月举行一次,临时会无定期,由常务委员会召集之。

第八条　本会常务委员会主席由卫生局局长任之,并兼任大会主席。

第九条　市立公墓建筑基金,非经委员会议决并呈奉市政府核准有案者,不得支用。

第十条　本会每年编制会务及收支经费报告,呈报市政府并分送各关系机关备查。

第十一条　本会办事细则另订之。

第十二条　本章程如有未尽事宜得随时修正之。

第十三条　本章程自市政府公布之日施行。

上海市管理私立公墓规则

(1930 年 11 月 20 日)

第一条　凡在本市设立公墓,除遵照公墓条例之规定外,并应遵照本规则办理。

第二条 私立公墓于筹备时，应先将勘定地点详图连同详细计划，由经营者呈经卫生局核准后，再向工务局请领建筑执照着手兴工。

第三条 私立公墓领得建筑执照后，应即呈请卫生局注册给照。本规则未公布前已设立之公墓，应于本规则公布后两个月内一律补呈注册。

第四条 私立公墓每墓占地长不得逾五公尺，宽不得逾三公尺，围垣高不得逾一公尺，每穴深度至少以椁盖低于该处地面半公尺以上为准。

第五条 私立公墓每一墓位之地价最高不得超过一百元。

第六条 私立公墓应设免费墓穴，不得少于收费墓穴数二十分之一。

第七条 私立公墓得代用户经办运柩筑穴砌墓立碑等事，但事先应订明标准价目，事后不得要求增加，前项各事如用户愿自雇工办理，经营人不得强求代办，但与该公墓所定建筑形式确有妨碍者不在此限。

第八条 私立公墓附设之暂行停柩待葬之房屋至多不得过三间，每间停柩不得过五具，每具停放不得过三十天，倘超过规定间数及具数，每间或每具罚金五十元，仍令将超出间数拆改，具数掩埋。

第九条 私立公墓应筹定维持费用之基金，并须专设看管坟墓、打扫公路、培植花草等事之工人。

第十条 私立公墓之经营者应将公墓编列号数，并将新葬者之姓名、籍贯、性别、年龄、职业、死因及葬入年月日，按月开单呈报卫生局备查，并于每年年终造具总册呈报。

第十一条 私立公墓应受卫生局之监督并随时遵照指示，将攸关卫生事项切实改善。

第十二条 私立公墓违背公墓条例或本规则，由卫生局按其情节轻重，对于经营者或负责管理人施以告诫或科以一百元以下之罚金，如屡违定章并得吊销执照勒令停办。

第十三条 本规则自公布之日施行。

浦东公所公墓管理规则

(1926 年 6 月)

甲区公墓规则:

(一) 本公所为旅沪同乡身故后无力运回本乡营葬者,设一公墓,代为安葬,定名曰浦东公所甲区公墓。

(二) 甲区公墓地,坐落严家桥东首二十四保副十五图常字五十一号内田,一亩六分,俟有相当田亩,应再推广。

(三) 甲区公墓,每棺二具,定为南北宽四步,东西宽二步;棺数多寡,照此比例推算。

(四) 营葬法,其穴深以棺盖与地面平为度,墓顶填泥高二尺上立石碣,以志姓名年月,各墓应归一律,不得任意参差。

(五) 公墓并无迷信风水之说,应依次各排营葬,不得争前退后。

(六) 甲区公墓地免纳地价,如有力能购买石灰沙泥自葬者,听其由公所代葬,每棺一具,给石灰三担,沙泥十三担。

(七) 每年清明日公祭一次,若系无主之棺,每棺由公所派人代焚冥镪,并挂纸钱,以慰幽魂。

(八) 墓田四围,应结枝杨以代墙壁,不得任使牛羊入内作践。其有空地限种蔬果一项,示与寻常田亩及义冢有别。

(九) 墓地内应建屋三间,雇一管墓人,随时照料。

(十) 给地营葬,以浦东公所范围内旅沪同乡为限。

(十一) 每年公葬棺柩,共有若干具,应在浦东公所征信录内列表附载,以备查考。

(十二) 公墓办事处暂附设于浦东公所内,办事人亦由公所助理员兼任,以节经费。

(十三) 本规则经浦东公所大会通过,应呈县出示布告,勒碑遵守。

(十四) 本规则如有未善之处,必加修改者,应于公所开大会时,公决呈县核准行之。

乙区公墓规则：

（一）本公所为旅沪同棺柩纳费安葬者设一公墓，定名曰浦东公所乙区公墓。

（二）乙区公墓坐落严家桥南首上邑二十四保十三图五字一百九十四号一百九十五号及二百号内，共田九亩一分八厘九毫。

（三）乙区公墓占地面积以一夫一妇二柩为标准，规定南北宽六步，东西宽四步，应缴地价银四十元。柩数多寡，即依此例推算，其墓粮赋仍归公所缴纳。

（四）营葬法，其穴深棺盖与地面平为度，墓顶填泥高二尺，上种麦冬，四角种柏树四株，并立石碑为志。各墓应归一律，不得任意参差。

（五）公墓并无迷信风水之说，应依次分排营葬，不得争前退后。

（六）墓地四围，应结枝杨以代围墙，不得任使牛羊入内作践。

（七）乙区公墓应建屋五间，中堂一间为礼堂，两次间分作办公室及驻守员卧室。

（八）初办时，葬者尚少，区内余地限种蔬果一项，不得栽秧植棉，示与寻常田地有别。

（九）同乡如欲领地安葬，应先至浦东公所接洽，由公所派人陪往墓区，指定地址大小，照章纳费，方得兴工营葬。

（十）乙区公墓，虽照章纳费，即得给地营葬，然仍以浦东公所范围内旅沪同乡为限。

（十一）每年公葬有棺柩若干，收费若干，应在浦东公所征信录内列表附载，以备查考。

（十二）公墓办事处暂附设于浦东公所内，办事员亦由公所助理员兼任，以节经费。

（十三）本规则经浦东公所大会通过，应呈县公署出示布告，勒碑遵守。

（十四）本规则如有未善之处，须加修改者，应于公所大会时，公决呈县核准行之。

川沙模范公墓园章程

(1926 年)

第一章　总则

第一条　本园为谋改良习俗,倡办公墓,以树模范,并设园林以资赏览。定名“川沙模范公墓园”。

第二条　本园设在川沙九团乡大湾御寇河前柘林营十四墩旧址。

第二章　园友及管理

第三条　本园发起人与赞成人之认购墓地者,以及将来各墓之祀主,均为园友。

第四条　本园设理事会,由各园友中公推五人组织之。

第五条　理事任期三年,连举连任。其有因故缺额时,应即推补。

第六条　本园事务因时而异,理事会应依左列之规定,互推分任其职:

(甲) 建设期　1.计划;2.执行;3.会计

(乙) 保管期　1.监察;2.值年;3.会计

第七条　理事会应以会议定办事之顺序及其方法,并每年编刊办事报告,分送各园友。

第三章　规划及设备

第八条　本园相度地形,规划墓地、墓道、甬道、房址及栽植花木处所,绘成全图,以供众览。

第九条　本团特建公用房屋设备如左:

(甲) 公祠一所　中座后龛安设神位。大厅备祭祀或开追悼会之用,东西两次间分为男女休息室。

(乙) 门房及储藏室　凡葬用材料乡间不易采办者,本园酌量预为储备。葬主愿购与否,可听其便。

(丙) 花房　培养四时鲜花,既供雅玩,尤便展墓献花之购取。

(丁) 殡房　系备葬主中已定葬期而时日未届者短期停放灵柩之用。

第四章 墓式及葬法

第十条 本园内各墓穴方向须照定式，并须墓与地面平，上立碑碣为识。

第十一条 本园内各墓一律深葬，或用水泥，或用石料，务取其能历久远。

第五章 征费及公积

第十二条 本园内墓地得按图任意选购，每穴价银五十圆，认购者一次缴足。

第十三条 本园所收地价，除提充开办设备用费外，余数悉作为公积基金，妥存生息，以充常年经费。

第六章 附则

第十四条 本园以社团法人资格呈请地方官厅立案，永予保护。

第十五条 本园章程有未尽善处，得由理事会议决修正。

上海潮州八邑山庄特别公墓简章

（1930年4月1日）

第一条 本会馆鉴于同乡旅沪人士，遇有丧葬大事，辄感困难，专为利便潮州旅沪同乡丧葬起见，在江湾张三桥潮州八邑山庄内，特辟墓地10余亩，建筑特别公墓，举凡潮州八邑旅沪人士，均得购穴营葬，（惟外帮人不得假冒）名曰潮州特别公墓。

第二条 本公墓每穴规定英尺长12尺，宽6尺，详绘墓图，挨次编号，酌定每穴地价洋叁拾五元正，养坟费洋柒元正。

第三条 购穴人无论预定寿穴，或即时营葬，一经购定之后，不得退换，购定时，须将地价及养坟费，如数缴清，由本会馆给予收据，又须于最短期内，将所购之穴，竖立界石，以资辨别。

第四条 公墓各种限制规定：（甲）每穴限葬一棺，但一棺占用两穴以上者听。（乙）购穴人须依照本山庄所编号码，循序认购，不得任意凌越，自由选择,以免混论。(丙)葬户务宜妥为营葬,其棺盖须距离路面平线 1 尺以下,不得浮厝。(丁)为注重形式观瞻起见,不得沿用旧式土坟,其圹之构造,分为三种,一种须用长方式石块筑成,一种须用水门汀及三和土制成,一种须用砖头横排,以水门汀砌成,内外再用水门汀刷光,其种类概由葬户选择之。(戊)圹之构造,既如上述,最低限度,即用砖头横排,以水门汀砌成,内外再用水门汀刷光,该项工程,或自己筑造,或托本山庄代造,其临时酌定价值,计每圹如用水门汀刷光内面者,需洋捌拾伍元,每圹如内外面均欲刷光者,需洋壹百元。

第五条　各葬户于墓地上种植树木,不得荫过邻户范围,如有枝干横生荫过者,本公墓园丁,得随时剪除之。

第六条　本公墓所种各项花卉树木,无论何人,不得攀折移动,违则估价赔偿。

第七条　本公墓所有职员及园丁等,各有工资,如遇营葬时,除葬户自愿送给酬劳费外,不得向各户需索分文。

第八条　本简章如有未尽事宜,得由本会馆董事会随时酌义修改之。

附注:购穴人如欲选择地点,经董事会议决,准予选购成圻,不准选购零穴,其选购之地价照原价须加二倍,以杜纷争。

浙绍公所永锡堂安灵会章程

(1937 年)

一、本会专为上海永锡堂(以下简称申堂)所厝旅柩随时运归各地安葬,特设各公墓以安幽灵,故定名曰安灵会。

二、本会由侨沪人士钱业行号等捐资于沪西斜桥永锡堂旧址基地上建筑,安临里房产作为基金,其岁租所入专供各公墓营葬经费。

三、本会各公墓所在地点编定名称:上海第一公墓:浦东白莲泾。姚西第二公墓:甲、胡陈徐□岭;乙、侯王闸莫家岭。绍县第三公墓:甲、山阴偏门外木栅;乙、夏履桥。上虞第四公墓:甲、五夫姜西岙;乙西湖岙。嵊县第五公墓：嵊杉树潭。姚北第六公墓：郑巷葛藤棚。

四、对于上列各公墓营葬事务，由本会聘定或假定一人以监司其事，凡承接沪柩、雇工开葬、相度葬处并招待领柩人及经营山场等事均属之。惟进料须会同公选代表商酌办理。

五、本会在内地相当地点特设总机关，推定董事三人以上，对于稽核进料付款征收山花田租以及培植森林进行计划种种等事余上两处由公选代表执行之，绍嵊两处葬务董事顾问之。

六、各公墓于每泛盘进应行公葬之柩须于一泛内葬，迄葬时应分别男女挨次排葬，不得由柩属任意选择。

七、向姚虞两处各公墓领柩应执有申堂进厂时之厂票，由司事验对无误领指所在，并代雇帮工扛送下船，未葬者每柩给开门费□角，由厂下河，每名给费□角；其已葬者每名给费□角，又应加开穴费，均由柩属例给司事代理，惟持有申堂免费据者，上列种种规费应由司事暂垫缴明，该据由本会代表处认付之。

八、第三第五两公墓现因该地未有实支标准，暂不给免费据，俟有正式规定一律照办。惟第一公墓仍有柩属自出经费。

九、柩属领柩时如有已将原厂票遗失而并未向申堂取领据或免费据者，可挽由当地保人向该机关处报告亡人住址年岁及进厂月日，由代表处核对盘柩等无误，准即补给领据或免费据。

十、以上试行简章为谋因时制宜起见，得由董事会随时修改之。

上海市公安局警察公墓章程

（1936年7月27日）

第一条　本局为免在职身故之职员、长警遗衬无地掩埋起见，设立警察公墓一处，定名为上海市警察公墓。

第二条　本公墓凡属本局职员长警，或因在职身故无力营葬，或因其家属请求，经由本局核准者，均得葬入之。

第三条　警察公墓全部墓地划分为甲乙丙丁四区，每区分若干穴，每穴定长十二英尺，阔七英尺，其深度以椁盖低于地平面半公尺，墓面高于地平面，□公尺为准。

第四条　凡在职身故之职员长警，领用墓穴，应由该管官长呈请本局核定后，发给营葬执照，按照指定穴位安葬，其执照格式，另定之。

第五条　使用墓穴规定如左：1.官佐因公致命者，可领四穴，积劳病故者，占两穴，墓前各立高三尺、宽一尺五寸之石碑一座，式样如附图。2.长警因公致命者，占两穴，积劳病故者占一穴，墓前各立高二尺、宽一尺之石碑一座。

第六条　墓面墓穴式样，均照规定办理，如遇有另行建筑者，须呈经本局核定后始得动工。

第七条　落葬后，如须迁葬别处，或修理更葬等事，应由其家属先将理由呈报本局核准备案。

第八条　警察公墓设管理员一员，看墓工人二名，受本局第一科之监督指挥，管理该公墓之一切事务，其管理规则另订之。

第九条　本章程如有未尽事宜，得随时修正之。

第十条　本章程自公布之日施行。

佛教第一公墓章程

(1935年)

第一章　总则

第一条　本公墓由佛教同人发起组织，定名佛教第一公墓。

第二条　本公墓遵照内政部颁布公墓条例第二条之规定，呈准宝山县政府备案。

第三条　本公墓以舍报归真，普利冥阳为宗旨。

第四条　本公墓设在大场乡真大汽车路第二号桥旁。

第二章　组织及职员

第五条　本公墓以董事长一人，副董事长一人，董事兼秘书一人，董事兼经理一人，董事兼副经理一人，董事三人，监察一人组成之。凡热心公益，提倡佛教者，得董事会议决，聘请为名誉董事。

第六条　董事、监察由本公墓发起人互推之。

第七条　董事会除处理基金另有规定外，主持本公墓一切事项。

第八条　正副经理对董事会负责，办理本公墓业务上及管理上一切事项。

第九条　监察人监察本公墓一切事项。

第三章　设备及建设

第十条　本公墓除划定穴地，建筑道路，栽植花木及办公处所、寮房、厨房等外，并将左列各项，逐渐建设之：（甲）念佛堂，正中供阿弥陀佛立像，两旁设立莲位，延请真实发心之比丘居士常川念佛，以期超荐幽灵，早登极乐。如欲供设莲位超荐者，一次邀功德基金法币一百元，其利息为庄严佛堂、香花、灯烛及供养本堂念佛之比丘居士一切费用。（乙）殡舍。建筑高爽平房若干间，专备停寄灵柩（停寄灵柩办法见第七章），一切设备务期整肃清洁。（丙）地藏殿。供奉地藏王菩萨。（丁）荼毗场。遵依佛教仪式举行火化或用电力行之，用费另定。（戊）大礼堂。备为本公墓举行各项道场及葬户开会追悼，领帖祭祀之用。两旁附设客房四间，为宾客休息之处。（己）普同塔。建大普同塔一座，内划分四部，分别安置四众骨坛。（庚）经幢。以细石砌成，四周刻地藏菩萨本愿经全部，以期见闻得益。（辛）钟楼。置巨钟一口，按时击撞，以利幽冥。（壬）纪念厅。陈列本公墓或被葬者各项有关物品，及照相等，以志纪念。（癸）其他慈善事业，随缘举办。

第四章　墓穴及证书

第十一条　本公墓划分若干区，并以佛教名山道场（名）之，如天童区、九华区等等。

第十二条　每区分若干穴，每穴长四公尺（市尺十二尺），阔二公尺（市尺六尺），绘制墓穴详图，编列号数，由购穴人选择，但一经选定，不得退换。

第十三条　每穴收地价国币五十元，保养基金二十元，一次交足。

第十四条　凡欲购穴者，应填具本公墓制备之购穴声请书，连同地价及基金，送交本公墓办事处，掣给收据，及由董事长、经理署名盖章之墓穴证书为凭。

第十五条　墓穴证书如因遗失而请求补给时，须由购穴人或被葬者之家族邀同相当证人，填具保单，向本公墓办事处声明，并将遗失情事登载本公墓指定之日报三天。如两个月内，无人声明异议，方可补给新证书，并收取手续费国币二元及印花税。

第十六条　购穴人如欲将未营葬之墓穴，转让他人者，应填具移转声请书，经本公墓办事处审核后，方可转移，再行填给新证书，每穴征收手续费国币一元及印花税。

第十七条　本公墓置备墓穴证书总册，除编列号数外，并将购穴声请书所载各项详细登录，以备考核。

第十八条　本公墓全部墓穴内，划出百分之五为免费穴，经本公墓董事会之核准，得免费安葬。(免费规则另订之)

第五章　墓制

第十九条　每穴限葬一棺，惟金塔或骨坛，每穴得葬二具，如一棺占用两穴以上者听，但至多不得过六穴。

第二十条　坟椁应用砖石或钢骨水泥造成之，不得沿用旧式土坟及浮厝等类。

第二十一条　墓穴围垣高不得逾一公尺，穴基深度以椁盖低于地面为准；墓穴地面，无论填泥铺石，其高度不得超过半公尺；墓穴上面不得建造任何房屋式之建筑物。

第二十二条　各种塔幢、坟椁、墓碑、坟围、墓上花树石料，及其他窆葬事宜，如委托本公墓代办者，订期竣工，价格特廉，费用预缴。塔幢墓碑等，本公墓绘成图样多种，听凭选择。

第二十三条　葬户如自办塔幢、坟椁及各种石料工程等，其图样须先交由本公墓阅核后，方可动工。建筑料房，须得本公墓允许，其工人须遵照本公墓一切规章，不得有违警律。

第六章　安葬及迁移

第二十四条　穴主欲运送荷花缸或灵柩至本公墓安葬时，须检同墓穴证书送交本公墓审核登记后，领取安葬凭单，俾可将荷花缸或灵柩运入墓地。

第二十五条　荷花缸或灵柩运至本公墓时，先行安置于祭祀堂中，并由念佛堂比丘居士上供回向，然后运至墓穴安葬或殡舍暂寄。

第二十六条　葬户欲将已葬者迁葬他处，必须呈请主管官署之核准批示后，检同该号墓穴证书，送交本公墓审核取消之。该号墓穴无论原葬者之直系亲属与否，一概不准重行安葬，以杜流弊。

第七章　停寄灵柩

第二十七条　如欲停寄荷花缸或灵柩于本公墓殡舍者，应请填签寄柩声请书，觅具保证人，经本公墓核准后发给寄柩证，方可将荷花缸、灵柩送入殡舍，安置指定之地点，寄柩费另定之。

第二十八条　本公墓穴主如将荷花缸或灵柩暂寄殡舍，在一十天以内者不收寄费。

第二十九条　停寄本公墓殡舍之荷花缸或灵柩，如逾期不葬，或不续缴寄费，或通知迁移而不遵办者，本公墓得代为安葬，其费用由寄柩人担任。

第三十条　停寄本公墓殡舍之荷花缸或灵柩倘遇意外不测，例如天灾人祸，本公墓概不负责。

第八章　祭扫及荐度

第三十一条　本公墓专雇园丁修理花木，洒扫道路，务使整齐清洁。

第三十二条　葬户家族随时均可前来祭扫，惟焚化锭帛须在指定场所，不得随即焚化。

第三十三条　葬户家族祭扫时，应需香烛、祭品及筵席便餐，如委托本公墓代办者，须前二日预定，并预缴用费。

第三十四条　本公墓每年清明、冬至时各举行佛七七永日，各葬主均得随喜参加。每年七月礼地藏忏一永日，施放瑜伽焰口一堂。

第九章　保管及基金

第三十五条　本公墓墓地单契，由董事会刊印（此单墓地永远保存，无论何人不得处分）字样戳记，订成册页编列号数，妥为保管。

第三十六条　本公墓基金分左列二种:(甲)保养基金,息金充作本公墓整洁、修理及经常开支。(乙)功德基金,息金充作念佛堂一切用费。

第三十七条　上项基金设委员会管理之。

第三十八条　基金管理委员会,由本公墓董事互推四人,并由穴主用投票选举法,互选五人,共计九人组织之,任期三年,连选得连任。

第三十九条　基金管理委员会委员为义务职。

第四十条　本公墓基金之处理,由基金管理委员会七人以上之决议行之。其息金每半年拨给办事处,分别充作经常开支及念佛堂用费。

第十章　会计

第四十一条　本公墓账目依会计通例,分别应用科目记载之。

第四十二条　本公墓收入,除墓穴地价充作开办及建设之用外,所有基金不得动用。其息金及其他收入作为各项经常开支。

第四十三条　本公墓收支,经常每月造报一次,开办及建设用费每半年造报一次,均由董事会审核后移交监察人,会同专聘会计师核定之。

第四十四条　基金保管委员会有审查本公墓基金利息收支之权。

第十一章　余则

第四十五条　本公墓每年得举行穴主交谊会一次,以资联络,并得商讨本公墓一切改进事项。

第四十六条　购穴人或被葬者之家族住址或通讯处如有变更,应函知本公墓,以便接洽。

第四十七条　舆马车辆除柩车外,非经本公墓特许不得驶入墓地。

第四十八条　本公墓所栽树木花草,不得攀折践踏,违则估价赔偿。

第四十九条　本公墓茶役、园丁各有工资,除规定赏给外,不得向葬户需索,违则查明斥退。

第五十条　本章程如有未尽事宜,由董事会修正之,并呈请主管官署备案。

上海天主教息焉公墓管理规则

（1929年6月）

第一条　本公墓设立之始由发起人组织董事会，自己或委任管理员依照本规则管理公墓一切事务，董事任期三年，连举得连任，惟被选董事以在上海有职业者为合格。

第二条　本公墓除遵照内政部颁布公墓条例办理外，特规定墓制：（甲）每穴长三公尺六十六分（合英尺十二尺），宽一公尺半十三分（合英尺六尺）。（乙）深度一公尺三十五分（合英尺四尺半），以墓地路面至水泥坑底之上面计之，俾棺木之底可以高出常年最普通潮水线三十七公分（合英尺十四寸强）。（丙）筑矿须用水泥砖石等物建筑，以不渗漏液体为度，不得沿用旧式土坟。（丁）每穴限葬一棺，其一棺占多穴者听，惟每棺占地至多以六穴为限。（戊）被葬者之姓名籍贯及殁葬年月日均须刊载墓碑，以便查考。

第三条　本公墓专为教友之亲友营葬便利而设，不以营利为目的。其穴价以全部地价及全部公共设备建筑用款之总数比例穴数平均扯计，惟非天主教教友则一概谢绝。

第四条　本公墓认穴证书不得抵押或转卖，认定之后亦不得退还。

第五条　本公墓永远保存，非墓主自愿并呈准该管机关不得自由起掘，所有墓地契单由董事会刊印“地系公墓，永远保存，无论何人不得处分”字样，盖戳抹销订册编号，妥存指定之银行保管箱内并呈请市政府土地局及登记官厅分别登记以垂永久。

第六条　本公墓常年经费由董事会或由董事会委任之管理员负责开支，每年造具报告于阳历十一月举行公共追悼日公布之。

第七条　本公墓建圣堂一所，以备追思祈祷之用，不收租费，惟须先期通知管理员，以便安排日期。

第八条　本公墓为已经认穴而不能即时营葬者便利计，建造丙舍五间，每间限寄柩四具，惟须先将死者病源、棺木质料报告董事会，经指定之医师审查许可方得停寄，其停寄期间应遵照卫生部颁订取缔停柩暂行章程规定，至多不得逾六十日。

第九条　本规则如有未尽事宜，得由董事会修订呈报上海特别市政府备案。

第十条　本规则自呈奉上海特别市政府核准备案之日其施行。

上海圣公会公墓章程

(1930 年)

(一) 本公墓系上海圣公会各堂所合组，凡属上海圣公会各堂教友，皆得承购安葬，惟须取得各该堂牧师之介绍。

(二) 本公墓由委员会管理之，委员会之组织由各堂牧师暨选派代表一人充任之。委员会于每年第一次聚会时推选执员。主席一人，总理公墓一切事务；书记一人，职司记录及文牍；司库一人，职司公墓出入账目及保存现款于银行，并年终报告；工务一人，职司一切公墓整理事务。以上委员于期满后被选得连任。

(三) 本委员会每年门会至少二次，期在复活节及诸圣日前，倘遇特别事故，得由主席临时召集。

(四) 本公墓规定每方长十英尺，阔五英尺；价定每方十元，另加养坟费，每方五元。如欲联购数方，则自第二方起，每方递加五元，至多以十方为限。购定时须持介绍书，向司库纳价领据。安葬时，须按收据内指定方位，不得更动。倘有误葬，须立即迁移更正。

(五) 本公墓另辟地点，专供寒苦教友及孩提之免费葬所。如欲得此项待遇者，须先得该堂牧师证明，并向司库领据方可。葬时须经工务委员指定循序排葬，以维秩序。

(六) 他处之本公会教友欲葬于本公墓者，须先得其本堂牧师或上海圣公会牧师二人之介绍，及加倍纳价方可。

(七) 本公会教友之亲友，其系他处教友者，如欲葬于本公墓亦须遵照六条办理。倘非教友则不得享有本公墓之额外权利。

（八）坟墩高低不得逾平地三尺，需用泥土不得在本公墓内他处挑挖。

（九）葬事告竣即须竖立墓碑以志识别，但不得碍及方外之地。至穷苦教友力不及此者，当由该堂牧师代为设法竖立，以昭一律。

（十）若欲栽植花木，须限于购定方内，倘碍及方外，即须除去。

（十一）若葬后重迁移他穴者，则其所留之地当全数充公，若有预购方位临葬而不用者，则须咨照退购，并即持据向司库领还半价，不得私相委让，违者得将其墓地充公。

参 考 文 献

一、档案资料

1.《上海工部局工务处关于浦东墓地地产文件》,上海市档案馆藏,档号:U1-14-6921。

2.《上海工部局工务处关于静安寺墓地地产文件》,上海市档案馆藏,档号:U1-14-6913。

3.《上海公共租界工部局卫生处有关定购墓穴证书的文件》,上海市档案馆藏,档号:U1-16-2443。

4.《上海公共租界工部局卫生处关于虹桥墓地场地与建造问题的文件》,上海市档案馆藏,档号:U1-16-2450。

5.《上海公共租界工部局总办处关于工部局墓地事》,上海市档案馆藏,档号:U1-3-1183。

6.《上海公共租界工部局总办处关于工部局公墓章程》,上海市档案馆藏,档号:U1-3-2604。

7.《潮州会馆议案备查》,上海市档案馆藏,档号:Q118-9-8。

8.《上海江西会馆征信录》,上海市档案馆藏,档号:Y4-1-654。

9.《浦东公所民国二十年第十三届征信录》,上海市档案馆藏,档号:Q203-2-47。

10.《上海交通运输局、搬运工会关于人力车夫互助会购买墓地筹备车夫公墓的会议记录报告和郑恒杰等卖地契约、过户证书》,上海市档案馆藏,档号:B154-4-180。

11.《上海清真寺成立董事会志》,上海市档案馆藏,档号:Y3-1-195。

12.《上海市工务局关于一·二八忠烈墓纪念路文件(江湾区)》,上海市档案馆藏,档号:Q215-1-9401。

13.《上海市财政局关于筹建公墓经费》,上海市档案馆藏,档号:Q432-1-170。

14.《上海市工务局有关市立各墓文书》(第一公墓),上海市档案馆藏,档号:Q215-1-8143。

15.《上海市工务局有关市立各公墓文书》,上海市档案馆藏,档号:Q215-1-8144。

16.《上海特别市市政法规汇编四集》,上海市档案馆藏,档号:Y2-1-573。

17.《上海特别市市政法规汇编五集》,上海市档案馆藏,档号:Y2-1-574。

18.《上海市工务局组织上海市立公墓建筑基金保管委员会缴认各项款文书》,上海市档案馆藏,档号:Q215-1-6322。

19.《上海市市政法规汇编七集》,上海市档案馆藏,档号:Y2-1-576。
20.《上海市工务局有关张上珍请建久安公墓内墓桥文书》,上海市档案馆藏,档号:Q215-1-7910。
21.《上海市工务局有关市立各墓文书》(第一公墓),上海市档案馆藏,档号:Q215-1-8142。
22.《浙绍公所永锡堂各类会议记录》,上海市档案馆藏,档号:Q115-17-2-1。
23.《上海市工务局查勘五卅烈士公墓工程文书》,上海市档案馆藏,档号:Q215-1-7033。
24.《上海市工务局办理五卅烈士公墓泄水工程挑筑沟管文书》,上海市档案馆藏,档号:Q215-1-8406。
25.《万国公墓关于市民申请墓穴》(第四册),上海市档案馆藏,档号:R50-1-498。
26.《上海市工务局筹划接收万国公墓文书》,上海市档案馆藏,档号:Q215-1-8277。
27.《日伪上海特别市政府关于组织万国公墓委员会的文件》,上海市档案馆藏,档号:R1-12-422。
28.《上海市卫生局接管万国公墓支出备查报告》,上海市档案馆藏,档号:Q123-1-871-5。
29.《潮州会馆议案备考》,上海市档案馆藏,档号:Q118-9-18。
30.《上海市政府第161—170次市政会议议程汇编》(第六册),上海市档案馆藏,档号:Q1-5-572。
31.《日伪上海特别市卫生局有关万国公墓法则的文件》,上海市档案馆藏,档号:R50-1-1391。
32.《上海市卫生局关于万国公墓的文件》,上海市档案馆藏,档号:Q400-1-3923。
33.《潮州会馆议案册》,上海市档案馆藏,档号:Q118-9-30。
34.《上海市工务局规定公葬场地禁止自由营葬文书》,上海市档案馆藏,档号:Q215-1-6935。

二、报刊资料

1.《申报》
2.《东方杂志》
3.《上海公共租界工部局年报》
4.《上海法租界纳税华人会会报》
5.《医药学》
6.《新闻报》
7.《医光汇刊》
8.《新上海》
9.《小说月报》
10.《大公报(上海)》
11.《金刚钻》
12.《五十团》
13.《时报》

14.《民报》
15.《上海市政府公报》
16.《建筑月刊》
17.《警察月刊》
18.《福尔摩斯》
19.《佛学半月刊》
20.《佛教日报》
21.《圣教杂志》
22.《诸圣堂月刊》
23.《通问报》
24.《民众医药汇刊》
25.《宝山民众》
26.《铁道公报》
27.《土地局年刊》
28.《华年》
29.《上海报》
30.《上海特别市政府市政公报》
31.《卫生公报》
32.《湖社第十二届社员大会特刊》
33.《生活》
34.《世界旬刊》
35.《生活教育》
36.《国讯》
37.《知识》
38.《中央日报》
39.《新月》
40.《南国周刊》
41.《南洋周刊(上海 1921)》
42.《益世报》
43.《生活星期刊》
44.《大晚报》
45.《救亡情报》
46.《卫生月刊》
47.《图画日报》
48.《立报》
49.《内政公报》
50.《立法院公报》
51.《国闻周报》

52.《法令周刊》
53.《晶报》
54.《人报(上海)》

三、资料汇编

1. 商务印书馆编译所:《上海指南》,商务印书馆 1922 年版。
2. 上海市地方协会编:《上海市统计》,上海市地方协会,1933 年。
3. 上海市政府秘书处编:《上海市政概要》,上海市政府秘书处 1934 年发行。
4. 上海市年鉴委员会编:《上海市年鉴(1935)》,上海市通志馆 1935 年版。
5. 上海市政府秘书处编:《上海市市政报告》,上海市政府秘书处 1936 年发行。
6.《佛教公墓概况便览》,出版地与出版时间不详,上海图书馆藏。
7.《上海天主教息焉公墓》,出版地与出版时间不详,上海图书馆藏。
8. 黄鸿初主编:《蜗牛居士全集・诗文杂著》,上海丁寿世草堂,1940 年 7 月。
9. 方豪编:《马相伯先生文集续编》,上海编译馆 1948 年版。
10. 屠诗聘主编:《上海市大观》,中国图书杂志公司 1948 年版。
11. 中国人民政治协商会议上海市委员会文史资料工作委员会编:《文史资料选辑》(总第 22 期),上海人民出版社 1979 年版。
12. 魏绍昌编:《吴趼人研究资料》,上海古籍出版社 1980 年版。
13. 汤志钧主编:《近代上海大事记》,上海辞书出版社 1989 年版。
14. 上海孙中山故居、宋庆龄故居和陵园管理委员会、上海宋庆龄研究会编:《纪念宋庆龄文集》,上海人民出版社 1993 年版。
15. 中国人民政治协商会议广东省潮阳市委员会、《潮阳文史》编辑委员会编:《潮阳文史》(第 11 辑),广东省潮阳新华印刷厂 1994 年 12 月印制。
16. 王钦韶、宁静主编:《中华现代名人掌故(1911—1965)》(下),河南人民出版社 1994 年版。
17. 荣斌、徐世典主编:《中国历史文化名城》,山东友谊出版社 1996 年版。
18. 武占坤主编:《中华风土谚志》,中国经济出版社 1997 年版。
19. 上海图书馆编:《老上海风情录・五・外侨辨踪卷》,上海文化出版社 1998 年版。
20. 吴汉民主编:《20 世纪上海文史资料文库・第 9 辑・宗教民族》,上海书店出版社 1999 年版。
21. 薛理勇主编:《上海掌故辞典》,上海辞书出版社 1999 年版。
22. 美国不列颠百科全书公司编著,中国大百科全书出版社不列颠百科全书编辑部编译:《不列颠百科全书》国际中文版(第 3 册),中国大百科全书出版社 1999 年版。
23. 上海市嘉定区政协学习和文史委员会《嘉定文史》编辑委员会编:《嘉定文史》(第 16 辑),上海市嘉定区政协学习和文史委员会《嘉定文史》编辑委员会,2000 年。
24. 陈伯熙编著:《上海轶事大观》,上海书店出版社 2000 年版。
25. 施福康主编:《上海社会大观》,上海书店出版社 2000 年版。
26. 上海市档案馆编:《工部局董事会会议录》(第 3 册),上海古籍出版社 2001 年版。

27. 上海市档案馆编:《工部局董事会会议录》(第5册),上海古籍出版社2001年版。
28. 上海市档案馆编:《工部局董事会会议录》(第8册),上海古籍出版社2001年版。
29. 上海市档案馆编:《工部局董事会会议录》(第12册),上海古籍出版社2001年版。
30. 上海市档案馆编:《工部局董事会会议录》(第14册),上海古籍出版社2001年版。
31. 上海市档案馆编:《工部局董事会会议录》(第15册),上海古籍出版社2001年版。
32. 上海市档案馆编:《工部局董事会会议录》(第18册),上海古籍出版社2001年版。
33. 上海市档案馆编:《工部局董事会会议录》(第21册),上海古籍出版社2001年版。
34. 上海市档案馆编:《工部局董事会会议录》(第22册),上海古籍出版社2001年版。
35. 赵山林、田根胜、朱崇志编著:《近代上海戏曲系年初编》,上海教育出版社2003年版。
36. 上海市文史资料馆编:《沪滨掠影》,中华书局2005年版。
37. 熊月之主编:《上海名人名事名物大观》,上海人民出版社2005年版。
38. 张长根主编:《上海优秀历史建筑·长宁篇》,上海三联书店2005年版。
39. 蔡丰明、张丽丽主编:《民俗上海·闸北卷》,上海文化出版社2007年版。
40. 周明珠、王晓玉、仲富兰主编:《民俗上海·宝山卷》,上海文化出版社2007年版。
41. 邢建榕编著:《老上海珍档秘闻》,上海辞书出版社2007年版。
42. 刘运峰编:《鲁迅先生纪念集》(下),天津人民出版社2007年版。
43. 黄胜年:《黄胜年诗文集》,原子能出版社2007年版。
44. 方铭编著:《蒋光慈研究资料》,知识产权出版社2010年版。
45. 赵成樑主编:《西区纪事·长宁地名寻踪》,同济大学出版社2010年版。
46. 潘君祥主编:《上海会馆史研究论丛》(第一辑),上海社会科学院出版社2011年版。
47. 中国人民抗日战争纪念馆编著:《抗战英烈谱》,团结出版社2017年版。
48. 顾炳权编著:《上海风俗古迹考》,上海书店出版社2018年版。
49. 顾炳权编著:《上海历代竹枝词》(上),上海书店出版社2018年版。
50. 顾柄权编著:《上海洋场竹枝词》,上海书店出版社2018年版。

四、地方志资料

1. 杨逸纂:《上海市自治志》,成文出版社有限公司1974年版。
2. 上海市上海县北桥乡《北桥志》编写组:《北桥志》,上海市上海县北桥乡人民政府,1987年8月。
3. 李维清著,吴健熙标点:《上海乡土志》,上海古籍出版社1989年版。
4. 上海市宝山区地方志编纂委员会编:《宝山县志》,上海人民出版社1992年版。
5.《上海工运志》编纂委员会编:《上海工运志》,上海社会科学院出版社1997年版。
6. 上海市卢湾区志编纂委员会编:《卢湾区志》,上海社会科学院出版社1998年版。
7. 徐幸捷、蔡世成主编:《上海京剧志》,上海文化出版社1999年版。
8. 上海市长宁区志编纂委员会编:《长宁区志》,上海社会科学院出版社1999年版。
9.《上海园林志》编纂委员会编:《上海园林志》,上海社会科学院出版社2000年版。
10. 孙金富主编:《上海宗教志》,上海社会科学院出版社2001年版。

11. 史梅定主编:《上海租界志》,上海社会科学院出版社 2001 年版。
12.《上海通志》编纂委员会编:《上海通志》(第 9 册),上海人民出版社、上海社会科学院出版社 2005 年版。
13. 胡人凤续辑,许洪新标点:《法华乡志》,上海社会科学院出版社 2006 年版。
14. 上海市地方志办公室、上海市奉贤区人民政府地方志办公室编:《上海府县旧志丛书·奉贤县卷》,上海古籍出版社 2009 年版。
15. 上海市地方志办公室、上海市浦东新区地方志办公室编:《上海府县旧志丛书·川沙县卷》(下册),上海古籍出版社 2011 年版。

五、国内外专著

1. [美]维克多·特纳编:《庆典》,方永德等译,上海文艺出版社 1993 年版。
2. [美]克利福德·格尔兹:《文化的解释》,纳日碧力戈等译,上海人民出版社 1999 年版。
3. [美]保罗·康纳顿:《社会如何记忆》,纳日碧力戈译,上海人民出版社 2000 年版。
4. [法]路易-樊尚·托马:《死亡》,潘惠芳译,商务印书馆 2001 年版。
5. [美]卡斯腾·哈里斯:《建筑的伦理功能》,申嘉、陈朝晖译,华夏出版社 2001 年版。
6. [法]莫里斯·哈布瓦赫:《论集体记忆》,毕然、郭金华译,上海人民出版 2002 年版。
7. [日]小浜正子:《近代上海的公共性与国家》,葛涛译,上海古籍出版社 2003 年版。
8. [美]顾德曼:《家乡、城市和国家——上海的地缘网络与认同(1853—1937)》,宋钻友译,周育民校,上海古籍出版社 2004 年版。
9. [法]安克强:《1927—1937 年的上海——市政权、地方性和现代化》,张培德、辛文锋、肖庆璋译,上海古籍出版社 2004 年版。
10. [日]夫马进:《中国善会善堂史研究》,伍跃、杨文信、张学锋译,商务印书馆 2005 年版。
11. [法]梅朋、傅立德:《上海法租界史》,倪静兰译,上海社会科学院出版社 2007 年版。
12. [法]亨利·勒菲弗:《空间与政治》(第二版),李春译,上海人民出版社 2008 年版。
13. [法]爱弥尔·涂尔干:《宗教生活的基本形式》,渠东、汲喆译,商务印书馆 2011 年版。
14. [美]大卫·科泽:《仪式、政治与权力》,王海洲译,江苏人民出版社 2015 年版。
15. 冰心:《南归》,北新书局 1931 年版。
16. 蒯世勋等编著:《上海公共租界史稿》,上海人民出版社 1980 年版。
17. 王韬著,陈尚凡、任光亮校点:《漫游随录·扶桑游记》,湖南人民出版社 1982 年版。
18. 孙宝瑄:《忘山庐日记》(上),上海古籍出版社 1983 年版。
19. 杨云慧:《从保皇派到秘密党员:回忆我的父亲杨度》,上海文化出版社 1987 年版。
20. [清]王韬:《瀛壖杂志》,岳麓书社 1988 年版。
21. 刘家泉:《宋庆龄传》,中国文联出版公司 1988 年版。
22. 游有维:《上海近代佛教简史》,华东师范大学出版社 1988 年版。
23. 徐吉军、贺云翱:《中国丧葬礼俗》,浙江人民出版社 1991 年版。

24. 阮仁泽、高振农主编:《上海宗教史》,上海人民出版社1992年版。
25. 郭于华:《死的困扰与生的执着:中国民间丧葬礼仪与传统生死观》,中国人民大学出版社1992年版。
26. 解国记:《中外新闻掌故》,河南教育出版社1993年版。
27. 周昭京:《潮州会馆史话》,上海古籍出版社1995年版。
28. 王夫子:《殡葬文化学——死亡文化的全方位解读》(下),中国社会出版社1998年版。
29. 郭于华主编:《仪式与社会变迁》,社会科学文献出版社2000年版。
30. 包亚明主编:《后现代性与地理学的政治》,上海教育出版社2001年版。
31. 蔡丰明:《上海都市民俗》,学林出版社2001年版。
32. 杨念群主编:《空间·记忆·社会转型:"新社会史"研究论文精选集》,上海人民出版社2001年版。
33. 王计生主编:《事死如生——殡葬伦理与中国文化》,百家出版社2002年版。
34. 郑土有主编:《上海民俗》,甘肃人民出版社2002年版。
35. 包亚明主编:《现代性与空间的生产》,上海教育出版社2003年版。
36. 马敏:《官商之间:社会剧变中的近代绅商》,华中师范大学出版社2003年版。
37. 郭绪印:《老上海的同乡团体》,文汇出版社2003年版。
38. 姚旭峰:《梨园海上花》,上海人民出版社2003年版。
39. 刘晓春:《仪式与象征的秩序:一个客家村落的历史、权利与记忆》,商务印书馆2003年版。
40. 孙江主编:《事件·记忆·叙述》,浙江人民出版社2004年版。
41. 唐力行主编:《国家、地方、民众的互动与社会变迁》,商务印书馆2004年版。
42. 王名、刘培峰等:《民间组织通论》,时事出版社2004年版。
43. 姚克明:《海上洋泾浜》,学林出版社2004年版。
44. 黄东兰主编:《身体·心性·权力》,浙江人民出版社2005年版。
45. 左玉河:《婚丧嫁娶》,中国文史出版社2005年版。
46. 邓正来、[美]杰弗里·亚历山大主编:《国家与市民社会:一种社会理论的研究路径》(增订版),上海人民出版社2006年版。
47. 许纪霖、陈达凯主编:《中国现代化史(1800—1949)》(第1卷),学林出版社2006年版。
48. 刘运峰编:《鲁迅先生纪念集》(下),天津人民出版社2007年版。
49. 黄胜年:《黄胜年诗文集》,原子能出版社2007年版。
50. 徐小群:《民国时期的国家与社会:自由职业团体在上海的兴起(1912—1937)》,新星出版社2007年版。
51. 袁燮铭:《上海:中西交汇里的历史变迁》,上海辞书出版社2007年版。
52. 严昌洪:《20世纪中国社会生活变迁史》,人民出版社2007年版。
53. 王健:《上海犹太人社会生活史》,上海辞书出版社2008年版。
54. 汪之成:《近代上海俄国侨民生活》,上海辞书出版社2008年版。

55. 万建中、李少兵等:《中国民俗史·民国卷》,人民出版社 2008 年版。
56. 王宵冰主编:《仪式与信仰——当代文化人类学新视野》,民族出版社 2008 年版。
57. 熊月之:《异质文化交织下的上海都市生活》,上海辞书出版社 2008 年版。
58. 仲富兰:《上海民俗——民俗文化视野下的上海日常生活》,文汇出版社 2009 年版。
59. 孙树棻:《上海滩风情》,学林出版社 2009 年版。
60. 宋钻友:《同乡组织与上海都市生活的适应》,上海辞书出版社 2009 年版。
61. 李恭忠:《中山陵:一个现代政治符号的诞生》,社会科学文献出版社 2009 年版。
62. 陈蕴茜:《崇拜与记忆——孙中山符号的建构与传播》,南京大学出版社 2009 年版。
63. 陈祖恩:《上海日侨社会生活史(1868—1945)》,上海辞书出版社 2009 年版。
64. 冯雪峰:《一九二八至一九三六年的鲁迅:冯雪峰回忆鲁迅全编》,上海文化出版社 2009 年版。
65. 薛理勇:《丧葬习俗》,上海文化出版社 2011 年版。
66. 王云:《上海近代园林史论》,上海交通大学出版社 2015 年版。
67. 曾宏燕:《商·道:黄楚九传》,上海人民出版社 2015 年版。
68. 王天平、蔡继福、贾一禾编著:《民国上海摄影:海派摄影文化前世之研究》,上海锦绣文章出版社 2016 年版。
69. 郭公民:《介入公共领域的审美交流:上海城市公共艺术》,上海社会科学院出版社 2017 年版。
70. 左玉河主编:《民国社会生活史》(上),广东人民出版社 2019 年版。

六、论文

1. [荷]里斯·洛万:《纪念碑——作为历史研究的史料》,孙虹、孙立新译,《史学理论研究》1997 年第 3 期。
2. [法]安克强:《上海租界公墓研究(1844—1949)》,《中国海洋大学学报(社会科学版)》2008 年第 5 期。
3. 丁汀、白芷:《"万国公墓"秘闻》,《上海采风》1991 年第 3 期。
4. 谢世诚、伍野春、华国梁:《民国时期公墓制的创建与演变》,《民国档案》1995 年第 2 期。
5. 吴越:《当年闸北三山庄》,《上海滩》1995 年第 10 期。
6. 郑祖安:《开埠初期上海英美租界外侨的一些情况》,《史林》1996 年第 3 期。
7. 陆米强:《五卅殉难烈士墓碑与碑文》,《档案与史学》2001 年第 6 期。
8. 郑祖安:《"山东路公墓"的变迁》,《档案与史学》2001 年第 6 期。
9. 吴健熙:《对第二次四明公所事件中诸现象之考察》,《史林》2001 年第 4 期。
10. 陆米强:《江湾"一·二八"忠烈墓纪念碑的由来》,《档案与史学》2003 年第 3 期。
11. 金其桢:《论牌坊的源流及社会功能》,《中华文化论坛》2003 年第 1 期。
12. 赵世瑜:《传说·历史·历史记忆——从 20 世纪的新史学到后现代史学》,《中国社会科学》2003 年第 2 期。
13. 赵宝爱:《近代城市发展与义冢、丙舍问题——以上海为个案》,《长沙民政职业技术学院学报》2005 年第 1 期。
14. 陈蕴茜、吴敏:《殖民主义文化霸权与近代中国风俗变迁——以近代上海公墓为中心的考察》,《江海学刊》2007 年第 6 期。
15. 陈明锋:《社会转型视野下的民国新式葬礼俗的实施》,《贵州文史丛刊》2008 年第 1 期。
16. 杨国华、陈明锋:《社会转型视野下民国新式丧葬礼俗的实施》,《贵州文史丛刊》2008 年第 1 期,
17. 殷双喜:《政治图像与社会记忆:纪念性雕塑的毁坏与改变》,《美术学报》2010 年第 4 期。
18. 曹大臣:《日本人在中国的墓地(1871—1945)》,《历史研究》2011 年第 3 期。
19. 陈凤尢:《鲁迅的葬礼》,《党史纵横》2011 年第 10 期。
20. 艾萍:《变俗与变政——上海市政府民俗变革研究(1927—1937)》,博士学位论文,华东师范大学,2007 年。
21. 王琳:《上海万国公墓变迁研究(1909—1949)》,硕士学位论文,华东师范大学,2014 年。

后　　记

本书是在我博士学位论文的基础上修改、补充而完成的。

2009 年，我有幸考入中国社会科学院研究生院近代史系，攻读博士学位，师从左玉河研究员。在求学的三年中，左老师总是对我耐心施教，勉励有加。我对近代上海的城市变迁有一定的兴趣，左老师曾经研究过民国时期的婚丧礼俗，认为作为近代中国最早开埠的城市，上海不仅是西式公墓发轫的城市，也是近代中国新式公墓发展最为典型的城市。近代上海公墓的发展无疑是近代中国公墓发展历程的缩影。研究近代上海公墓，既可以弄清近代中国公墓发展的基本历程及其特点，也可以从多个侧面探究近代中国城市变迁的历史轨迹。于是，在左老师的指导下，我开始关注和思考近代上海公墓问题，并最终将"近代上海华人公墓研究（1909—1937）"作为我博士学位论文的题目。

近代上海公墓的前期研究成果较少，资料有待发掘。我进行了广泛的资料搜集工作，将重点放在大量未刊档案资料与报刊资料的发掘与整理上。为此，我在很长一段时间奔波于上海档案馆、上海图书馆、复旦大学图书馆之间。虽然比较辛苦，但更多的是收获与满足。尤其是在上海档案馆查资料期间，每当找到自己想要的档案资料，内心总是无比喜悦；累了，还可以透过窗户欣赏外滩的美景，每天都觉得很充实。那段时光成为珍贵美好的记忆，永远深藏在我的心里。

在完成资料的搜集与整理后，经过无数个白天和夜晚的苦思冥想，完成了博士论文的撰写，并历经数年的修订，最终成书。由于本人的学识和水平有限，文中不免有粗疏、不妥之处，敬请学界前辈、同仁不吝赐教。还有一些问题,如近代上海租界公墓、上海公墓对国内其他地区的影响和示范,尚未深入探讨,留待日后继续努力。

在本书即将付梓之际,我要感谢一路走来关心、提携和帮助过我的师友亲朋!

首先我要衷心感谢的是敬爱的恩师左玉河研究员和师母王瑞芳研究员。本书从选题的论证、初稿的撰写、修改直至出版,都是在左老师的悉心指导和帮助下进行的。左老师高尚的人格、渊博的学识和严谨的治学态度令我景仰,他的谆谆教诲使我终身受益。师母也对我的学习、工作和生活给予了无微不至的关怀,让我倍感温暖。师恩至重,永志不忘!

我还要感谢朱汉国教授、梁景和教授、李少兵教授、李长莉研究员、马勇研究员,他们在我的开题报告会上和博士论文答辩中,提出了许多宝贵意见,使我受益匪浅。在此,谨向各位老师表达深深的谢意!

博士毕业后,我在复旦大学历史学系从事博士后研究,导师朱荫贵教授学养深厚、待人宽和,在学术和工作上给了我诸多关心、鼓励和指导,让我满怀感激!

我入职上海电机学院马克思主义学院后,得到了学院领导和同事的关心和帮助。本书的出版也得到了学院的大力支持,特别是范冬姣院长热心关注、积极联络,在此表示衷心的感谢! 此外,也要感谢教育部人文社会科学研究青年基金项目的资助。对于本书的责任编辑陈慧慧老师的辛勤付出,一并表示由衷的谢意!

我要特别感谢我的父母。在我多年的求学之路上,父母的关爱、支持和鼓励,是支撑我前进的动力。工作之后,他们一如既往地支持我,特别是我的母亲,她腰椎不好,但仍不辞辛苦照顾我的女儿,承担家务,使我满怀愧疚。正是由于父母的默默付出和支持,我才得以心无旁骛地学习和工作,顺利完成论文的写作和出版。感谢父母多年来的无私奉献,今后我要给他们更多的陪伴和关爱。

最后,我还要感谢我的爱人王谋寅博士和我们可爱的女儿。多年以前,我和我的爱人为了共同的理想,放弃了本来舒适安逸的工作和生活,一起从小县城走出，重新踏上了求学之路。其中的艰辛不言而喻，但我们携手前行，并肩奋斗，相互扶持，相互鼓励，共同进步，享受着平实而幸福的生活。五年前，我们有了一个聪明可爱的女儿，她的到来为我们的生活增添了无限欢乐，让我充分感受到作为母亲的幸福和责任，让我体会到人世间最珍贵和最温暖的爱。愿她健康平安快乐成长！

李彬彬

2021年10月29日于上海

图书在版编目(CIP)数据

公墓与近代上海的城市变迁 ：1909—1937 / 李彬彬著 .— 上海 ：上海社会科学院出版社，2021
ISBN 978-7-5520-3399-1

Ⅰ.①公… Ⅱ.①李… Ⅲ.①公墓—研究—上海—1909-1937 ②城市史—上海—1909-1937 Ⅳ.①D639.99 ②K295.1

中国版本图书馆 CIP 数据核字(2020)第 249931 号

公墓与近代上海的城市变迁(1909—1937)

著　　者：李彬彬
责任编辑：陈慧慧
封面设计：璞茜设计
出版发行：上海社会科学院出版社
上海顺昌路 622 号　邮编 200025
电话总机 021-63315947　销售热线 021-53063735
http://www.sassp.cn　E-mail:sassp@sassp.cn
照　　排：南京理工出版信息技术有限公司
印　　刷：上海颛辉印刷厂有限公司
开　　本：710 毫米×1010 毫米　1/16
印　　张：16.5
字　　数：244 千
版　　次：2021 年 12 月第 1 版　2021 年 12 月第 1 次印刷

ISBN 978-7-5520-3399-1/D·604　　定价：78.00 元